Antriebswende

Die Deutsche Nationalbibliothek verzeichnet diese Publikation
in der Deutschen Nationalbibliografie; detaillierte bibliografische
Daten sind im Internet über http://dnb.ddb.de abrufbar.

Hermann, Winfried (Hrsg.)
Antriebswende
Strategien, Positionen und Meinungen zur neuen Mobilität
ISBN 978-3-948696-51-1

Redaktionsleitung: Dr. Matthias Slunitschek
Satz und Gestaltung: Molino Verlag GmbH
Druck und Bindung: GGP Media GmbH, Pößneck
© 2023 Molino Verlag GmbH, Schwäbisch Hall und Sindelfingen
Alle Rechte vorbehalten.

WINFRIED HERMANN (Hrsg.)

Antriebswende

Strategien, Positionen und Meinungen
zur neuen Mobilität

molino

Inhalt

Antriebswende – wie und wozu?

Vorwort von Winfried Hermann

Als im Frühjahr 2023 die Entscheidung über das Aus des Verbrennerautos 2035 in den EU-Mitgliedstaaten anstand, tobte in Deutschland über Wochen der Streit um die Zukunft des Autos, des Antriebes und der Kraftstoffe. In der öffentlichen Debatte konnte man den Eindruck gewinnen, man müsste sich zwischen zwei Alternativen entscheiden: E-Auto oder E-Fuels. Manche meinten, weder noch: Die einzig sinnvolle Antriebsquelle der Zukunft sei Wasserstoff. Die Diskussion in Medien und Talkshows und in Parlamenten war oft undifferenziert und polemisch.

Mich ärgerte diese zugespitzte, wenig sachliche und kaum wissensbasierte Auseinandersetzung, denn eine so weitreichende Veränderung des Antriebes braucht in einem demokratischen Land eine fundierte und breite gesellschaftliche Diskussion. Und sie braucht Entscheidungen, die verstanden und von vielen getragen werden müssen. Diese Einsicht war für mich der Anstoß, dazu ein Buch herauszugeben. Es war mir wichtig, die Verantwortlichen, vor allem der Automobilindustrie, inklusive der Zulieferer für authentische und persönliche Beiträge zur Antriebswende zu gewinnen. Ich wollte die Diskussion aber nicht auf die Autoindustrie reduzieren. Auch im Luft- und im Schienenverkehr geht es um die Transformation zu klimafreundlichen Antrieben.

Die unterschiedlichen Perspektiven von verschiedenen Unternehmen und ihren Führungskräften sind so wertvoll wie Beiträge aus fachlich-wissenschaftlicher Sicht. Das Buch gibt keine einfache oder einzig richtige Antwort auf die Frage des Antriebs der Zukunft. Es soll zur Auseinandersetzung und zur Meinungsbildung beitragen. Die Meinung müssen Sie sich selbst bilden.

Die Debatte um den richtigen Antrieb ist älter als man denkt. Schon bald nach der Erfindung des Automobils mit Verbrennermotor von Gottfried Daimler und Carl Benz Ende des 19.Jahrhunderts gab es auch das Auto mit elektrischem Antrieb. Der berühmte Lohner-Porsche mit Batterieantrieb wurde auf der Weltausstellung in Paris im Jahre 1900 als Innovation und Alternative vorgestellt – übrigens bereits mit dem ersten Radnaben-Motor. Heute ist das fortschrittliche Fahrzeug im Porsche-Museum in Stuttgart zu besichtigen. Ludwig Lohner, ein österreichischer Automobilpionier, hatte schon damals Bedenken wegen der Verbrennerabgase, wenn zukünftig viele Automobile in den Städten fahren würden.

Zwei Jahre nach der Präsentation in Paris wurde bereits ein erster Hybridantrieb (»Mixte-Wagen«) von Ferdinand Porsche und Lohner entwickelt und produziert. Zusätzlich zum Elektromotor war dieses Fahrzeug noch mit einem Verbrennermotor ausgestattet, um die Reichweite zu vergrößern. Die Pioniere waren erfinderisch und nicht auf eine Antriebstechnik festgelegt.

Die Antriebstechnik war anfangs des 20. Jahrhunderts nicht entschieden, so wenig wie der Erfolg des Automobils gegen das Pferd und die Eisenbahn. Vor allem aufgrund der Kosten der frühen E-Fahrzeuge und wegen des großen Gewichtes der Batterien mit beschränkter Reichweite wurden nur wenige Fahrzeuge verkauft. Auch die ersten Verbrenner waren teure Luxus- und Liebhaberfahrzeuge, die sich nur wenige leisten konnten. Fahren mit »Sprit« schien einfacher und kostengünstiger. Die Energiedichte im Mineralöl war höher als in den damaligen Batterien. Ein großer Vorteil für die Verbrennermotoren, weshalb diese alsbald das Technikrennen gewannen. Es war die Praktikabilität und der Markt und nicht die Politik, die die Technologieentscheidung fällten. So wurde der Antriebswettbewerb und damit der batterieelektrische Weg des Automobils zugunsten des Verbrennermotors früh beendet. Forschung und Entwicklung für Stromantriebe in Automobilen wurden weitgehend eingestellt.

Öl fürs Auto, Strom für die Bahn

Etwa zur selben Zeit, in den ersten beiden Dekaden des Zwanzigsten Jahrhunderts, begann die Elektrifizierung der Straßen- und Eisenbahnen. Zuerst wurden einzelne Abschnitte, dann Strecken und schließlich Netze, U- und S-Bahnen elektrifiziert bzw. neu gebaut. Insbesondere in den Großstädten war der Stromantrieb über eine Oberleitung oder Stromschiene eine effiziente und vor allem saubere Lösung, auch wenn die Frage der idealen Spannungstechnologie noch nicht einheitlich entschieden war. Es wurde gebaut, experimentiert und elektrifiziert. Der Stromantrieb, im Automobilbereich früh beendet, machte seinen Erfolg im Schienensystem. Und blieb in diesem. Fortan galt ein unausgesprochenes Paradigma: Öl für den Straßenverkehr, Strom für den Schienenverkehr.

Die Entscheidung über den Einsatz der Antriebstechnologien war ohne große gesellschaftliche Debatte gefallen. In den folgenden Jahrzehnten wurden diese Antriebstechnologien speziell für die jeweiligen Anwendungsfelder – Straßenfahrzeug oder Schienenfahrzeug – beständig weiterentwickelt und perfektioniert, aber nicht mehr grundsätzlich hinterfragt. Am Ende des 20. Jahrhunderts gab es weltweit rund eine Milliarde Autos mit fossil angetriebenem Verbrennungsmotor. Die Dampfeisenbahnen waren weltweit bis auf wenige historische Bahnen und Lokomotiven verschwunden. Die Lokomotiven und Strecken waren entweder elektrifiziert oder wurden wie die Straßenfahrzeuge mit einem Dieselverbrennungsmotor angetrieben.

Antriebsdebatte 100 Jahre später

Erst die neu aufkommende Debatte in den 1990er-Jahren über die Bedrohung der Gesundheit durch Luftschadstoffe einerseits und die drohende Klimakatastrophe durch CO_2-Emissionen andererseits, rückten auch die Antriebstechnologien in den Fokus der Kritik. Seitdem wird der Ausstieg aus fossiler Verbrennung und fossil befeuerten Motoren gesucht. Darüber hinaus wird vor allem in Städten aufgrund sinkender Lebensqualität durch überbordenden Autoverkehr – Lärm, Staus, Unfälle und Platzmangel – die Diskussion über eine notwendige Verkehrswende geführt.

Die Leitfrage vieler Debatten ist seitdem: Wie schaffen wir Mobilität, die sicher, nachhaltig, umwelt- und klimafreundlich ist. In Fachkreisen der Verkehrs- und Stadtplanung und zunehmend in der Kommunalpolitik werden Fragen zur Umgestaltung gestellt: Wie können wir unsere Mobilität intelligenter und stadtverträglicher organisieren? Mit welchen Antriebstechniken bzw. Treibstoffen können wir uns klimafreundlich bewegen und Güter transportieren? Wie schaffen wir neue Lebensqualität?

Bereits in der Frühphase der Debatte um Elektromobilität und erneuerbare Kraftstoffe so ungefähr um die Jahrtausendwende diskutierten Fachleute aus der Automobil- und Mineralwirtschaft, Wissenschaftler:innen, Umweltverbände und Parteien über die technischen Möglichkeiten und über deren Vor- und Nachteile kontrovers. Wann, wie, welche der technologische Pfade sich durchsetzen würden, war lange ziemlich offen. Die Ablösung der Fahrzeuge mit herkömmlichem Otto- oder Dieselmotor erschien bereits am Horizont. Die neuen Technologien, tatsächlich waren sie alle nicht ganz neu, schienen die Lösung für die Umweltprobleme des Verkehrs zu bieten.

Sehr schnell bildeten sich Interessen- und Glaubensgemeinschaften für die verschieden Pfade. Für die einen waren die neuen Kraftstoffe – ob bio- oder synthetisch – die beste und einfachste Lösung. Für die anderen lag die Zukunft im Einsatz der Brennstoffzellen, befeuert mit Wasserstoff oder einem Derivat für den Antrieb eines E-Motors. Und wieder andere setzten auf batterieelektrische Antriebe. In Japan setzte man auf Hybride, parallel oder seriell.

Umweltwissenschaftler:innen und Umweltverbände dagegen warnten davor, dass ein falsches, Ressourcen verschlingendes und umweltschädliches Verkehrssystem nicht mit neuen Antrieben zu retten sei, das gesamte, autozentrierte Verkehrssystem müsse geändert werden, die Antriebsfrage galt für viele als Frage, die in die Irre und nicht in die Zukunft führt. Beförderten in den 2010er-Jahren steigende Rohölpreise und in Folge steigende Benzin- und Dieselkosten die Suche nach Alternativen auch ökonomisch, bremsten in den folgenden Zehnerjahren stabile und günstige Spritpreise die Bereitschaft zur Veränderung und die Entwicklung von Alternativen.

Höchste Zeit für die Wende

25 Jahre später können wir die Folgen der Klimaveränderung schon sehen und spüren. Die Verkehrswende ist zwar

eingeleitet, wenngleich nicht vollzogen. Immerhin fahren neue Antriebstechnologien zunehmend auf den Straßen, Hybride und batterieelektrische Fahrzeuge fahren sogar auf der Überholspur. Die großen Automobilkonzerne sowie die meisten Zulieferer in Europa haben ihre Investitionsentscheidungen in Richtung E-Mobilität in Varianten getroffen. Und auch in Südostasien und USA ist der Trend zur E-Mobilität sehr deutlich. Vor allem neue chinesische Automobilunternehmen, die teilweise nur E-Fahrzeuge produzieren, sind die großen Treiber. China ist im Jahr 2023 nicht nur der weltgrößte E-Automarkt, sondern auch der weltgrößte Hersteller von Elektrofahrzeugen. Die technologischen und ökologischen Fragen werden so immer mehr zu ökonomischen Herausforderungen für die europäische Automobilindustrie.

Die Debatte um die Zukunft des Autos und der Antriebe ist freilich nicht beendet. Bei Bussen, Lastwagen, Flugzeugen und Schiffen beginnt sie erst richtig. Insbesondere in Deutschland wird angesichts der realen Transformation die, eigentlich alte, vergessene Debatte wieder aufgegriffen: Ist das batterieelektrische Fahrzeug wirklich die Lösung? Oder ist womöglich der Wasserstoffantrieb der wahre, zukunftsfähige Antriebsweg? Und warum nicht clever auf synthetische Kraftstoffe wie »reFuels« bzw. »eFuels« setzen oder Biokraftstoffe nutzen? Damit könnte alles bleiben wie bisher, keine großen Investitionen und keine neuen Motoren, nur der Sprit wäre anders, klimafreundlich? Wie kann die deutsche Automobilwirtschaft im globalen Wettbewerb erfolgreich bleiben?

Die Debatten zu diesen Fragen werden teilweise – an Stammtischen und leider auch in der Politik und in den Medien – mit geradezu religiösem Eifer geführt, häufig mit beschränktem Halbwissen, mit Vorurteilen und offenkundig interessengeleitet. Viele Menschen interessieren sich erst jetzt für die Diskussion, weil sie sich überlegen, ob sie sich ein neues Auto kaufen sollen und wenn ja, mit welcher Technologie. Diese Fragen stellen sich abgewandelt auch für Verkehrs- und Transportunternehmen sowie für den Luftverkehr. Die Verunsicherung ist groß. Das führt zum Abwarten und Nichthandeln.

Einfache und grundsätzliche Fragen werden gestellt: Ist der E-Antrieb wirklich klimafreundlich? Woher kommen die Ressourcen für die Batterien? Welchen Umweltschaden richtet das an? Und was ist mit der Reichweite? Wo und wie kann man laden? Gibt es genügend erneuerbare Energien und reicht die Energieversorgung für all die neuen E-Autos, E-Busse und E-LKWs? Ist die verlängerte, sparsame Nutzung des alten Fahrzeuges nicht nachhaltiger als ein schickes neues mit viel grauer Energie? Und vielleicht ist abwarten, bis das Wasserstoffauto kommt, klüger? Einstweilen könnte ein effizienter Benziner oder Diesel eventuell die pragmatische Lösung sein?

Weltweit kommen ca. 20 bis 25 % der Treibhausgase (in Baden-Württemberg sogar über 30 %) aus dem Verkehrssektor, Tendenz nach wie vor steigend. Rund 75 % aller Treibhausgase im Verkehr stammen aus dem Straßenverkehr, der mit Abstand bedeutendste CO_2-Emittent. Es ist inzwischen in Wissenschaft, Wirtschaft und Politik unbestritten, dass wirksamer Klimaschutz nur mit einem klimafreundlicheren Verkehrssystem und mit klimaneutralen Antrieben zu schaffen ist.

Die Grundidee der Verkehrswende ist es, die Richtung zu ändern, das Verkehrssystem zu einem nachhaltigen, menschen- und klimafreundlichen Mobilitätssystem zu entwickeln. Dabei gilt es, die Mischung der Verkehrsmittel, den Modalsplit, die Mobilitätsmuster bzw. Gewohnheiten umweltfreundlich zu verändern. Das nenne ich die »Mobilitätswende«, die die umweltfreundlichen Verkehrsmittel stärken will. Genauso wichtig ist es, die Antriebe klimafreundlich zu machen, das ist »Antriebswende«.

Wende bedeutet nicht Wende rückwärts, sondern in eine neue nachhaltige Richtung. Da die großen Mengen an Treibhausgasen aus den Straßenfahrzeugen kommen, ist die Antriebswende für den Klimaschutz von allergrößter Bedeutung. Vor allem die ambitionierten CO_2-Reduktionsziele in der EU und in Deutschland, bis 2030 (minus 55 %) bzw. 2050/2045 (weitgehend klimaneutral), können ohne eine beschleunigte Antriebswende nicht erreicht werden. Deshalb setzt dieses Buch die Antriebswende ins Zentrum.

Ich habe sehr unterschiedliche Autor:innen eingeladen, einen Beitrag zum Thema Antriebswende zu schreiben. Ich habe allen eine Reihe von Fragen gestellt, die sie als Orientierung für ihren Text nutzen konnten oder auch nicht. Alle waren frei, eigene Schwerpunkte zu setzen und ihre persönliche Perspektive und die ihres Unternehmens aufzuzeigen und zu begründen. Nicht nur das Hier und Jetzt sollte beschrieben werden, sondern auch die Zukunftsperspektive und die angestrebten Ziele. Meine Bitte war, persönlich, sachlich, aber auch pointiert und lesefreundlich zu schreiben.

Es sollte ein Buch werden, das nicht primär Fachleute, sondern alle interessiert und motiviert. In den verschiedenen Beiträgen sollte die Vielfalt der Sichtweisen und Lösungen repräsentiert sein. Der komplexe Prozess der Transformation, der Produktion des Fahrzeuges und des Antriebes sowie die Folgen für die Arbeitsplätze und für die Umwelt, sollten berücksichtig werden. Das ist insgesamt gelungen.

Es ist die Vielfalt der Perspektiven, die dieses Buch so interessant machen. Und es ist der persönliche Blick aufgrund unterschiedlicher Erfahrung und Verantwortung, die einen umfassende Einsicht ermöglichen. Die Texte lassen sich gut einzeln und in anderer Reihenfolge lesen. Nicht zuletzt machen die unterschiedliche Schreibstile und Textsorten das Lesen abwechslungsreich. Die Antriebsdebatte wird häufig als Autodebatte geführt. Deutschland ist Autoland, wie so viele andere Länder auch. Verkehr und Wohlstand, Arbeitsplätze und Lebensmodelle hängen am Auto und der Autoproduktion. Das war nicht immer so und könnte in Zukunft auch anders werden. Deutschland war auch schon Eisenbahnland. Für die Zukunft ist es wichtig, Verkehr zu reduzieren und Mobilität mit verschiedenen Verkehrsmitteln zu ermöglichen: vernetzt, digital, nachhaltig und klimafreundlich. Deshalb ist es genauso wichtig, andere Verkehrsträger – Schienenverkehr, Luftverkehr und Schiffsverkehr – klimafreundlich weiterzuentwickeln.

**Verschiedene Herausforderungen –
unterschiedliche Lösungen**

Während der Schienenverkehr schon seit über hundert Jahren den Weg der Elektrifizierung der Hauptstrecken geht – manche Länder wie die Schweiz haben das ganze Netz schon längst elektrifiziert – gibt es europa- und weltweit noch viele Strecken mit veralteter Dieseltechnik. In Deutschland, Frankreich und Italien, den klassischen großen europäischen Eisenbahnländern, wird vor allem auf Regionalverkehrs- bzw. Nebenstrecken mit alten, teilweisen musealen Dieselloks gefahren. Und in den USA basiert nahezu der gesamte Schienenverkehr, von U-, Straßen- und S-Bahnen abgesehen, auf fossilem Diesel. Höchste Zeit also, klimafreundliche, alternative Antriebe ohne Oberleitung und neue klimaneutrale Kraftstoffe zu entwickeln. Tatsächlich entwickelt sich im technologisch trägen, lange Zeit staatsbeherrschten Bahnsektor seit einigen Jahren Neues, nicht nur in Studien und Laboren. Die ersten Züge mit Batterieantrieb bzw. mit Brennstoffzellenwasserstoffantrieb gehen in Betrieb. Biogene Kraftstoffe werden erprobt. Das Ziel: Klimaneutralität des Antriebs.

Als besonders klimaschädlich gilt der Luftverkehr. Auch wenn dieser derzeit »nur« rund 3 bis 4 % der globalen CO_2-Emissionen ausmacht, so wächst der Flugverkehr, nur kurzzeitig unterbrochen von der weltweiten Coronapandemie, wie kein anderer Verkehrssektor. Prognosen gehen davon aus, dass ohne grundsätzliche Änderung des Antriebes der Flugzeuge, der Luftverkehr schon bald mit den klimaschädlichen Wirkungen des Straßenverkehrs gleichziehen könnte. Auch weil die Abgase in großen Höhen durch luftchemische Prozesse (u.a. auch Kondensstreifen) zusätzlich Klimaschäden verursachen, die weit über die CO_2-Schädlichkeit hinausgehen.

Während die Gegner des Flugverkehrs dessen Klimaschädlichkeit krass übertrieben und oft als »schlimmer als der Autoverkehr« einschätzten, spielte die Branche selbst die Klimaschädlichkeit des Fliegens unangemessen herunter: Fliegen habe nur einen geringen Anteil an den gesamten CO_2-Emissionen und sei besonders auf größeren Entfernungen für Tourismus und Wirtschaft unersetzbar. Alternative Antriebe seien nicht in Sicht. Das hat sich seit dem Pariser Klimaschutzabkommen und dem Klimaschutzpaket der EU langsam aber stetig verändert. Die Branche sieht sich nun auch in der Verantwortung und setzt auf neue Antriebe und klimafreundliche Kraftstoffe, wie die beiden Beiträge zum Luftverkehr zeigen.

Die Entwicklung neuer Technologien und die Dringlichkeit des Klimaschutzes verbreiten sich offenbar über alle Verkehrsbereiche hinweg. Auch wenn eine Batterie für einen Zug anders ist als eine fürs Auto, auch wenn ein großer Passagierjet andere Energieanforderungen als ein Kleinflugzeug stellt, so lernen Wissenschaftler:innen und Entwickler:innen voneinander. Der Wissenstransfer, ob bei Batterien, Brennstoffzellen, Wasserstoff oder eFuels, findet statt. Sogar der Schiffsverkehr, der lange Zeit unangefochten die dreckigsten Kraftstoffe nutzte und vielfach immer noch nutzt, sucht Alternativen. Inzwischen werden saubere und klimafreundliche Kraftstoffe und Antriebssysteme entwickelt. (Leider ist es mir nicht gelungen, fach- oder branchenkundige Autor:innen dafür zu gewinnen, was wohl daran liegen wird, dass der (Beziehungs-)Horizont des baden-württembergischen Verkehrsminister nicht bis zu den Meeren reicht.)

Klar ist: Die Antriebswende muss in allen Bereichen vollzogen werden, wie verschiedene Autor:innen betonen. Vor allem die Fachleute und Wissenschaftler:innen habe ich gebeten, die fachlichen Fragen und Lösungswege grundsätzlich zu bearbeiten und nicht nur für einen Verkehrsträger zu betrachten. Sie liefern die technischen, energetischen, physikalischen und chemischen Grundlagen der Antriebswende, denn um eine sachliche Debatte in Politik und Gesellschaft zu führen, braucht es wissensbasierte Information und Aufklärung. Ebenso wichtig sind Argumente und begründete Positionen, mit denen man sich auseinandersetzen kann. Und es braucht die Bereitschaft zum Neu- und Umdenken, zur Veränderung und zum Handeln. Das gilt für die Wirtschaft, für die Politik und für die Zivilgesellschaft.

Alle sind bei der Antriebswende gefordert, wenn auch sehr unterschiedlich, je nach gesellschaftlicher Position und Verantwortung. Wir müssen die Debatte über die »richtigen Antriebe« führen, sie sollte uns aber nicht länger zum Nichtentscheiden und Nichthandeln verführen. Wir können auch nicht länger das eigene Nichtstun mit dem ausbleibenden Tun der andern entschuldigen. Diesen Kreislauf gilt es zu durchbrechen und ins verantwortungsvolle Handeln zu kommen. Dieses Buch, der Herausgeber und die Autor:innen mit ihren unterschiedlichen Standpunkten und Perspektiven wollen dazu einladen.

Ich wünsche bei der Lektüre viele neue Erkenntnisse und motivierende Anstöße, sich aktiv an der Antriebswende zu beteiligen.

Stuttgart, September 2023
Winfried Hermann

Was treibt uns an?

Franz Loogen

Franz Loogen, der Geschäftsführer der Landesagentur e-mobil BW GmbH, führt grundlegend in die vielfältigen Aspekte von Mobilität und Antriebswende ein. Er erklärt und erläutert die verschiedenen technischen Lösungen und fordert eine möglichst klimaneutrale, abgasarme und effiziente Alternative zu fossilen Brennstoffen. Er plädiert hierbei für verschiedene Antriebe, die auf die jeweiligen Maschinengrößen optimal angepasst sind.

Bewegung und Mobilität sind Teil unseres Lebens. Waren die Jäger und Sammler meist noch ausschließlich zu Fuß unterwegs, ermöglichte gerade die Erfindung des Rades der Menschheit die Erhöhung des Aktionsradius. Mit dem Einsatz von starken Zugtieren und später Maschinen konnten auch schwerere Güter transportiert werden. Mit der Nutzung der Dampfmaschine und der Verbreitung des Verbrennungsmotors konnten völlig neue Handlungsspielräume erschlossen werden.

Die aktuelle Diskussion zur Mobilität wird von der Betrachtung der negativen Wirkungen dominiert, von Lärm über Schadstoffemissionen, Flächenbedarf für Infrastruktur oder den klimarelevanten Emissionen. In den zurückliegenden 200 Jahren stand aber gerade die maschinengetriebene Mobilität für Wohlstandswachstum großer Bevölkerungsteile.

Zur Erschließung großer Landgebiete, z.B. auch in Nordamerika, haben die großen Eisenbahnlinien maßgeblich beigetragen. Und an Orten mit bedeutenden und baulich oft besonderen Bahnhöfen wie in Quebec entstanden auch stolze, manchmal schlossartige Hotels für gut betuchte Reisende schon im 19. Jahrhundert, die noch heute Tourismusmagneten sind. Straßen für zunächst Pferdefuhrwerke und später Automobile begannen die Regionen zu durchziehen und entwickelten oft eine eigene Symbolkraft wie die Route 66 von Chicago nach Santa Monica, CA.

Auch wenn wir historische Gebäude und Straßen gerne idealistisch verklären, so ging doch deren Bau häufig mit menschlicher Anstrengung und viel Leid einher. Die Arbeiter lebten unter einfachsten Bedingungen und waren vielen Gefahren ausgesetzt. Angestammte indigene Bevölkerung wurde zurückgedrängt. Die reisenden Siedler erduldeten in der Hoffnung, die Wirtschaftskrise im Gebiet der großen Seen hinter sich zu lassen und an der Westküste einen neuen Anfang zu wagen, erhebliche Strapazen. Der spätere Literaturnobelpreisträger John Steinbeck hat dieses in seinem Roman von 1939, Früchte des Zorns (The Grapes of Wrath), in jedem Staubkorn nachvollziehbar niedergeschrieben. Und schon 1940 hat John Ford den gleichnamigen oscarprämierten Film gedreht.

Straßen und Autos sind in Deutschland und Europa nicht weniger bedeutend. Ich selber kann mich bestens erinnern, dass ich in den 70er-Jahren des letzten Jahrhunderts auf der Rückbank des neuen VW Käfer zwischen meinen Schwestern und einigen Koffern über die Autobahn gefahren wurde, um an die Nord- oder Ostsee oder ins Allgäu zu gelangen. Wir haben uns gefreut, wenn wir am Horizont auch mal einem einzelnen anderen Auto oder einem Lastwagen zuwinken konnten. Unvergessen ist mir auch, wie ich an den autofreien Sonntagen der Ölkrise 1973 mit dem Kinderfahrrad auf der Autobahn gefahren bin. Ziemlich zeitgleich erschien 1972 »Die Grenzen des Wachstums. Bericht des Club of Rome zur Lage der Menschheit«.

Fahren bringt uns zu neuen Horizonten. Fahren bringt uns auch Gemüse, T-Shirts oder das während der Coronazeit besonders begehrte Toilettenpapier, manchmal auch Baumaterial. Fahren bringt uns Gesundheit, wenn der Krankenwagen kommt. Fahren macht aber auch Feinstaub und Lärm und braucht Fläche. Und nicht zuletzt: Motorisiertes Fahren braucht Energie und verursacht Treibhausgasemissionen. Also sehr konkret, Fahren ist eine Notwendigkeit und eine angenehme komfortable Fortbewegung. Gleichzeitig erkennen wir aber auch die negativen Auswirkungen auf unsere Lebensbereiche.

Mobilität und die Grenzen

Der grenzenlosen Freiheit des Durchquerens der Mojave-Wüste in Kalifornien mit einem glänzenden Pick-up-Truck stehen eben auch die Grenzen des Wachstums gegenüber. Ich war noch ein Kind, als ich das erste Mal etwas von einem Buch über die Grenzen des Wachstums hörte. Club of Rome oder Reports und Studien sagten mir noch nichts. Aber verstanden habe ich, dass meine Welt, geprägt von den Naturbildern und Naturfilmen aus der ganzen Welt von Attenborough, Cousteau, Sielmann oder Gzrimek sich schnell verändern könnte. Die Weiten der Serengeti, die Tiefen des Atlantiks, die europäischen Wälder waren für mich so präsent wie die Touren mit meiner Familie durch die heimische Eifel. Heute ist der Klimawandel in allen diesen Regionen längst angekommen.

Ein halbes Jahrhundert nach dem ersten Report zu den Grenzen des Wachstums sind wir unzählige Studien und

Bücher, Diskussionen, von Klimaaktivist:innen und Klimaleugner:innen weiter und mehr als doppelt so viele Menschen auf diesem einen Planeten. Die jährlichen Treibhausgasemissionen haben wir in dieser Zeit mehr als verdoppelt. Kaum ein Werk gibt darüber plastischer Ausdruck als der Film und das Buch von David Attenborough »A Life on our Planet« von 2020.

Mehr Energieverbrauch, mehr Wohlstand – wurde zu einer sichtbaren Gleichung. Die durchschnittliche Lebenserwartung stieg, die medizinische Versorgung wurde besser und überall verfügbar, sogar der Hunger in der Welt hat an vielen Orten nachgelassen. Die Wohnungen wurden größer, sodass sich Kinder vieler Familien das Zimmer nicht mehr teilen mussten. Klassenfahrten und studentische Auslandssemester und -praktika wurden zunehmend populär. Der Familienurlaub führte jedes Jahr und oft mehrfach jährlich in neue Gefilde – selbst zum Reiseweltmeister Deutschland hat es gereicht. Wohn- und Arbeitsort fielen zunehmend auseinander – Leben im Grünen. Der Energieverbrauch, die Arbeitswege oder die Wohnfläche pro Kopf haben stetig zugenommen. Zwischen dem selbst erlebten Wachstum und den Grenzen des Wachstums lag eine Schere, die nicht zusammenpassen wollte.

Nachdem also heute mehr Menschen mehr über das Klima wissen, teilen wir an den meisten Orten der Welt das Verständnis über den Handlungsdruck zur Begrenzung unserer menschlichen und dominanten Wirkung auf den Klimawandel. Was antreibt, ist der Wille, den eigenen möglichen und selbstbestimmten Anteil zu leisten. Dabei traut sich der eine schneller weiter, der andere geht langsamer. Unter dem Strich zählt jeder Schritt. Wissensverbreitung und Begeisterung sind gute Schlüssel. Sowie die

Arbeit an der stetigen Verbesserung von Maschinen, Fahrzeugen und Energiesystemen.

Lassen Sie uns wieder zurück zum Fahrzeugantrieb kommen. Auf einen erheblichen Teil der Güter- und Verkehrswege können wir in unserer arbeitsteiligen Welt, unserer Siedlungsstruktur und bei den weit verteilten Verwandtschaften und Freundschaften wohl nicht verzichten. Viele Wege gehen wir schon zur Stärkung der Gesundheit am besten zu Fuß oder nutzen nach Geschmack das Gravelbike oder Cityrad – Packtaschen und gerollten Kurierrucksack aus recyceltem Kunststoff inklusive. Nicht zu vergessen die an Trinkbrunnen nachfüllbare Wasserflasche.

Mit der Macht der statistischen Zahlen sehen wir, dass die meisten Treibhausgase des Verkehrs für Güter oder Personen auf der Langstrecke emittiert werden. Da sind wir dann schnell bei der Verkehrsverlagerung und den Fähigkeiten des Schienensystems. Rollt doch gerade das Stahlrad auf der Stahlschiene nicht nur für Ingenieure besonders fahrwiderstandsreduziert. Mit der Verbesserung der Auslastung unserer Züge haben wir schon begonnen, mit dem Ausbau und der Netzreparatur brauchen wir wohl noch etwas länger.

Haben wir noch einen anderen Pfeil im Köcher? Schon sind wir wieder bei der Frage, was uns antreibt. Nicht nur beim Zug, sondern auch beim Lastkraftwagen, Bus oder Personenwagen gilt es, regenerative Antriebsenergie zu verwenden und davon besonders wenig pro Kilometer Fahrleistung. Effizient und regenerativ sollte es sein. Die Elektromobilität erfüllt gerade diese Anforderungen.

Dazu ist eigentlich auch alles schon gesagt worden und in jedem erdenklichen Magazin, Blog oder Zeitung niedergeschrieben. Und doch scheint es oftmals so, als hätten durchaus viele Menschen die Gegenargumente gegen die Elektro-mobilität wie Reichweitenangst, Kobaltverwendung, Lithi-ummangel und vermeintlich schlechte Ladeinfrastruktur lieber gelernt und wiederholt als die Chancen einer Treib-hausgasreduktion und des wirtschaftlichen Wachstums. Zugleich mache ich die Erfahrung, dass es durchaus chan-cenorientiertere Debatten und Entwicklungen auf der Welt für den Elektroantrieb und neue Energieformen gibt.

Wir brauchen einen bunten und attraktiven Blumen-strauß von Ideen und Maßnahmen, um uns dem Ziel zu nähern, Mobilität für alle zu ermöglichen und ohne Treib-hausgasemissionen anzutreiben.

Lassen Sie uns gemeinsam in eine gängige Liste von Fragen und Antwortversuchen hineinschauen. Mit der Ver-einfachung der Darstellung gegenüber der reinen Naturwis-senschaft soll ein allgemeiner Zugang geschaffen werden.

Blitzlicht Nachhaltigkeit und das Ökosystem Produktion

Vielleicht klingt die folgende Einleitung im Zusammen-hang mit der Antriebswende von Fahrzeugen etwas zu groß. Aber es gibt gute Gründe für technische und gesell-schaftliche Veränderungen. Es geht um nichts weniger als darum, die Lebensgrundlage auf diesem einzigen Planeten, auf dem wir heute leben können, zu erhalten und vor allem so zu vererben, dass nachfolgende Generationen ver-gleichbare Startbedingungen haben. Ich erinnere mich dabei an eine alte Bauernweisheit:»Du hast den Hof nicht von deinen Eltern geerbt, sondern von deinen Kindern geborgt.«

2015 haben sich die UN-Mitgliedsstaaten auf 17 Nach-haltigkeitsziele in der Agenda 2030 geeinigt. Alle diese Ziele sind gleichermaßen wichtig und greifen ineinander. Und so stehen unter anderem die Maßnahmen zum Klimaschutz neben bezahlbarer und sauberer Energie, hochwertiger Bildung, menschenwürdiger Arbeit und Wirtschaftswachstum, Industrie, Innovation und Infrastruktur sowie nachhaltigem Konsum und nachhaltiger Produktion.

Wenn wir also die Antriebswende und damit die grundlegende technische Veränderung in einer der wichtigsten Industriebranchen in Westeuropa betrachten, geht es um mehr, als kleine und große Fahrzeuge zu fahren. Es geht mithin um eine verantwortliche und veränderte Produktion mit geringerem Energie- und Ressourceneinsatz. Aufgrund der in den letzten Jahren stetig steigenden Energiekosten sind die Mehrzahl der Produzenten auf den unterschiedlichen Fertigungsebenen engagiert, nicht nur die Energieeffizienz der Fertigung zu erhöhen, sondern auch regenerativ eigene Energie zu erzeugen oder einzukaufen.

Ressourcenverantwortung geht aber weit über die Energieversorgung hinaus und betrifft alle eingesetzten Rohstoffe und Vormaterialien. Mit Gesetzen und Regelungen soll dabei ein vergleichbarer Rahmen für die Handlungsbedingungen aller Unternehmen geschaffen werden. Beispielhaft nenne ich das Gesetzespaket der EU-Kommission zu kritischen Rohstoffen oder das deutsche Lieferkettengesetz. In den Abstimmungen der Gesetzesverfahren zeigt sich dabei wiederkehrend die hohe Komplexität der Fragestellungen. Neben der angestrebten Ressourcenschonung stehen eine Gestaltung und Stärkung der internationalen Wettbewerbsfähigkeit Europas im Zentrum des Interesses.

Ebenso müssen die Möglichkeiten, in der globalen Wertschöpfungskette weit vorgelagerte und oft weit entfernt arbeitende Sublieferanten analysieren zu können, betrachtet und verbessert werden. Es ist wie so oft, je tiefer man in eine Materie eintaucht, desto komplexer wird sie.

Transformation will die über 100 Jahre alte Beziehung aus Produzenten und Anwendern weiterentwickeln zu einem stabilen und nachhaltigen wirtschaftlichen Ökosystem, das auch den oben genannten 17 UN-Zielen zu entsprechen versucht. Allein der Begriff Ökosystem und die damit zum Ausdruck gebrachten vielfältigen Beteiligten und Wirkzusammenhänge machen die Herausforderung der Aufgabe deutlich. Es geht also nicht einfach – aber am ehesten gemeinsam. Solange ein gesellschaftlicher Konsens über die Notwendigkeit der Transformation besteht, lassen sich auch die Anstrengungen schultern und der gesellschaftliche Zusammenhalt lässt sich wahren.

Zurück zu den UN-Zielen. Innovation, hochwertige Bildung und Ausbildung, gute Arbeit und eine starke Wirtschaft sind auch in dem neu entstehenden Ökosystem von grundlegender Bedeutung. In den zurückliegenden wenigen Jahren sind gerade in der Elektromobilität viele neue und dauerhafte Arbeitsplätze entstanden. Die ganze Vielfalt der Bauteile wurde neu industrialisiert, von Batteriezellen über Elektromotoren, Bauteilen wie Zellverbindern und die metallischen Pins in den Elektromotor-Statoren bis hin zu Steuergeräten und Ladesäulen. Dazu sind vielfältige Fertigungstechnologien notwendig, sei es nun Blechpressen, Spanen, Druckgießen, Umformen oder Spritzgießen. Eine große Zahl von akademischen und nichtakademischen Fachkräften ist in Uni oder Schule oder den Betrieben bereits neu ausgebildet. Bestehende Belegschaften in zukunftsorientierten Betrieben werden schon heute aktuell fortgebildet.

Und gleichzeitig zeigen Analysen, dass sowohl die lokale Industrialisierung neuer Produkte in Asien, USA oder Europa als auch die fortschreitende Fabrikautomation oder die Digitalisierung der Arbeitsprozesse zu einer rationelleren Fertigung und einem Rückgang von Arbeitsplätzen in Europa führen kann. Oft schwierig zu verstehen ist, dass aufgrund von Effekten wie der Alterspyramide in Europa oder China gleichzeitig ein Mangel an modern ausgebildeten Arbeitskräften bestehen wird. So plakativ es klingen mag, so richtig wird es wohl perspektivisch sein, dass die Stärke des Wirtschafts- und Wissenschaftsstandortes Europa und Deutschland aus der Erfindungs- und Innovationskraft und vor allem der hervorragenden Bildung und Ausbildung der handelnden Menschen vor Ort entspringt.

Klimaschutz ist eines der 17 UN-Ziele. Sehr einfach leitet sich daraus das Lastenheft für Zukunftsmaschinen ab. Regenerative Energie wird genutzt, der Antrieb erzeugt keine umweltschädlichen Emissionen. Stoffe müssen im Kreislauf geführt werden.

Warum mehrere Technologien?

Ein vielversprechender Beitrag zur Treibhausgasminderung ist die Abkehr von den seit über 100 Jahren bekannten Verbrennungsmotoren mit fossilen Kraftstoffen und der Umstieg auf neue Antriebe der Elektro- und Wasserstofftechnologien oder auf synthetischen Kraftstoff.

Die Antriebswende umfasst eine Reihe von Technologien, die eine abgasarme, effizientere Alternative zu fossilen benzin- oder dieselbetriebenen Fahrzeugen darstellen. Wie so oft, braucht man allerdings für unterschiedliche Maschinengrößen auch unterschiedliche Antriebe. Der Antrieb und der Energiespeicher müssen nicht nur das Fortkommen in der notwendigen Geschwindigkeit und notwendigen Betriebsdauer sicherstellen, sondern auch Nebenverbraucher versorgen wie Heizung- und Klimagerät, Licht, die Türen des Omnibusses oder den Gelenkarm des Baggers. Zudem sind die Fahrzeuge sehr unterschiedlich schwer – von 25 kg beim Pedelec über 2,5 t eines großen PKW, 40 t bei einem schweren Lastwagen bis zu über 400 t Startgewicht von großen Linienflugzeugen. »One fits all«, d.h. eine technische Lösung für alle Anwendungen, gibt es nicht.

Bleiben wir erstmal am Boden und auf der Straße. Batterieelektrische Fahrzeuge (BEV) nutzen einen Elektromotor und eine Speicherbatterie, um elektrische Energie in Bewegung umzuwandeln. Die Batterie wird aufgeladen, indem das Fahrzeug an einen Stromladepunkt angeschlossen wird, oder durch regeneratives Bremsen, bei dem Bewegungsenergie in elektrische Energie umgewandelt wird.

Brennstoffzellenfahrzeuge (FCEV) verwenden eine Brennstoffzelle, um aus Wasserstoff Strom zu erzeugen. Der Wasserstoff wird in Hochdrucktanks gespeichert und mit Luftsauerstoff kombiniert, um Strom zu erzeugen, wobei als einziges Abgas Wasser entsteht. Während das Brennstoffzellenfahrzeug auch einen elektrischen Antriebsmotor nutzt, kann man Wasserstoff auch in einem Wasserstoffverbrennungsmotor in Fahrenergie wandeln.

Ein kurzer Blick auf Luft- und Wasserverkehr sei hier eingeschoben. Es gibt bereits für manche Schiffstypen wie Fähren oder Sportboote sowohl elektrische als auch wasserstoffbetriebene Antriebe. Im Gütertransport mit großen Schiffen werden sehr großvolumige Verbrennungsmotoren eingesetzt. Gerade das Flugzeug mit seinem hohen

Startgewicht benötigt sehr volumen- und gewichtsdichte Kraftstoffe. Auch, wenn Forschungsergebnisse das Fliegen kleinerer Flugzeuge mit Strom und Wasserstoff bereits real demonstrieren, wird dennoch der leichte Turbinenkraftstoff noch lange international eingesetzt werden. Regenerative synthetische Kraftstoffe stellen hier eine Lösung dar, CO_2 im Kreiskauf zu führen und die gesamtheitliche Treibhausgaswirkung zu minimieren.

Wie sieht es mit der Energiebilanz und dem Wirkungsgrad aus?

BEV produzieren im Antrieb keine lokalen Emissionen, FCEV nur Wasserdampf. Reifen- und Bremsenabrieb bleibt reduziert vorhanden. Dies verbessert insgesamt die Luftqualität in städtischen Gebieten und mindert die gesundheitsschädlichen Auswirkungen. Die elektrischen Technologien verringern durch ihre Effizienz und die Nutzung regenerativen Stroms die Treibhausgasemissionen.

Der Wirkungsgrad und die Energiebilanz der Antriebswendetechnologien sind denen herkömmlicher benzinbetriebener Fahrzeuge überlegen. BEV zeigen die beste Energieeffizienz vom Windrad bis zum Fahrzeugrad. Wird der regenerative Strom des Stromnetzes zur Speicherung in Wasserstoff und anschließend in der Brennstoffzelle erneut in Fahrstrom gewandelt, sinkt die Effizienz deutlich. Wird der Wasserstoff sogar weiterverarbeitet zu synthetischem Kraftstoff zur Nutzung in einem Verbrennungsmotor, sinkt die Effizienz weiter erheblich. Mit der gleichen Menge Energie des Windrades fährt das Batterieelektrische Fahrzeug etwa sechsmal so weit wie ein Fahrzeug mit synthetischem Kraftstoff. Da heute noch wenig regenerative Energie zur Verfügung steht, liegt der Fokus zurzeit auf dem effizientesten Weg, also der Elektromobilität.

Ist Hybrid eine Lösung?

Von einem Hybridantrieb spricht man, wenn zwei oder mehr unterschiedliche Motoren auch mit verschiedenen Energiequellen für den Antrieb sorgen. Bauformen dieser Art sind aufwändig. Dennoch werden sie gewählt, wenn ein Fahrzeug sehr unterschiedliche Anforderungen zu erfüllen hat oder auch eine Energieform nicht durchgängig zur Verfügung steht.

Gerade die Kombination aus einem Elektro- und einem Verbrennungsmotor kann eine praktikable Lösung darstellen. Der Elektromotor verfügt ab der Drehzahl null über ein großes Drehmoment und sein Wirkungsgrad ist über breite Einsatzbereiche sehr gut. Er nutzt den Strom aus der Batterie sehr effizient. Die Batterien haben aber eine deutlich niedrigere Energiedichte. Sie benötigen also einen größeren Bauraum im Fahrzeug und sind zudem schwer. Der Verbrennungsmotor nutzt den im Vergleich sehr energiedichten Kraftstoff bei kleinem Tankvolumen. Allerdings ist die Energieeffizienz des Verbrennungsmotors weit unterlegen und zudem ist sie nur in wenigen Betriebspunkten optimal.

In der Kombination beider Antriebe kann man die guten Eigenschaften verbinden. Es gibt eine Anzahl unterschiedlicher Hybridbauformen. Bei einigen treiben beide Motoren dasselbe Hauptgetriebe und damit die Räder an. Bei anderen treibt jeder der Motoren eine Achse des Fahrzeugs an. Es bietet sich an, mit dem drehmomentstarken Elektromotor z.B. das Anfahren zu übernehmen oder Beschleunigungsvorgänge zu unterstützen. Zudem rekuperiert die elektrische Maschine beim Bremsen, bei Bergabfahrten oder Ausrollen des Fahrzeugs und speichert so Strom in die Batterie. Auf längeren und relativ ebenen Fahrstrecken wie bei ruhiger Autobahnfahrt kann der Verbrennungsmotor im effizientesten Bereich arbeiten und unter Nutzung des großen Energiespeichers Tank den Antrieb übernehmen.

Fahrzeuge mit einer Ladung der Batterie aus der Rekuperation nennt man Hybrid Electric Vehicle (HEV). Ende des letzten Jahrtausends kam der erste großseriengefertigte PKW mit Hybridantrieb, der Toyota Prius, auf den Markt und wurde weltweit ein großer Erfolg. Gerade in weniger geschwindigkeitsgeprägten Märkten in Amerika und Asien konnte die Antriebskombination mit einer kleineren Batterie damaliger Zellchemie ihre Stärken ausspielen und führte zu Kraftstoffverbrauchsvorteilen und damit geringeren Treibhausgasemissionen.

Mit der auftretenden Diskussion um Dieselabgase wandten sich weltweit immer mehr Hersteller der Hybridtechnologie zu. In den teilweise gewählten Auslegungen der Hybridkonstruktion sollte der Elektromotor ebenso eine höhere Schubkraft und damit sportlicheres Fahren zulassen. Deren Batterien wurden sowohl durch Rekuperation aufgeladen als auch durch Fremdladung an einer Ladesäule. Das waren die Plug-in-Hybride (PHEV). Die elektrische Reichweite z.B. auf kurzen Strecken in der Innenstadt wurde erhöht, aber das höhere Fahrzeuggewicht wirkte negativ auf den realen Kraftstoffverbrauch. In der Nutzeranwendung wurde die externe Ladung oft wenig genutzt. Für diese als Einstieg in die extern geladene Elektromobilität gedachte Bauform wurde in Deutschland die Kaufförderung mit dem Ende des Jahres 2022 beendet. In der Dienstwagenbesteuerung ist sie noch privilegiert.

Ist der Hybrid nun eine Lösung? Für verschiedene Einsatzfälle kann das bejaht werden. Noch immer werden weltweit mehrheitlich reine Verbrennungsfahrzeuge verkauft. In der Kombination kleiner sehr effizienter Verbrennungsmotoren mit einem unterstützenden rekuperierenden Elektromotor entsteht zu geringen Kosten ein Gesamtantrieb, der sparsamer als der reine Verbrennungsantrieb betrieben werden kann. Auch für Weltregionen mit einem schlecht ausgeprägten oder gar fehlenden Ladenetz ist der Hybrid aktuell eine energiesparende und preiswerte Lösung. Also auch hier gibt es kein einfaches Ja oder Nein, sondern den Hinweis auf die richtige Maschine am richtigen Ort.

Welche Energieversorgungsinfrastruktur benötigt die Antriebswende?

Der Übergang zu neuen Antriebstechnologien erfordert erhebliche Investitionen in die Lade- und Tankinfrastruktur. Bei Elektrofahrzeugen umfasst dies den Bau von Ladestationen mit unterschiedlichen Leistungsstufen, die Installation von Ladeinfrastruktur an öffentlichen und privaten Standorten. Einige Anbieter entwickeln als Alternative zur Ladestation Batteriewechselstationen. Wasserstoffbetriebene Brennstoffzellenfahrzeuge benötigen spezielle Tankstellen, die Wasserstoff als Gas mit hohem Druck oder auch verflüssigt vertanken. Regenerative synthetische Kraftstoffe können flüssig konventionellen Kraftstoffen beigemischt und über bestehende Tankstellen vertrieben werden. Sollen synthetische Kraftstoffe in Reinform genutzt werden, braucht man zusätzlich separate Lagertanks.

Da jede Energieform eine eigene investitionsintensive Infrastruktur benötigt, wird immer nur eine begrenzte Anzahl von Lösungen in der gesamten Fläche aufgebaut werden. So ist es erforderlich, wie zuvor bei der Spezifikation von Otto- und Dieselkraftstoff, auch die Energieformen zu standardisieren. Bei Strom als Kraftstoff erinnern wir uns an die jahrelang geführte Diskussion um Steckertypen für Normal- und Schnellladen oder die Datenprotokolle. Ebenso musste die Messung der Strommenge dem deutschen Eichrecht genügen. Heute gibt es europaweite Standards für die Ladetechnik und auch die Bezahlung an den Ladesystemen ist in aller Regel unkompliziert geworden.

Große Herausforderungen der Standardisierung gibt es in den kommenden Jahren bei der Betankung von gasförmigem oder flüssigem Wasserstoff oder den Megawattladesystemen für Lastwagen. Reinheitsgrade des Gases, Gasdruck oder das Ladeprotokoll sind nur einige Beispiele erforderlicher Spezifikationen. Ebenso ist die Definition von ausschließlich synthetischem Kraftstoff auf europäischer Ebene nicht abgeschlossen.

Einen praktischen Unterschied beim elektrischen Laden macht es, ob ich mit geringer elektrischer Leistung in langen Ladezeiten, z.B. über Nacht, lade oder in kurzer Zeit mit hoher Leistung entlang der Autobahn die Batterie schnelllade. Daher ist die Varianz von Wallboxen für die Heimanwendung über Fuhrparklösungen in den Garagen und Fahrzeugdepots oder den öffentlich zugänglichen Ladestationen groß.

Neben der für Nutzer sichtbaren Ladestation ist es immer von großer Bedeutung, dass ein anforderungsgerechter Netzanschluss an das Stromnetz bereitgestellt wird. Und auch hier gibt es eine Varianz der Lösungen von einer Erhöhung der Leistungsfähigkeit der Stromleitungen bis zur Nutzung von Pufferbatteriesystemen. Dabei sind neben der Elektrik viele Aspekte der baulichen Genehmigung, Datenschutz oder Cybersicherheit des Gesamtsystems zu beachten.

Was also für den einen eine Steckdose für das Auto ist, kann für den anderen ein komplexes technisches Netz- und Ladesystem sein.

Und woher kommt die ganze Energie?

Elektrofahrzeuge benötigen für ihren Betrieb Strom, der aus einer Vielzahl von erneuerbaren Energiequellen wie Sonne, Wind, Wasser und Erdwärme gewonnen werden kann. Um die Umweltvorteile dieser Technologie zu maximieren, muss sichergestellt werden, dass der für den Betrieb von Elektrofahrzeugen verwendete Strom aus erneuerbaren Quellen stammt. Brennstoffzellenfahrzeuge benötigen zum Betrieb Wasserstoff, der mit verschiedenen Methoden hergestellt werden kann, darunter Elektrolyse, Methandampfreformierung und Biomassevergasung.

Während die Elektrolyse eine saubere Methode der Wasserstofferzeugung ist, sind die Methanreformierung mit Dampf und die Vergasung von Biomasse mit Treibhausgasemissionen verbunden. Daher ist es wichtig, bei der Einführung von FCEV als Antriebstechnologie die Umweltauswirkungen der verschiedenen Methoden der Wasserstofferzeugung zu berücksichtigen.

Der größte Teil der von uns genutzten Energiequellen entstammt der Kraft der Sonne, die uns sichtbare, nichtsichtbare und wärmende Strahlen auf die Erde sendet. Das war für das Wachstum der Pflanzen und Organismen auf der Erde eine notwendige Grundlage. In Jahrmillionen dauernden Prozessen unter der Erdoberfläche wurden die abgestorbenen Pflanzen und Organismen unter Druck und

Temperatur zu Rohöl. Der Beginn der menschlichen Nutzung des Erdöls als Heizbrennstoff oder Beleuchtungsrohstoff liegt länger zurück, Eine systematische Erschließung wurde Mitte des 19. Jahrhunderts begonnen. Erdöl dient heute als Rohstoff für eine Vielzahl von Materialien, z.B. Kunststoffen, und als raffiniertes Produkt auch als Brennstoff für Motoren, Heizungen oder Kraftwerke. Der aus fossilem Rohöl gewonnene Verbrennungskraftstoff treibt seit dem Ende des 19. Jahrhunderts die Automobile an. Die hohe Energiedichte und leichte Transportierbarkeit als Flüssigkeit waren Basis für den Erfolg als Energiespeicher der Mobilität.

In den letzten 150 Jahren der Menschheitsgeschichte haben wir erhebliche Teile der bekannten Rohölvorräte der Erde verbrannt, die in Jahrmillionen entstanden sind. In 150 Jahren hat die Verbrennung fossiler Rohstoffe als ein Verbrennungsprodukt Kohlendioxid erzeugt, das wir heute als eines der bedeutendsten Treibhausgase menschlichen Ursprungs kennen. Die Klimaforschung hat uns gelehrt, dass wir den menschengemachten Anteil der Treibhausgase massiv reduzieren müssen, wenn wir den Temperaturanstieg vermeiden und unsere bekannten Lebensbedingungen auf der Erde erhalten wollen. Was also ist zu tun, um Mobilitätsmaschinen in Zukunft mit Energie zu versorgen, die keine oder viel weniger Treibhausgase in die Erdumgebung emittieren?

Lassen Sie uns wieder über die Sonne nachdenken. Nicht nur für Wärme und Licht, sondern auch für nutzbare Strahlung und für den Wind ist die Kraft der Sonne ursächlich. Mit Solarzellen lässt sich aus der Strahlung Strom gewinnen. Bereits in der vorindustriellen Zeit wurden in Europa Windmühlen genutzt, um z.B. Wasserpumpen oder

Getreidemahlwerke anzutreiben. Und während die einen in die Niederlande oder in andere Küstengebiete fahren, um sich an historischen Windmühlen zu erfreuen, sind andere doch eher uneinig, ob moderne Windräder die Eleganz von Segelbooten verkörpern oder die Landschaft »verspargeln«. Unabhängig von individuellen Einschätzungen hat die Windkraft das Potenzial, den Wind für weitere Nutzung zu ernten. Mit jeder Umdrehung wird ein inliegender Generator angetrieben und erzeugt elektrischen Strom.

Speichern lässt sich Strom nur in begrenzten Mengen. Eine Speichermöglichkeit ist es, in einem sogenannten Elektrolyseur mittels elektrischem Strom aus gereinigtem Wasser molekularen Wasserstoff, H_2, abzuspalten. Diesen kann man nun transportieren und anschließend direkt nutzen, z.B. in der chemischen Industrie, als Brennstoff in Gaskraftwerken oder in Brennstoffzellen in Zügen, LKW, Flugzeugen oder PKW. Aber auch beim Wasserstoff sind die transportierbaren Mengen über z.B. interkontinentale Strecken begrenzt. Daher kann man den Wasserstoff entweder mit Stickstoff oder Kohlenstoff verbinden. Die entstehenden Produkte Ammoniak, Methan oder Methanol sind als Gas oder Flüssigkeit mit unterschiedlichen Herausforderungen und Risiken transportierbar und später chemisch oder energetisch nutzbar.

Heute noch und auf absehbare Zeit ist die Menge, der mit Windmühlen und Solarzellen erzeugten, nutzbaren defossilen Energie begrenzt. Transport der Energie vom Erzeugungsort zum Verbraucherort ist aufwändig und das Legen von Leitungen heiß diskutiert. Somit ist bei allen Energiewandlern – also z.B. den Motoren – die sparsame Verwendung und die effizienteste Energieumsetzung nicht nur ökologisch notwendig, sondern ökonomisch sinnvoll. Effizienz ist ein bedeutender Wettbewerbsvorteil.

Gerade die Elektrik bietet eine besonders effiziente Umsetzung von Strom in Dreh- und Bewegungsenergie. Was liegt also näher, als Maschinen in Fabriken und die drehenden Wärmepumpen oder auch Antriebsmotoren für Fahrzeuge elektrisch zu betreiben. Anders als bei stehenden Maschinen muss man nun aber im Fahrzeug die Energie mitnehmen können. Und da setzt die Batterie und ihr Gewicht oder ihre Größe der mitnehmbaren Energiemenge Grenzen. Hier ließe sich jetzt die Diskussion zur Reichweite wiederholen.

In dem Ringen um die Effizienz aber leitet sich ab, dass gerade kleine Fahrzeuge mit einer Batterie und damit Strom sehr praxistauglich betrieben werden können. Größere Maschinen wie Eisenbahnen können bei Fahrten auf immer gleichen Strecken ganz ohne Batterie mit einer Stromversorgung aus einer sogenannten Oberleitung betrieben werden.

So weit, so einfach und bekannt. Aber was, wenn sich die Fahrstrecke immer wieder verändern kann, wie z.B. bei Langstrecken-LKW, Flugzeugen oder Schiffen? Deren Antriebe haben einen hohen Bedarf an dichter mitgeführter Energie. Auf absehbare Zeit werden wir für diese Anwendungen wohl Effizienzverluste einkalkulieren und Wasserstoff oder synthetische Kraftstoffe als Medium nutzen. Es ist auch bei der Wahl der Antriebsenergie kein Entweder-oder sondern ein Sowohl-als-auch. Die richtige Technik am richtigen Ort.

Mit jedem Fortschritt in den einzelnen Technologien und deren Kosten für die Nutzer entwickeln sich die Nutzungspotenziale und auch die Bewertung sinnvoller Anwendungen weiter.

Um etwaiger Kritik in der stetigen Diskussion der Gegner und Befürworter von synthetischen Kraftstoffen vorzubeugen, sei kurz gesagt, dass hier Verkürzungen in der Erläuterung gewählt wurden, da es sich nicht um eine wissenschaftliche Arbeit handelt, sondern vielmehr um die Entwicklung und den Austausch einiger Gedanken im Sinn eines Essays.

Welche Materialien benötigt die Antriebswende?

Für die Herstellung von Batterien, Brennstoffzellen und Elektromotoren werden neben Strom und Wasserstoff auch verschiedene Rohstoffe wie Kupfer, Lithium, Kobalt, Nickel und Seltenerdmetalle benötigt. Diese Materialien werden in der Regel im Bergbau gewonnen, was ökologische und soziale Auswirkungen hat. Um die Nachhaltigkeit der Umstellung des Antriebsstrangs insgesamt zu gewährleisten, ist es wichtig, die verantwortungsvolle Beschaffung und das Recycling dieser Materialien zu fördern. Darüber hinaus sollten sich die Forschungs- und Entwicklungsbemühungen auf die Nutzung leicht gewinnbarer und häufig verfügbarer Materialien konzentrieren.

Wie bei allen Produkten – auch Fahrzeugen – ist es wichtig, die Nachhaltigkeit des gesamten Lebenszyklus zu verbessern, von der Materialbeschaffung bis zur Entsorgung am Ende des Lebenszyklus. Es muss sichergestellt werden, dass verwendete Materialien nach der Nutzungsphase nicht verloren gehen. Dabei geht es einmal um den Wert der Materialien selber. Aber ebenso spielt es eine Rolle, dass für die Gewinnung ebenso wertvolle Energie eingesetzt wurde und oft der Energiebedarf beim Recycling geringer als bei der Neugewinnung ist.

Der Zauber des Recyclings basiert auf dem Sammeln und Aufbereiten. Es genügt nicht, ein gutes und die Stoffe trennendes Sammel- und Sortiersystem z.B. für Elektronik oder Batterien aufzubauen. Es muss uns auch gelingen, die abgenutzten Geräte diszipliniert einzusammeln. Aktuell werden knapp die Hälfte der Consumer-Batterien wieder eingesammelt. Und nur ein geringer Anteil der in Deutschland verkauften Fahrzeuge wird auch hier verschrottet, oft werden sie in andere Länder weiterverkauft.

Recycling beginnt in der Konstruktion. Schon in der Gestaltung des Neuproduktes muss angelegt sein, dass man es einfach demontieren kann, Materialien auf Bauteilen gekennzeichnet sind und diejenigen Materialien kombiniert werden, die sich sortenrein trennen lassen. Um die Herausforderungen zu bewältigen, investieren Forschung und Unternehmen in neue Recyclingtechnologien, darunter fortschrittliche Demontage-, Trenn- und Sortierverfahren sowie chemische Prozesse, mit denen sich wertvolle Materialien zurückgewinnen lassen.

Welche Auswirkungen hat die Technologie auf das Fahrzeug?

Die Auslegung des Antriebsstrangs hat erhebliche Auswirkungen auf das Fahrzeugdesign und die Leistung bei allen Verkehrsträgern. Mit dem Übergang zur Elektrifizierung müssen die Fahrzeuge effizientere Batterien, Motoren und Leistungselektronik enthalten, was zu Änderungen in der Fahrzeugarchitektur und dem Karosseriedesign führen kann.

Im Grundsatz lässt sich zwischen Konversions- und reinen Elektroplattformen unterscheiden. Bei Konversionsfahrzeugen werden häufig bestehende Fahrzeugplattformen genutzt, in die sowohl ein Verbrennungsmotor als auch ein elektrischer Antrieb eingebaut werden kann. In der Übergangsphase zur Elektromobilität erlaubt diese Bauweise, nach den Erfordernissen des Marktes unterschiedliche Antriebe in beliebiger Mengenmischung anzubieten.

Reine Elektroplattformen können alle Vorteile des elektrischen Antriebs nutzen. Oft sitzt in diesen Fällen die Batterie in einem crashsicheren Bereich im Fahrzeugunterbau. Der elektrische Motor und die Hochvoltelektronik sitzen an einer oder manchmal zwei Antriebsachsen. Neben einer optimalen Gewichtsverteilung lässt sich auch ein entsprechend der äußeren Fahrzeuggröße großer Insassen- und Gepäckraum darstellen. Manche Fahrzeuge haben auch im Vorderwagenbereich einen zusätzlichen Gepäckraum z.B. für Ladekabel.

Im Forschungsbereich werden die konstruktiven Freiräume der Elektromobilität bereits weiter gesteckt. Auf das hier Skateboard genannte Fahrgestell aus Batterie und Unterbau mit zwei Antriebsachsen können unterschiedliche und oft wechselbare Aufbauten für den Personen- oder Güterverkehr gesetzt werden. Es lässt sich also die Geschichte des Automobils weiterdenken. Transportiert die auf das Skateboard aufgesetzte Karosseriekapsel über Tag Menschen, könnten nachts mit demselben Skateboard und einer Wechselkarosserie Pakete verteilt oder Glasflaschen zum Recycling eingesammelt werden. Die Fahrzeuge lassen sich mehr Stunden am Tag nutzen, brauchen weniger Parkraum und fahren zukünftig fahrerlos. Allerdings müssen die Fahrzeuge auch für mehr Betriebsstunden konstruiert werden und neue Wartungskonzepte entwickelt werden.

Wie entwickeln sich Produktion und Arbeitsplätze?

Es ändert sich also mehr als der Antrieb. Das Stichwort Elektromobilität verbirgt viele Veränderungen im Automobilbau. Der andere Fahrzeugaufbau, neue leichte Werkstoffe, Verzicht auf Auspuffanlage, Verbrennungsmotor und Schaltgetriebe, Installation von Elektromotor und Batterie, Datensteuerung und autonomes Fahren erfordern weiterentwickelte Fertigungsverfahren mit ihrerseits niedrigem Energie- und Ressourcenverbrauch.

Der Übergang zur Elektrifizierung und Automatisierung wird Veränderungen bei den Qualifikationen und Kenntnissen der Arbeitnehmer:innen erfordern. Dies wird erhebliche Investitionen in die Aus- und Weiterbildung erfordern, um sicherzustellen, dass die Arbeitskräfte auf die Wachstumsthemen vorbereitet sind. Darüber hinaus könnte die Umstellung auf leichte Werkstoffe neue Fertigungsverfahren erfordern.

Andererseits wird erwartet, dass die Umstellung neue Beschäftigungsmöglichkeiten in Bereichen wie der Batterieherstellung, der Ladeinfrastruktur und der Softwareentwicklung schaffen wird. So erfordert die Herstellung von Batterien für Elektrofahrzeuge qualifizierte Arbeitskräfte, und die Entwicklung neuer Ladeinfrastrukturen wird neue Arbeitsplätze in den Bereichen Bau, Installation und Wartung erfordern. Außerdem könnte der Übergang zu autonomen Fahrtechnologien neue Möglichkeiten in den Bereichen Softwareentwicklung, Datenanalyse und maschinelles Lernen schaffen.

Exzellente Bildung im Handwerk, bei akademischen und nicht akademischen Mitarbeiter:innen und gute Arbeit sind in der Zukunft mehr denn je gefragt.

Wie verändern Künstliche Intelligenz und Digitalisierung das Fahrzeug und die Mobilität?

Sprechen Sie schon mit Ihrem Auto? Wahrscheinlich ja, wenn Sie Sprachbefehle geben, um die Temperatur der Heizung zu senken, eine Freundin oder einen Freund anrufen möchten oder eine andere Displaydarstellung wünschen. Sprachbefehle sind in neuen Autos nichts Besonderes mehr, seit wir sie auch bei unseren Mobiltelefonen oder virtuellen Sprachassistenten zu Hause nutzen. Was so einfach in der Funktionalität klingt, benötigt im Hintergrund aber eine Verbindung des Mikrofons und Eingabegerätes mit den Nutzerdaten und dem Internet of Things. Dort sind nicht nur die verschiedenen Weltsprachen der Nutzer:innen, sondern auch Wege- und Navigationsdaten und oft Nutzergewohnheiten hinterlegt.

So wird das Fahrzeug der Zukunft ein Anwendungsgerät, ein sogenanntes Device in der Daten-Cloud. Entertainment-Dienste wie Musikstreaming werden ebenso möglich wie vorausschauende Wartungsprognosen, Fehleranalysen und Fehlerbehebung sowie der Kauf von Zusatzfunktionen beim Fahrzeuganbieter oder anderen Serviceanbietern. Was dem einen noch wie Science-Fiction anmutet, beginnt aber zunehmend Realität zu werden. Fahrer:innen werden immer stärker von Notbrems- und Spurhalte- oder Spurwechselassistenten unterstützt. Die Verkehrssicherheit kann verbessert werden und selbst ein fahrerloses Fahrzeug ist als Transportmittel in nicht allzu weiter Zukunft zu erwarten.

Die Elektronik des Fahrzeugs als Device entwickelt sich ebenso schnell wie andere Bereiche der Datentechnologie. Neue Fahrzeugbetriebssysteme steuern einen vollständig veränderten Aufbau der elektronischen Steuergeräte. Und das Fahrzeug ist ständig mit Diensten aus dem Internet verbunden.

Mit meinem Mobiltelefon, einem anderen Device in meiner Nutzer-Cloud, kann ich das Fahrzeug wie mit einem Schlüssel öffnen und schließen, die elektrische Heizung oder Kühlung vor meinem Eintreffen einstellen oder eben den Ladezustand oder die Ladung der Batterie an der Ladestation verfolgen. Mein Navigationsgerät im Fahrzeug oder auch mein Mobiltelefon nennen mir die nächsten Ladestationen und oft die Energiepreise und können meine Fahrroute entsprechend dem Ladebedarf und der Verkehrssituation planen.

Das Fahrzeug oder vielmehr sein Hauptrechner sind ständig mit dem Internet of Things (IOT) verbunden. Die Mensch-Maschine-Schnittstelle muss die gewohnten Erwartungen der Nutzer:innen an ein verbundenes Gerät, z.B. in der Sprachbedienung als auch vorausschauenden Empfehlungen abbilden. Das Fahrzeug wird so zum Device im IoT. Nutzer:innen erwarten weltweit, ihre in der Cloud liegenden Daten mit jedem ihrer Devices auch aus und mit dem Fahrzeug ansprechen zu können.

Die Hard- und Softwaretechnologien machen maßgebliche Fortschritte, die sich auch im Fahrzeug wiederfinden. Controller im Fahrzeug werden permanent leistungsfähiger und werden in anderer Struktur miteinander verbunden. Die chip-Technologie wird in Monatsschritten leistungsfähiger und energetisch weniger verlustbehaftet. Die Software von Fahrzeugen baut auf neuen Betriebssystemen und Anwendungsprogrammen auf. Künstliche Intelligenz in den Programmen eröffnet neue und erweiterte Funktionen.

In Plattformen werden eine Vielzahl von Anbietern mit einer Vielzahl von Abnehmern verbunden. Am Markt setzen sich in jedem Themengebiet wenige und international mächtige Plattformanbieter durch. Diese grundlegende und mächtige Veränderung betrifft sowohl die Verkehrsanwendungen als auch alle Prozesse der Automobilwirtschaft vom Einkauf bis zum Vertrieb. In der Anwendung findet ein vollständiger Paradigmenwechsel statt. War früher das physische Automobil im Zentrum der Betrachtung, ist es heute nutzerorientiert der zurückzulegende Weg.

Digitalisierung und Elektrifizierung sind in der Elektromobilität ein untrennbares Pärchen geworden. In der Abstimmung aufeinander werden Ladevorgänge effizienter, bidirektionales Laden möglich, die Steuerung des Elektromotors oder der Batterie verbessert. Und nebenbei ermöglicht es eine verbesserte Auslastung der knappen Infrastrukturen unserer Wege, ob es durch die Verkehrssteuerung im Straßenraum oder die elektronische Steuerung von Zügen (ETCS) oder die Steuerung des innerstädtischen ÖPNV ist.

Antriebs-, Verkehrs- und Energiewende – ein Zusammenhang?

Wir erinnern uns an die 17 UN-Ziele. Bezahlbare und saubere Energie und die Maßnahmen zum Klimaschutz hängen untrennbar zusammen. Wir setzen in Zukunft auf erneuerbare Energien. Der Primärenergiebedarf in Deutschland sollte durch eine Vielzahl an Effizienztechnologien und ein sparsameres Verhalten über Jahrzehnte sinken. Den verbleibenden Primärenergiebedarf sollten wir regenerativ decken. Das nennen wir Energiewende.

Viele Sektoren wie Gebäude, Industrie, Energie, Verkehr oder Landwirtschaft benötigen eine Energiezufuhr. Allein der Verkehrssektor steht für ca. ein Viertel des Energiever-brauchs bzw. der Treibhausgasemissionen. Um im Ver-kehrssektor den fossilen Energiebedarf zu reduzieren, braucht es neben der Veränderung von Nutzungsgewohn-heiten den Einsatz der effizientesten Verkehrsmittel und regenerativer Energie. Der beste Mix an Verkehrsmitteln macht es. Das nennen wir Verkehrswende.

Und eben diese – sperrig Verkehrsmittel genannten – Maschinen sollten nur noch regenerativ erzeugte Energie in kinetische Energie, also in Bewegung, umwandeln. Dazu braucht es neue Wandlungsmaschinen oder einfacher Mo-toren und Energiespeicher. Das nennen wir Antriebswende. So hängt alles mit allem zusammen. Eine Kette, in der je-des Glied wichtig ist, wenn wir die übergeordneten Ziele erreichen möchten.

Was war, was ist, was wird – was treibt uns an?

Im Wettbewerb der Systeme und Technologien suchen Konstrukteurinnen und Konstrukteure nach den nachhal-tigsten Wegen. Dazu gehört es beispielsweise, Wand-lungsverluste in der Stromspeicherung der Batterien, der Stromübertagung beim Laden oder auch der Umsetzung im Elektromotor zu mindern. Zudem werden Batterien mit anderer sogenannter Zellchemie immer kleiner, leichter und gegebenenfalls auch preiswerter.

Es ist eine große Herausforderung, das Periodensystem der Elemente und die Physik der Elektrik in immer neuen und besseren Lösungskompromissen nutzbar zu machen. Im Bereich des Wasserstoffs gilt es, Anlagen aufzubauen, die mit vielen jährlichen Betriebsstunden eine kostengünstige Energieform bieten. Großtechnische Anlagen für den Wasserstoff-, Methanol- und Ammoniaktransport sowie deren hiesige Nutzung gilt es zu gestalten. Ein neues nachhaltiges Energieökosystem entsteht durch die Innovationskraft der vielen beteiligten Fachleute weltweit.

Von den ersten Elektrofahrzeugen haben Sie schon in vielen Vorträgen und Zeitungsartikeln gehört. Schon Ende des 19. Jahrhunderts waren Fahrzeuge, z.b. von Lohner-Porsche, mit großen Radnabenmotoren eine damals fortschrittliche Fahrzeuglösung. Um 1900 waren ca. 40 % damaliger kutschenähnlicher PKW in USA elektrisch angetrieben. Die Batterien hatten eine sehr lange Ladezeit, manchmal von Tagen, aber die Reichweiten waren für die damalige Zeit mit manchmal 80 km schon sehr groß.

Im 20. Jahrhundert von 1992 bis 1996 fand ein vom Bundesforschungsministerium geförderter Großversuch zur Elektromobilität auf der Insel Rügen statt. Die gute Praktikabilität im Nutzungsalltag mit Reichweiten um die 200 km der eingesetzten Forschungsfahrzeuge verschiedener Marken fand eine große Anerkennung in der Fachwelt. Aber die Nachteile der verfügbaren Batterietechnik und häufige Ausfälle der Prototypen zeigten den großen Forschungs- und Handlungsbedarf auf. Insbesondere aber der fossil geprägte Strommix der damaligen Zeit führte noch zu einer kritischeren Bewertung der Elektromobilität. Neben der positiven Zukunftsperspektive einer neuen Technologieanwendung waren somit auch die kritischen Stimmen der Verfechter etablierter Technologie deutlich.

Nicht nur in Europa war die Diskussion über den Fahrzeugantrieb entbrannt. Chris Paine hat 2006 mit seinem weltberühmten Dokumentarfilm »Who killed the Electric

Car« ein Denkmal gesetzt. Er spannt seinen Bogen von der Gestaltung des Fahrzeugantriebs über einen begrenzten Vertrieb bis in die massiv vorgetragene Kritik an der Technologie des batterieelektrischen Fahrzeugs. Er sucht nach den Interessenlagen von Fahrzeug- und Ölindustrie wie der Diversität der Sichtweisen auf nationaler als auch regionalstaatlicher Ebene.

Und wo trifft sich die Fachwelt? Eine der großen und wichtigen Veranstaltungen der Elektromobilität gibt es seit 1969 – das Electric Vehicle Symposium (EVS). Es wird heute jährlich an wechselnden Orten in Amerika, Asien oder Europa von der WEVA, World Electric Vehicle Association, veranstaltet. Die internationale Fachwelt aus Wirtschaft, Wissenschaft und Politik trifft sich jährlich, um die neuesten Erkenntnisse zur Fahrzeugladesystem- und Batterietechnologie und aktuelle Anwendungserfahrungen aus den verschiedenen Ländern auszutauschen. Eine Begleitausstellung und auch die Möglichkeit zu Probefahrten oder Probeladen demonstrieren den Stand der Technik.

2016 führte uns die EVS 29 in das Kongresszentrum von Montreal im kanadischen Quebec. Nach Jahren der Diskussion zur Elektromobilität und der Frage, ob diese Technologie wohl Bestand haben möge oder erneut sterben solle, war es ein Gefühl der Unumkehrbarkeit eines durchgreifenden Trends. Der kanadische Bundesstaat Quebec zeigte, wie bedeutend Stromerzeugung in einer wasserreichen Region das gesamte Energiemanagement beeinflussen kann.

Gleichermaßen wurde von dem schnellen Hochlauf der Elektromobilität in Norwegen berichtet. Dort wurde bereits der mittels Wasserkraft erzeugte Strom für Industrie und

Hauswärme genutzt. Nun sollte auch der Verkehr verstärkt auf die Nutzung von Strom umstellen. Die Verteilnetze für Strom waren bereits so weit ausgebaut, dass auch der Aufbau weit verbreiteter Ladenetze eine beherrschbare Hürde darstellen sollte. Hohe staatliche Förderung erleichterte eine schnelle Marktentwicklung. Ich erinnere mich auch an die bohrenden Fragen internationaler Kollegen, wann denn die Industrienation Deutschland und die vielen bekannten Marken nun endlich mit einem besonders großen Angebot auf den Weltmarkt treten würden.

Der Knoten wollte wohl schnell durchschlagen werden. 2017 konnten wir zum Jubiläum der EVS 30 nach Stuttgart einladen. In zweierlei Hinsicht wurde ein neues Kapitel aufgeschlagen. Elektromobilität war nicht mehr ein Thema für eine Gruppe von Enthusiasten, manche sagen auch unverbesserlichen Spinnern. Elektromobilität wurde zu einem Megatrend und das große Thema hieß Industrialisierung der neuen Komponenten und Fahrzeuge.

Wer baut die Kühlung oder Temperierung für die Batterie, wer den Elektromotor und wer die Ladesysteme. Die 10.000 Gäste, die internationale Mischung der Fachleute, das starke Bekenntnis der Industrie, Politik- und Wissenschaftsvertreter kann bis heute in einem kurzen Film auf der Homepage der e-mobil BW GmbH nachvollzogen werden. Der Markt für Elektrofahrzeuge war weltweit durchaus noch im Entstehen, die Zulassungszahlen gering und die Wachstumsraten hoch. Aber just zu der Zeit fielen Entwicklungsentscheidungen für eine Vielzahl von Fahrzeugen, die Anfang der 20er-Jahre auf den Markt kommen sollten. Wer also 2017 in den Wachstumsmarkt noch nicht so recht einsteigen wollte, ging das Risiko ein, den ersten Hochlauf zu verpassen.

Der Weltmarkt für Elektrofahrzeuge hat sich rasant entwickelt. 2022 lud Oslo zur EVS 35 ein. Und ganz besonders war für viele Besucher aus der Welt, dass man auf den Straßen der Stadt oftmals viel sah, aber so wenig hörte. Der große Anteil der e-Fahrzeuge in der Stadt veränderte weniger das Bild, aber mehr das Hörerlebnis, es war einfach leiser. Auf dem Podium wurde diskutiert, was die Rücknahme der Förderung für Elektrofahrzeuge in Norwegen bedeuten möge. War es einfach ein Zeichen des Erfolgs einer langjährigen Strategie, eine Rückkehr zur Normalität oder eine Gefährdung des weiteren Markthochlaufes. Rückblickend ist der Erfolg der Elektromobilität dort wohl ungebrochen. Und zwei weitere wichtige Veränderungen wurden sichtbar. Die Elektrifizierung des Lastwagens, sichtbar an einem neu vorgestellten Ladestecker, wurde vorangetrieben.

Die wohl wichtigste Veränderung war der massive Eintritt chinesischer Hersteller oder Beteiligungen in den europäischen Markt: China auf dem Weg nach Europa. Auch aufgrund der Zurückhaltung etablierter Marken in der Ausstellung waren die chinesischen Anbieter besonders gut sichtbar. Nicht genug der Neuigkeiten standen neben den bekannten und meist asiatischen Batterieherstellern auch neue Wettbewerber aus Schweden und Norwegen im Rampenlicht, die mit der Fertigung an skandinavischen Standorten mit Nutzung regenerativen Stroms versprachen, die Batterie zu großen Teilen von ihrem sogenannten ökologischen Rucksack der Herstellungsenergie zu befreien.

Und was kommt noch? Die EVS 36 fand 2023 in Kalifornien statt. Eine der wichtigen Fragestellungen war es, wie ein Verkehr ausschließlich mit Elektrofahrzeugen einmal aussehen wird. Aber natürlich bildet auch die Elektromobilität aktuelle geopolitische Fragen ab. Wie gut bleibt die Kooperation zwischen Europa, Asien und Amerika? Wie wirken sich zukünftig die regionalen Förderungen des IRA (Inflation Reduction Act) oder der chinesischen Regierung aus?

Kommen wir zum Zeitstrahl zurück. Keine der großen Entwicklungen geht an der Elektromobilität vorbei. Da war die Coronapandemie. Die Reisebeschränkungen haben den internationalen Austausch eingeschränkt. Aber auch die Arbeitswelt hat sich verändert. Manches Treffen findet heute als Videokonferenz statt, mancher Weg entfällt. Noch immer sind wir auf der Suche nach einer neuen normalen Arbeitswelt, die das Beste aus beiden Welten miteinander kombiniert.

Durch die Beschränkungen aufgrund der Coronamaßnahmen und ebenso aufgrund des Angriffskrieges von Russland auf die Ukraine wurden vielerorts Produktionen und Logistikwege eingeschränkt, Teile fehlten. Gewohnte und stabile Lieferketten wurden gestört oder brachen vollständig zusammen. Immer länger wurden die Bestellzeiten auch für Elektrofahrzeugkunden in der ganzen Welt. Bis heute hat sich die Lieferkette nicht für alle Bauteile vollständig erholt.

Die öffentliche und auch die Fachdiskussion zur Elektromobilität hat sich in den vergangenen Jahren sehr verändert. Von der Nische der Spinner und Enthusiasten sind die Energiewendetechnologien in der Mitte der realen Wirtschaftsentwicklung angekommen. Im Fahrzeugbau bestimmen die großen Trends Automation der Fertigung, »local for local« und Digitalisierung die Wettbewerbsfähigkeit der Unternehmen.

2030 – 2040 – 2050. Was erwarten wir von den nächsten Jahren für die Elektromobilität und die Antriebswende? Ein Drittel der PKW soll in Deutschland bereits 2030 elektrisch sein. Und es wird eine ständig wachsende Anzahl von privaten und öffentlichen Ladesäulen geben. Damit werden in der EU bereits ca. die Hälfte und in Deutschland mehr als drei Viertel der PKW-Neuzulassungen Ende des Jahrzehnts elektrisch sein. Im Güterverkehr werden elektrische und wasserstoffbetriebe LKW immer alltäglicher. Die Beimischung synthetischen Kraftstoffs in das Flugbenzin wird zunehmen. Deutschland hat das Ziel, 2045 klimaneutral zu sein und somit bis dahin ausschließlich neue Technologien und regenerative Energieformen zu nutzen.

Um dem Klimawandel erfolgreich zu begegnen und die weltweiten Klimaziele zu erreichen, müssen wir weltweit schneller handeln – auch im Verkehrssektor. Die Transformation unserer gesellschaftlichen, kaufmännischen und technischen Prozesse benötigt aber Zeit. Es gibt limitierende Faktoren der Umsetzung, wie z.B. die verfügbaren privaten und öffentlichen Investitionsmittel oder die Anzahl der Fachkräfte in Handwerk, Bau, Verwaltung oder Produktion. Die Realisierung und Optimierung der Machbarkeit auf diesem Zeitstrahl ist unsere Herausforderung. Mit großem Erfindergeist und Engagement arbeiten weltweit viele Menschen täglich daran, die Machbarkeit dem Ziel zu nähern.

Der vorliegende Text will keine wissenschaftliche Abhandlung sein. Er soll Interesse am Thema und – so hoffe ich – Begeisterung für klimafreundlichere Mobilitätstechnologien wecken. Zu vielen Themen stehen z.B. Studien und Veröffentlichungen der e-mobil BW, der Landesagentur für neue Mobilitätslösungen und Automotive Baden-Württemberg zur Verfügung.

Die Informationsquellen der e-mobil BW decken ein breites Themenspektrum ab, das von der Antriebswende und der Entwicklung einer Wasserstoffwirtschaft über die Digitalisierung im Kontext von Industrie und Mobilität bis hin zu strategischen Überlegungen zu Standortfaktoren und Lieferketten und darüber hinausreicht. Sie richten sich gleichermaßen an interessierte Bürgerinnen und Bürger und an Fachleute und sollen Ihnen helfen, sich über Neuerungen in der Mobilitäts- und Automobilindustrie zu informieren, Entscheidungen zu treffen und Innovationen voranzutreiben.

Chemische Energien

Uwe Lahl

Apl. Prof. Dr. rer. nat. habil. Uwe Lahl, Umweltchemiker und früherer Amtschef des Verkehrsministeriums Baden-Württemberg, setzt sich wissenschaftlich-kritisch mit den verschiedenen Antriebstechnologien auseinander, zeigt deren Vor- und Nachteile auf und erklärt den Unterschied zwischen chemisch-er und elektrischer Energie. Eine alternative Entscheidung zwi-schen eFuels und eFahrzeugen hält er für zu einfach und falsch. Auch eFuels seien wichtig für die Antriebswende, argumentiert der Experte.

Im Rahmen der Antriebswende hat sich leider eine Debatte etabliert, die eFuels als Angriff auf die Einführung der Elektromobilität beim PKW sieht. Aber das Thema eFuels ist viel breiter: Es geht um die Bedeutung von »chemischer Energie« für die Transformation der Wirtschaft.

Zum besseren Verständnis ist es wichtig, den Begriff »chemische Energie« einleitend zu erläutern. Die chemische Energie ist die Energie, die in chemischen Verbindungen (Molekülen) gespeichert ist, beispielsweise in den Bindungen zwischen den Atomen. Daher wird sie auch gerne als »innere Energie« bezeichnet. Das Verbrennen eines Kraftstoffes ist im Kern eine Auflösung der Bindungen der Kohlenwasserstoffe in Anwesenheit von Sauerstoff unter Bildung neuer Moleküle (Kohlendioxid = CO_2, Wasser = H_2O). Hierbei wird Energie frei, weil die gebildeten neuen Moleküle weniger Energie in ihren Bindungen enthalten.[1]

Diesen Prozess kann man chemisch auch umkehren und dem Wassermolekül beispielsweise Energie in Form von

Elektronen (Elektrizität) zuführen, um es zu neuen Verbindungen mit höherer innerer Energie aufzuspalten (Wasserstoff = H_2, Sauerstoff = O_2). Diesen Prozess kann man wiederum mittels Elektrizität aus fossilen oder erneuerbaren Quellen durchführen. Durch Verwendung von erneuerbaren Energien (im Folgenden kurz EE) entsteht **erneuerbare chemische Energie**, die wichtigste Quelle für die klimaverträgliche Transformation unserer Industriegesellschaft.

Die Antriebswende als Teil der Transformation

Die Antriebswende ist Teil der klimaverträglichen Transformation unserer Industriegesellschaft. Sie ist ebenso wie die Transformation unserer Industriegesellschaft auch eine energetische Frage. Für alles wird erneuerbare Energie (EE) benötigt. Für die Antriebswende gibt es im Wesentlichen zwei Formen, wie die EE in Bewegungsenergie umgewandelt werden kann:

– durch physikalische Energie,
– durch chemische Energie.

Während die physikalische Energie im Kern die Nutzung von Elektronen bedeutet, als Strom beispielsweise für die E-Mobilität[2], ist die chemische Energie, wie oben erläutert, die Nutzung des Energiegehalts von Molekülen. Sie umfasst einfache chemische Moleküle wie Wasserstoff, Ammoniak, Methan oder Methanol, kann aber auch komplexer sein, wie z.B. Kohlenwasserstoffe (Benzin, Diesel oder Kerosin).

Grundlage beider Energieformen für die Antriebswende ist ihre Herstellung aus Sonne, Wind, Geothermie und den anderen Formen der erneuerbaren Energien. Und von der EE haben wir auf der Welt sehr viel: In nur eineinhalb

Stunden liefert die Sonne so viel Energie, wie die gesamte Weltbevölkerung für ein Jahr benötigt. Leider ist die EE über den Globus nicht gleichmäßig verteilt. Länder mit hohem EE-Potenzial nennen wir im Folgenden EE-Länder. In diesem Buchbeitrag geht es primär um den Energieträger chemische Energie. Um deren Herstellung aus EE von fossilen Energieträgern unterscheidbar zu machen, stellen wir all diesen Molekülen bzw. Stoffen ein kleines »e« voran, beispielsweise eWasserstoff.

Die chemische Energie aus EE kann auf verschiedenen Routen gewonnen werden. Die momentan als am vielversprechendsten bewertete Route geht zunächst über erneuerbar erzeugten Strom (eStrom, Schritt 1), mit dessen Energie wird dann aus Wasser eWasserstoff[3] gewonnen (Elektrolyse, Schritt 2). Dieser eWasserstoff kann dann mit einem Reaktionspartner zu einem anderen Stoff umgewandelt werden (Synthese, Schritt 3). Als Reaktionspartner favorisieren wir zwei chemische Optionen:

- Stickstoff (z.B. Luft-Stickstoff): Synthese von Stickstoff-Wasserstoff-Verbindungen wie z.B. Ammoniak (NH_3),
- Kohlenstoff (z.B. CO_2): Synthese von Kohlenstoff-Wasserstoffverbindungen wie Methanol (CH_3OH), Methan (CH_4) oder anderen organischen Verbindungen (z.B. Benzin).

In diesem Beitrag befassen wir uns mit der zweiten Option, dem an Kohlenstoff gebundenen Wasserstoff (und Sauerstoff). Die in diesen eMolekülen gespeicherte chemische Energie kann grundsätzlich in verschiedenen Bereichen der Wirtschaft eingesetzt werden:

- zur Produktion von Elektrizität durch Verbrennung,
- zur Produktion von Elektrizität in Brennstoffzellen,

- zur Erzeugung von Wärme (auch Hochtemperaturwärme),
- als chemisches Reaktionsmittel für beispielsweise Redox-Reaktionen,
- als chemisches Reaktionsmittel für beispielsweise die Erzeugung von Kohlenstoffverbindungen wie Kunststoff[4],
- zur Erzeugung von mechanischer Energie.
  - o Eine Unterform hiervon stellt die Erzeugung von mechanischer Energie in Fahrzeugen für die Fortbewegung dar, also die Antriebswende.

Wichtig ist, dass die eVerbindungen über unterschiedliche Syntheserouten gewonnen werden und der dritte Umwandlungsschritt die Komplexität weiter erhöht. Wir haben den Oberbegriff **chemische Energie** eingeführt, damit bei aller Komplexität der Kernbereich für die Antriebswende und die Transformation sichtbar wird. Für die Antriebswende werden wir für Kraftstoffe, die aus EE hergestellt werden, den Begriff **eFuel** nutzen. eFuels gelten als klimaneutral (CO_2-neutral[5]).

Die nachfolgende Abbildung zeigt noch einmal schematisch die drei Schritte der Herstellungsroute über CO_2.

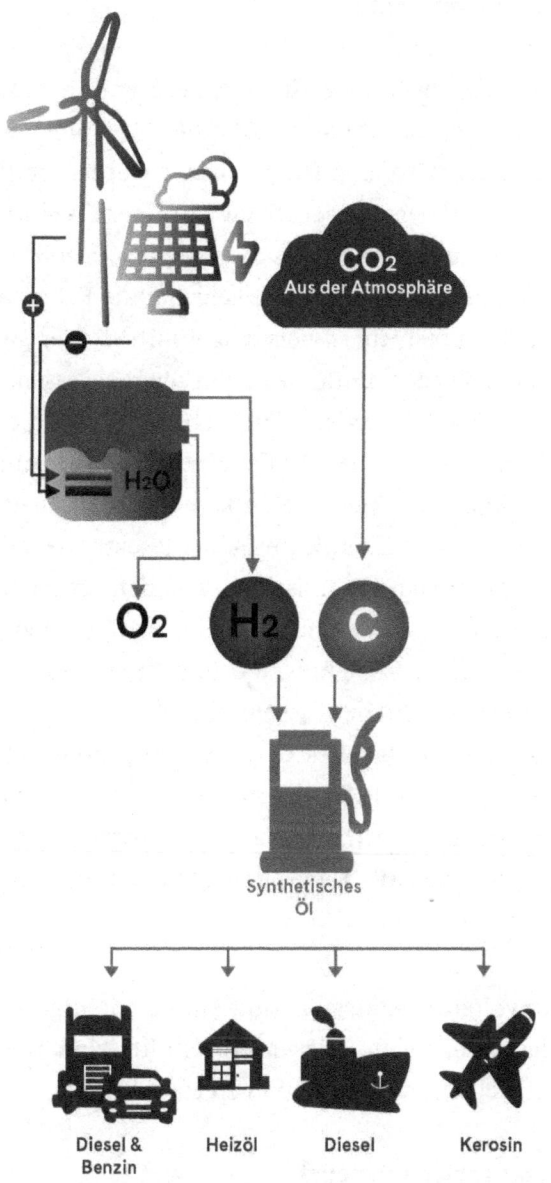

Prinzipskizze einer vielversprechenden Herstellungsroute für eFuels. [6]

Sind eFuels ineffizient?

eFuels werden, wenn sie für den Verbrennungsmotor im PKW (Internal Combustion Engine, im Folgenden: das ICE-Fahrzeug bzw. das **ICE**) genutzt werden sollen, kritisch bewertet.[7] Das wesentliche Argument der Kritik ist, dass die Nutzung von eFuels ineffizient sein soll.

Für den Flug- und Schiffsverkehr hat die EU gerade verpflichtende Quoten für eFuels eingeführt.[8, 9] Hier gelten die eFuels nicht als ineffizient; sie gelten sogar als essenziell. Für den LKW-Verkehr werden eFuels ebenfalls als eine Option angesehen. Und für den Verkehrssektor insgesamt sollen auch verbindliche eFuel-Quoten kommen.[10] Darüber hinaus wird die chemische Energie im Industriesektor benötigt, weil dort ansonsten keine Klimaschutzszenarien umsetzbar sind. Wie kann etwas gerade und nur beim PKW ineffizient sein, was im gesamten Verkehrs- und Industriesektor ansonsten positiv bewertet wird bzw. essenziell ist?

Ein Argument, das diesen Widerspruch erklären könnte, geht wie folgt: Beim PKW hat man mit dem Elektroauto mit Batterie (**B**attery **E**lectric **V**ehicle, im Folgenden das BEV-Fahrzeug bzw. das **BEV**) eine effizientere Option. Stimmt das?

Für die weitere Diskussion sind einige wichtige fachliche Grundlagen hilfreich. Diesen Abschnitt kann überspringen, wer sich auf diesem Gebiet zu Hause fühlt.

Was ist eigentlich Effizienz?

Die **Energieeffizienz** gibt an, ob **viel oder wenig Energie benötigt** wird, um einen gewünschten **Zustand zu erreichen** (beispielsweise gefahrene Kilometer oder eine definierte Temperatur in einem Kühlschrank). Der energetische **Wirkungsgrad** gibt an, wie groß der **Anteil der zugeführten Energie** ist, **der als Nutzenergie genutzt** werden kann.

Der Wirkungsgrad stellt mathematisch den Quotient aus Einsatz eines Mittels (beispielsweise Energie) und Ertrag oder Ergebnis (beispielsweise Nutzenergie) eines Prozesses dar.

Der **Wirkungsgrad** ist dimensionslos, weil im Zähler und Nenner immer die gleichen Kenngrößen stehen. Die **Effizienz** vergleicht unterschiedliche Kenngrößen, so etwa die EE-Menge, die auf einer Fläche gewonnen werden kann. Für die Antriebswende sind unterschiedliche Effizienzen, um von A nach B zu gelangen, von Bedeutung:

- die Ressourceneffizienz als Summe vieler unterschiedlicher Detail-Effizienzen, wie:
  - o die Material- bzw. Rohstoffeffizienz,
  - o die energetische Effizienz,
  - o die Antriebseffizienz,
  - o die Zyklus-Antriebseffizienz (WLTC, RDE)
  - o die Flächeneffizienz,
  - o die Treibhausgas (THG)- bzw. Klimaeffizienz,
  - o die Effizienz der Schadstoffminderung,
- die monetäre oder wirtschaftliche Effizienz.

Ob etwas effizient ist, hängt daher nicht nur von einer Kenngröße ab. Wir werden in diesem Beitrag für den PKW einige dieser Effizienzen näher betrachten. Weiter ist die **Energiedichte** für die Antriebswende eine wichtige Größe. Sie beschreibt die nutzbare Energiemenge, die in einer Volumen- oder Gewichtseinheit gespeichert ist. Hier ist gegenwärtig die chemische Energie in Form des eFuels der Batterie deutlich überlegen. Die Energiedichte einer BEV-Batterie liegt bei etwa 100 bis 150 Wattstunden pro Kilogramm (Wh/kg). Die Energiedichte von Diesel oder Benzin liegt bei gut 11.000 bis rund 12.000 Wh/kg. Da die Energiedichte unabhängig von der Herstellung ist (fossil oder EE), ist der energetische Wirkungsgrad (nutzbare Energie je Gewichtseinheit) von eFuels also rund um Faktor 100 höher als die von BEV-Akkus. Um diesen Unterschied zu verringern, wird in der Automobilindustrie gegenwärtig intensiv an besseren Batterien geforscht. Es gibt vielversprechende Ansätze, nach denen eine Verbesserung gelingen kann. Die Steigerung um den Faktor 2 bis vielleicht 3 wird auf Expertenseite als möglich angesehen, wobei derartige Prognosen seriös aufzustellen schwierig ist.

Wie kann Energie effizient transportiert und gespeichert werden?

Ein weiterer wichtiger Aspekt nicht nur für die Antriebswende ist das **Transport- und Speichervermögen** der verschiedenen Energieformen. Keine der genannten Energien, weder die chemische noch die physikalische Energie, kann verlustfrei transportiert werden. Es gibt aber gravierende Unterschiede. Die physikalische Energie (Elektronen = Strom) weist beim Transport über **lange** Strecken durch beispielsweise Kupferkabel relevante Verluste auf. Unabhängig von der Stromart (Gleichstrom oder Wechselstrom) ist bei einem gegebenen Querschnitt einer Leitung der Verlust durch physikalische Gesetze definiert (Ohmscher Widerstand). Der Verlust wird hauptsächlich in Form von Wärme entlang der Stromleitungen freigesetzt. Für längere Strecken ist der Transport als Hochspannungs-Gleichstrom-Übertragung (HGÜ) verlustärmer als der Transport in Form von Wechselstrom. Aber selbst für HGÜ ist für 1.000 km bereits ein Verlust von gut 6 % anzunehmen. Einmal abstrahiert von den Kosten eines interkontinentalen HGÜ-Seekabels sind Distanzen im Bereich von 5.000 bis 15.000 km für die Übertragung großer Strommengen unrealistisch.

Die heute gebräuchlichste Art der Speicherung von Strom ist das Pumpen von Wasser auf ein höheres Geländeniveau. Anschließend kann das Wasser via Schwerkraft ins Tal geleitet werden und dabei Generatoren für die erneute Stromproduktion antreiben. Das Ganze ist mit Wirkungsgradverlusten verbunden und natürlich nur klimaneutral, wenn der Strom für das Hochpumpen EE-Strom war. Diese Speicherung ist nur wirtschaftlich umsetzbar, wenn die Geländetopografie dafür geeignet ist.

Die Speicherung von Elektronen gelingt in kleinen Einheiten in Batterien. In welchem Umfang dieser Sektor für größere Stromspeicher ausgebaut werden kann, hängt von der technologischen Weiterentwicklung und auch von der Verfügbarkeit der Ressourcen ab (s.u.).

Wie sieht der Transport und die Speicherung für chemische Energien aus?

Für Wasserstoff, dem kleinsten Element auf unserem Planeten, ist das Dilemma nicht ganz so groß wie beim Strom. Wasserstoff kann gasförmig in Druckgefäßen (350 bis 700 bar) auch über längere Distanzen transportiert werden. Die Verdichtung benötigt etwa 12 % des Wasserstoffs oder andere Energie. Allerdings ist die volumenbezogene Energiedichte bei komprimiertem Wasserstoff dreimal niedriger als beispielsweise bei komprimiertem Methan (Erdgas). Somit müssten die Transportbehälter dreimal größer sein verglichen mit Erdgas, statt eines LNG-Spezialschiffs[11] müssten drei für die gleiche Menge fahren, oder der Druck müsste dreimal höher gewählt werden, was technisch nicht möglich ist. Über **längere** Strecken ist der Transport von Wasserstoff in Behältern zwar möglich, aber sehr teuer.

Wasserstoff kann unter Druck über Pipelines transportiert werden. Allerdings sind hier länderübergreifende Transporte – beispielsweise in Europa – schwierig zu realisieren und benötigen zudem eine längere Zeit für Planung und Realisierung dieser Pipelines. Ob interkontinentale Pipelines etwa von Afrika oder Südamerika nach Europa zukünftig gebaut werden, ist gegenwärtig offen.

Anders sieht dies für den Transport innerhalb von Ländern der EU aus. Aber auch hier steht man noch am Anfang der Projekte. So wird beispielsweise Süddeutschland erst sehr spät und rudimentär an den Europäischen Wasserstoff-Backbone (EHB) und an das Deutsche Wasserstoff-Kernnetz angeschlossen sein. Aber insgesamt ist anzunehmen, dass diese Transportform gelingen wird. Die Speicherung von Wasserstoff in geologischen Kavernen (mit Drücken von 50 bis 80 bar) wiederum ist möglich und wird beispielsweise in verschiedenen Projekten in Norddeutschland vorbereitet.

Um die Kosten des Transports über längere Strecken zu senken, kann eWasserstoff auch verflüssigt werden. Hierfür wird allerdings viel Energie benötigt, je nach Technik sind das 28 bis 46 % des zu transportierenden Wasserstoffs, der hierdurch verloren geht. Damit nicht genug. Um verflüssigten Wasserstoff zu transportieren oder lagern zu können, darf keine Wärme in den Tank gelangen (Lagertemperatur ist -252,9 °C[12]). Das Eindringen von Wärme ist selbst bei der bestmöglichen Isolierung aber nicht vollständig zu vermeiden. Daher muss kontinuierlich eine kleine Menge Wasserstoff aus dem Tank verdampft werden (boil-off). Durch diese

Verdampfung entsteht Kälte im Tank, was den Druckaufbau verhindert, ansonsten würde der Tank platzen.

Diese boil-off-Verluste sind, je nach Güte der Isolierung, unterschiedlich hoch. Handelsübliche Tanks weisen Verluste auf, die bei 2 bis 3 % des Speicherinhalte pro Tag liegen. Damit würde sich so ein Tank über Wochen vollständig entleeren. Es laufen daher viele Forschungsprojekte, um die boil-off-Verluste über längere Transportstrecken zu reduzieren (Spezialschiffe). Ob dies gelingen wird, ist gegenwärtig ebenfalls offen.

Emissionen von Wasserstoff in die Atmosphäre sind klimaschädlich, weil sie u.a. die Verweildauer von Methan, einem Klimagas mit hohem Treibhausgaspotenzial, in der Atmosphäre verlängern. In welchem Umfang dieser Effekt zu Buche schlägt, wird gegenwärtig wissenschaftlich geklärt. Daher wäre zu wünschen, dass die boil-off-Verluste für die Energiegewinnung oder den Antrieb genutzt werden. Für die in Planung befindlichen Spezialschiffe ist die Nutzung der boil-off-Verluste als Transportenergie vorgesehen.

eMethan, eine weitere Möglichkeit der Herstellung chemischer Energie aus EE, lässt sich deutlich besser transportieren und speichern (unter Druck). Man kann eMethan natürlich auch verflüssigen, der Aufwand ist nicht so hoch wie beim eWasserstoff, aber nicht vernachlässigbar (LNG). Transport von eMethan gelingt unter Nutzung der heutigen fossilen LNG-Infrastruktur, wobei für den Ferntransport LNG-Spezialschiffe genutzt werden müssen, die zum Teil schon verfügbar sind. Die Lagerung könnte in den heutigen Erdgasspeichern erfolgen. Methan ist als Treibhausgas sehr klimaschädlich (GWP_{100} = 28).[13] Daher sind auch hier alle notwendigen Vorkehrungen zu treffen, um Emissionen zu vermeiden.

Neben Methan gibt es noch eine Reihe weiterer Kohlenstoffverbindungen, die hier in Frage kommen. Methanol und längerkettige Kohlenwasserstoffe sind bei Zimmertemperatur flüssig. Sie sind daher relativ einfach zu transportieren und zu lagern. So könnten die heute vorhandenen Infrastrukturen für fossile Kohlenwasserstoffe für die Versorgung der Wirtschaft weiter genutzt werden.

Neben der Bindung an Kohlenstoff kann, wie oben ausgeführt, die EE auch an Stickstoff gebunden werden. Die interessanteste Verbindung hierfür stellt Ammoniak dar, auch weil hier auf ein Stickstoffatom gleich drei Wasserstoffatome kommen.[14] Ammoniak stellt ähnliche Anforderungen an Transport und Lagerung wie Methan. Ammoniak ist für den Menschen toxisch, was die Anforderungen für die Dichtigkeit der technischen Systeme hochsetzt. Aber auch heute wird Ammoniak in verflüssigter Form weltweit gehandelt und auch über lange Strecken transportiert. Der Aufbau einer Versorgung der Wirtschaft mit eAmmoniak unter Nutzung vorhandener Infrastrukturen dürfte möglich sein. Daher laufen auch verschiedene diesbezügliche internationale Projekte.

Die Zukunft wird zeigen, welche der beschriebenen Optionen sich am Markt durchsetzen werden. Die energetische Effizienz der Herstellung dieser Stoffe bzw. Energieträger liegt nicht weit auseinander: Wasserstoff liegt bei 61 %, eFuels bei 45 %. Dazwischen liegen eMethan und eAmmoniak mit 52 %. Für die Zukunft wird eine Verbesserung der Werte um rund 10 % für möglich gehalten.[15] Die Zahlen zeigen, dass die Verluste bei Transport und Lagerung genauso relevant wie (oder relevanter als) die Herstellung selbst sind. So rechnen Experten aus der Autoindustrie bei eWasserstoff mit Transportverlusten von der Elektrolyse bis zum PKW von mindestens 20 %.

Fazit

- Lagerung und Ferntransport von eWasserstoff weisen sehr hohe Verluste auf und benötigen den Neubau einer speziellen, teuren Infrastruktur.
- Elektrizität und eWasserstoff können mit niedrigen Verlusten regional genutzt werden. Die heutige Infrastruktur kann auch regional genutzt werden, allerdings müssen höhere Anpassungsinvestitionen insbesondere beim eWasserstoff vorgenommen werden.
- eMethan und eAmmoniak stellen geringere Anforderungen an Transport und Lagerung, die im Falle von eMethan besonders einfach zu lösen sind (Nutzung der vorhandenen Gasinfrastruktur).
- eMethanol, eKohlenwasserstoffe stellen die geringsten Anforderungen an Transport und Speicherung; sie sind ohne Verluste zu lagern und auch über sehr weite Strecken verlustarm zu transportieren. Zudem kann die heute vorhandene Infrastruktur weiter genutzt werden. Allein in der deutschen Mineralölindustrie sind ca. 32 Mrd. Euro in Infrastrukturen gebunden.

Die direkte Nutzung von EE wird nur in regionalen Netzen sinnvoll möglich sein. Die hier beschriebene chemische Energie hat einen viel breiteren Einsatzbereich (s.o.) und ist auch weltweit nutzbar. Im Kern ist die chemische Energie »Carrier« für EE für einen zukünftigen Weltmarkt.[16]

Die Antriebseffizienz

Unter der Antriebseffizienz des PKWs wird hier verstanden, mit wieviel Energieeinsatz (in kWh) eine definierte Strecke gefahren wird. Hierfür muss nicht nur die Energie, die dem Motor zugeführt wird, sondern auch die gesamte Energie des jeweiligen Prozesses ermittelt und aufsummiert werden (well to wheel). Beim eFuel beispielsweise ist dies die Energie, die die mehrstufige Herstellung des Kraftstoffes verbraucht.

Es gibt viele Studien, die die Antriebseffizienz von BEVs (Batteriefahrzeuge) mit ICEs (Verbrennungsmotor) vergleichen. Die Ergebnisse schwanken stark, je nach angenommenen Bedingungen für die Stromerzeugung (heutige oder zukünftige Stromerzeugung) oder den Wirkungsgrad der Fahrzeuge.

Aber die Bandbreite der Ergebnisse lässt sich eingrenzen: Bei gleichen Ausgangsbedingungen benötigt ein eFuel-ICE **drei- bis viermal** mehr Energie für das Fahren einer definierten Strecke als ein BEV.[17] Wir abstrahieren von der Nutzung des heutigen Strommixes für das BEV und nehmen das Fahen mit eStrom an.

Die Hauptursache ist der deutlich geringere **Antriebswirkungsgrad** (das, was bei der Achse ankommt), die heute beim Verbrenner bei 15 bis 25 % der in den Motor eingespritzten Energie liegt gegenüber 70 bis 80 % der von der Batterie bereitgestellten Energie für den Achsenantrieb des Batteriefahrzeug (BEV).[18] Die höheren Energieverbräuche für die Herstellung der eFuels sind ein weiterer Grund für das Effizienzergebnis. Die höhere Energiedichte der chemischen Energie im Kraftstoff (s.o.) ist für den reinen Antriebswirkungsgrad nicht relevant. Sie ist nur relevant für die höhere Reichweite der ICEs gegenüber BEVs.

Beim Verbrenner (ICE) geht viel Energie in Form von Wärme verloren. Daher muss der Motor bekanntlich gekühlt werden. Die entbundene Wärme beim ICE kann im Winter für die Klimatisierung des PKW-Innenraums genutzt werden. Beim BEV muss hierfür Strom eingesetzt werden, was bei ungünstigen Außentemperaturen / Klimazonen die Antriebseffizienz des BEV um 15 bis 50 %, je nach PKW und Klimazone, reduzieren kann.[19] In den gemäßigten Zonen wie Deutschland ist der Effizienzverlust nicht ganz so groß. Aber an sehr kalten Tagen verliert man auch in Deutschland mit dem BEV an Reichweite.

Die Anlagen- bzw. Flächeneffizienz

Wie sähe aber ein Vergleich aus, wo ein ICE beispielsweise in Deutschland mit eFuels aus Chile (oder Nordafrika) fährt? Zunächst stellt sich die sprichwörtliche Frage, ob hierbei nicht Äpfel mit Birnen verglichen werden. Die Wahrscheinlichkeit, dass in Zukunft große Mengen an eFuels aus deutscher Produktion stammen, ist gering. Wir sind ein Energieimportland und werden es vermutlich auch bleiben. Dass eFuels zukünftig aus den Ländern kommen, die deutlich günstigere Ausgangsbedingungen für die Stromerzeugung (Sonne, Wind etc.) haben, ist viel wahrscheinlicher – sofern die Regulatorik es zulässt. Und dass BEV-Flotten in Europa mit Strom aus Ländern wie Chile fahren, ist heute nicht möglich und morgen wohl auch nicht. Also werden nicht Äpfel mit Birnen verglichen, sondern es wird hier ein Vergleich durchgeführt (ICE und eFuels aus günstigen EE-Ländern vs. BEV mit regionalem EE-Strom in Europa), der eine zukünftig relevante Fallkonstellation darstellt.

Die Berechnungsergebnisse für die Antriebseffizienz vom ICE im Vergleich zum BEV bleiben in dieser Fallkonstellation natürlich gleich. Was sich ändert, sind die Effizienzen für die Gewinnung des eFuels. Die Anlagen- bzw. Flächeneffizienz für die eFuel-Produktion in den EE-Ländern ist deutlich höher als in Deutschland. Im Süden von Chile kann aus einer Windkraftanlage viermal, in Nordafrika aus einer Solaranlage dreimal mehr Strom gewonnen werden als in Deutschland.[20, 21] Bezieht man diese günstigeren Produktionsbedingungen für eFuels mit ein, verändern sich andere Effizienzen. Bei gleicher Standortbelegung lässt sich aus einem km² Fläche an einem optimalen Standort im Süden Chiles viermal mehr Strom (für eFuels) herausholen als bei uns. Ähnliche Effizienzvergleiche lassen sich für Solarstrom beispielsweise in Nordafrika (dreimal effizienter) durchführen.[22] Das Fahren mit einem BEV in Deutschland mit EE-Strom aus Deutschland kann diese Flächeneffizienz nicht erreichen.

Die wirtschaftliche Effizienz

Unter der wirtschaftlichen Effizienz wird hier verstanden, wieviel Geld der gefahrene Kilometer kostet. Beim BEV spielen heute die hohen Anschaffungskosten des Fahrzeuges eine entscheidende Rolle. Unklar ist, wie lange die Batterie halten wird. Insgesamt ist heute davon auszugehen, dass ein BEV teurer ist als ein ICE (heute fossil).

Wie sieht es zukünftig aus? In Zukunft werden die Kosten für eFuels entscheidend sein. Hier verändern sich die Ergebnisse sehr deutlich, wenn man die höhere Anlageneffizienz in den günstigen EE-Ländern einbezieht. Der Windstrom in Chile wird, aufgrund der dortigen Windbedingungen, **wirtschaftlich** vierfach effizienter produziert werden können (s.o.). Wobei die günstigeren allgemeinen wirtschaftlichen Bedingungen in Chile noch dazu kämen. Es gibt Studien, die versuchen, die zukünftigen Kosten für eFuels zu berechnen. Das Fahren mit einem BEV in Deutschland mit EE-Strom aus Deutschland kann diese Flächeneffizienz nicht erreichen.[23, 24, 25] Heute liegen die Produktionskosten bei 5 bis 7 € pro Liter eFuel (ohne Steuern). Nach dem Scaling-up auf großtechnisches Niveau werden 0,7 bis 2 €/l prognostiziert. Es wird für möglich gehalten, dass eFuels mittelfristig im gleichen Kostenrahmen liegen können wie die heutigen fossilen Kraftstoffe.

Die Klimaeffizienz

Unter der Klimaeffizienz wird hier verstanden, mit wieviel Treibhausgasemissionen der jeweils gefahrenen Kilometer verbunden ist. Bei der Klimaeffizienz ergeben sich überraschenderweise keine großen Unterschiede, weil – wenn wir die Gesamtemissionen betrachten (well to wheel) und nicht nur die aus dem Auspuff[26] – beide Fahrzeuge – BEV oder ICE – im Grundsatz weitgehend klimaneutral fahren können, sofern alles mit EE passiert.

Bei einer ganz genauen Betrachtung über einen bilanziellen Ansatz hängt das exakte Ergebnis hinter dem vielzitiertem Komma von einer ganzen Reihe von unterschiedlichen Randbedingungen wie Vorketten etc. ab. Für eFuels wird an verschiedenen Stellen verlangt, dass die Klimaneutralität im Vergleich mit fossilen Fuels insgesamt deutlich oberhalb von 70 % liegen sollte. Dies wird möglich sein, so die internen Zahlen aus uns bekannten Projekten. Für diese Annahme spricht auch, dass ansonsten eFuels in Europa nicht anerkannt würden.[27, 28]

Die Verwendung heutigen Netzstroms für das Laden eines BEV ist im Vergleich mit den zukünftigen eFuel-Klimabilanzeffekten deutlich relevanter. Allerdings ist der heutige Kohlestrom (2022: 33,3 % Anteil[29]) nur eine Momentaufnahme; die Strommixe werden sich die nächsten Jahre deutlich verbessern. Und bei den eFuel-Daten arbeiten wir ja auch mit Prognosen und nicht mit realen Kraftstoffen. Daher sollte u.E. für die Betrachtung der Klimaeffizienz der Vergleich zwischen BEV und ICE für beide Antriebsarten mit den zukünftig zu erwartenden Daten bzw. Randbedingungen erfolgen. Somit kommt am Ende ein interessantes Ergebnis heraus: Die Klimaeffizienz des Fahrens mit einem BEV ist unter optimalen Annahmen nur etwas besser als das Fahren mit einem ICE, der mit nahezu klimaneutralen eFuels fährt.

Bei einer cradle to grave-Betrachtung schneidet der Verbrenner (ICE) aufgrund der Fahrzeugherstellung gegenüber dem BEV besser ab. Allerdings ist hier noch nicht einbezogen, welche Verbesserungen erreicht werden können, wenn die Batterie, die heute vornehmlich aus China kommt, unter effizienzoptimierten Bedingungen produziert würde. Auf den gefahrenen Kilometer bezogen weist das BEV unter optimalen Bedingungen leichte Vorteile auf (s.o.). Mit jedem Kilometer, den ein BEV über die Lebensdauer hinaus fährt, schmilzt daher der Nachteil aus der Fahrzeugherstellung ab. Somit wird das BEV seine bessere Klimaeffizienz gegenüber dem ICE nur realisieren können, wenn es viel fährt.[30]

Zur cradle to grave-Betrachtung gehört auch die Bereitstellung der erforderlichen Ressourcen für die Fahrzeuge. Fossile Energieträger werden zum Teil unter Bedingungen gewonnen, die die Umwelt zerstören oder auch inhuman sind. Die Ressourcengewinnung für die Batterien des BEV (Lithium, Kobalt etc.) ist auch nicht immer ohne Kritik, eher im Gegenteil.[31] Die weltweit größten **Reserven** an Lithium hat übrigens – Chile, gefolgt von Bolivien. Von den rund 80 Mio. t an Li-**Ressourcen** entfallen 50 Mio. t auf Bolivien, Argentinien und Chile.[32, 33]

Fazit Effizienz

Die Flächeneffizienz ist ein »pro« für das ICE, was für das BEV spricht. Die Klimaeffizienz der Batterieherstellung ist das zentrale »Con«, was gegen das BEV spricht. Bei hoher Lebensdauer und gefahrenen Kilometern schmilzt dieser Nachteil ab und kann sogar bilanziell überwunden werden. Die These: eFuels sind ineffizient, stimmt daher auch beim PKW so pauschal nicht.[34] Wir werden daher untersuchen, was dieses Ergebnis für die Antriebswende bedeutet.

Stichtag 2035

Ab 2035 plant die EU, keine neuen Verbrenner (ICEs) mehr zuzulassen. Bis 2035 gehen ja noch ein paar Jahre ins Land. Eine Effizienzbetrachtung heute als Basis für politische Entscheidungen für morgen muss auch prognosefest sein, man muss auch abschätzen, was sich bei Batterie und BEV und bei eFuels und ICE in den nächsten Jahren noch tun kann.

Für den BEV als Newcomer auf dem PKW-Sektor wird sehr viel davon abhängen, wie die Automobilindustrie und die Händler den potenziellen Käufer überzeugen können. Schon der heutige BEV ist ein phantastischer PKW, was seinen Komfort und seine Fahreigenschaften anbelangt. Allerdings ist sein Kaufpreis gegenwärtig zu hoch. Die breiten Schichten der Bevölkerung, die heute Gebrauchtwagen fahren, werden sich einen neuen BEV nicht leisten können. Aber es ist nicht ausgeschlossen, dass preisliche Entwicklungen stattfinden werden.

Auch ist noch weitgehend offen, wie sich ein Gebrauchtwagenmarkt entwickeln kann, da möglicherweise die begrenzte Lebensdauer der Batterien diesen Markt einschränken könnte. Auch hierfür müssen Lösungen gefunden oder umgesetzt werden. Ohne diese Entwicklungen bleibt der BEV, selbst bei den heute so hohen staatlichen Subventionen, bei niedrigen Zulassungszahlen (heute nur knapp 20 % der Neuzulassungen). Nach Auslaufen der Förderungen für gewerblich genutzte ePkw ist die Zahl der Neuzulassungen stark eingebrochen.[35]

Weiter ist die Ladeinfrastruktur ganz entscheidend. Auch hier könnten eFuels eine Brücke anbieten. Hybridfahrzeuge (Plug-In-Hybrid, im Folgenden PHEV) vereinen das jeweils Beste beider Antriebsarten BEV und ICE. Ein PEHV kann die Bremsenergie nutzen, sogar noch effizienter als das BEV (bringt rund 10 %). So würde sich mit PHEV das Thema Laden entspannen, und auch auf langen Strecken sind keine Komfortverluste zu beklagen. **Klimaneutral wird dies aber nur gehen, wenn der Verbrennungsmotor des PEHV mit eFuels betrieben würde.** Ob man die PHEVs benötigen wird, hängt natürlich auch sehr davon ab, ob die Batterie für das BEV in den nächsten Jahren ihr Speichervermögen deutlich steigern kann (s.o.). Für den möglichen Erfolg des PHEV sprechen die Prognosen bei der Motorenentwicklung. Forschungen zeigen, dass eine Steigerung des Antriebswirkungsgrades für den Verbrenner (ICE) um 20 % möglich erscheint.[36] Insgesamt hätte dann ein PHEV eine Antriebseffizienz von rund 50 %, was dem BEV schon sehr nahekäme.

Aber mit weiterer Planung und Konkretisierung der Antriebswende und der insgesamten Transformation werden die Kosten in den Vordergrund rücken. Die Kosten für die Herstellung der chemische Energien werden immens sein. Man wird aber auch über die zusätzlichen Kosten einer neu zu errichtenden Infrastruktur für Transport und Lagerung sprechen müssen. Diese Kosten fallen an, wenn man sich für die Zukunft auf Strom und Wasserstoff einengt. Für die anderen eKohlenstoff- (eFuels u.a.) oder eStickstoffverbindungen könnte man die vorhandene Infrastruktur weiter nutzen. Man wird daher vor 2035 vor einer politischen Abwägung stehen, ob man für eine um wenige Prozent bessere Antriebseffizienz vorhandene Infrastruktur verschrotten sollte und neue Infrastruktur aufbauen will.

Versorgungssicherheit bisher ein blinder Fleck

Die Antriebswende kann sich nicht allein auf die Antriebseffizienz im PKW-Motor beschränken. Es ist notwendig, fahrzeugübergreifend und sektorübergreifend zu denken und zu investieren. Und für eine entwickelte Volkswirtschaft ist es notwendig, die Versorgungssicherheit im Blick zu behalten. Dies ist nicht nur eine Frage der internationalen Märkte und der Zusammenarbeit zwischen den Ländern, die geben, und denen, die nehmen. Für Unvorhergesehenes muss auch Sicherheit gegeben sein; die benötigte Energie muss bevorratet werden.

Wie der Winter 2022/23 in Deutschland mit den ausgebliebenen Gasimporten aus Russland gezeigt hat, ist diese Bevorratung zwingend notwendig. Wir sprechen hier von der Notwendigkeit, einen Vorrat von mehreren Monaten für den Gesamtbedarf anzulegen. Heute ist dies über die Gas- und Erdölbevorratung (für mindestens 90 Tage) sichergestellt.

Physikalische Energie lässt sich über längere Strecken nur schwer transportieren. Eine Bevorratung mit volkswirtschaftlich relevanten Mengen für mehrere Monate ist mit heutiger Technik nicht möglich. Wasserstoff kann allenfalls gasförmig unter Druck unterirdisch gelagert werden. Allerdings benötigt Wasserstoff ein deutlich höheres Volumen als andere Energieträger. Die vorhandenen bzw. erschließbaren Kavernen reichen daher nicht aus, um eine hinreichende Versorgungssicherheit zu erreichen. Chemische Energie (eMethan, eMethanol, eAmmoniak, eFuels) kann unter Nutzung der vorhandenen Infrastruktur problemlos transportiert und in ausreichenden Mengen bevorratet werden.

Sind eFuels ein PR-Trick der Erdölindustrie?

Die Wirtschaft fordert für die Energie- und Antriebswende vehement den Hochlauf der eFuel-Industrie.[37] Sind eFuels also nur ein PR-Trick? Über eFuels fantasieren und weiter fossil fahren, so könnte die Kritik an der Erdölindustrie lauten. Sicher wird der Lackmustest zur Entwicklung des Marktes entlang der Investitionsbereitschaft der Wirtschaft in den kommenden wenigen Jahren stattfinden!

Man muss sich, bei aller Skepsis gegenüber fossilen Industrien, aber mit dem Argument auseinandersetzen: ohne chemische Energie (eMethan, eMethanol, eAmmoniak, eKohlenwasserstoffe (= eFuels) etc.) wird die Transformation der Wirtschaft nicht gelingen. Wenn dieses Argument stimmt, dann ist es doch nebensächlich, dass noch manche Akteure in der Wirtschaft am fossilen Zeitalter hängen.

Pilotanlage Haru Oni im Süden Chiles.[38]

eFuels

Wie können wir den CO_2-Ausstoß in der bestehenden Flotte reduzieren?

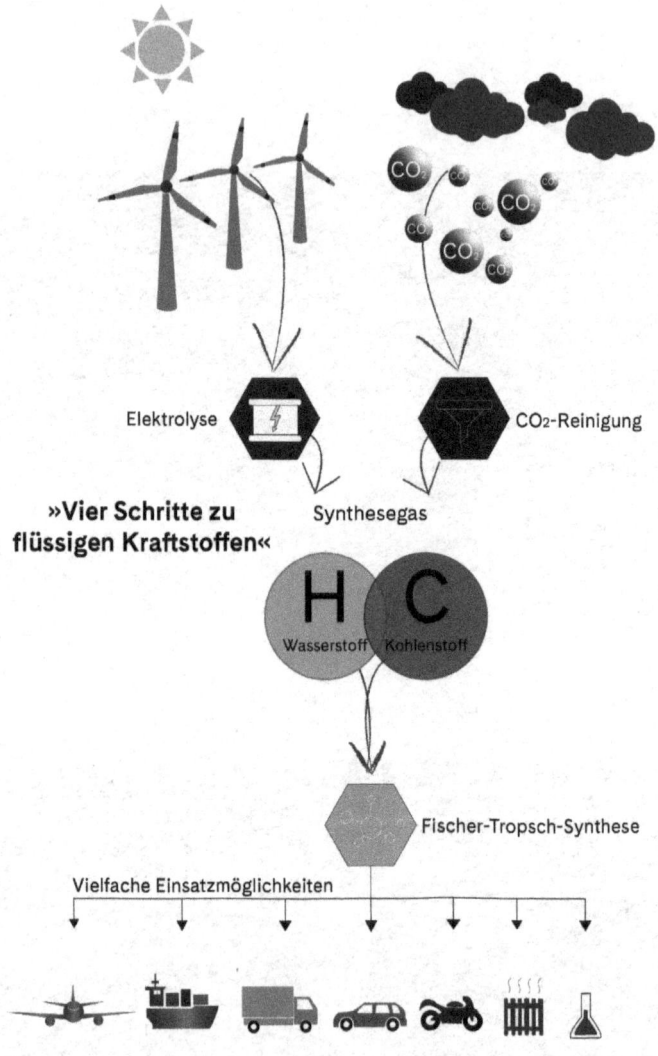

Elektrolyse

CO_2-Reinigung

»Vier Schritte zu flüssigen Kraftstoffen«

Synthesegas

H Wasserstoff C Kohlenstoff

Fischer-Tropsch-Synthese

Vielfache Einsatzmöglichkeiten

Die Einsatzbreite von chemischer Energie für die Transformation der Wirtschaft.[39]

Eine erste Pilotanlage zur Produktion von eFuels ging Ende 2022 im Süden Chiles in Betrieb. Gegenwärtig sind in Mitteleuropa über 60 Projekte bekannt, die eFuels im In- oder Ausland produzieren wollen. Es ist bisher keine bevorzugte Herstellungsroute erkennbar.

Die Transformation ist viel größer

Die Antriebswende und die Transformation der Wirtschaft benötigen, wenn wir unsere wirtschaftliche Leistungsfähigkeit und unseren Lebensstandard halten wollen, Lösungen. Vor diesem Hintergrund verblasst der Disput über Batterie oder eFuels, über BEV oder ICE. Der Energiebedarf Deutschlands beispielsweise, trotz Ausbaus von Wind und Solar, wird heute hauptsächlich fossil und durch Importe gedeckt. Strom stellt hierbei nur einen kleineren Anteil von 20 % des Endenergieverbrauchs dar.[40]

Strom können wir weitgehend inländisch aus erneuerbaren Quellen produzieren. Heute geschieht das bereits zu über 50 %. Aber was ist mit dem Rest? Heute wird gut 70 % des Primärenergieverbrauchs, der zu substituieren ist, rein fossil gedeckt. Um dieses Problem der Transformation zu lösen, gibt es im Grundsatz rein theoretisch nur vier Optionen:
- Sparsamkeit und mehr Effizienz,
- weniger Industrie und weniger Wirtschaftswachstum,
- verstärkte Nutzung von Biomasse,
- chemische Energien (eWasserstoff, eMethan, eAmmoniak, eFuels).

Bei aller Vielfalt der Optionen: Wir werden die Transformation nur mittels EE-Importen nach Deutschland lösen können. Entscheidend dabei ist, dass die chemische Energie die Energieform ist, die es uns überhaupt ermöglicht, diese günstigen Standorte außerhalb Europas zu erschließen (s.o. Carrier-Funktion): »*To bottle wind and sun.*«

An dieser Stelle taucht das Argument auf, dass wir mit dieser Importstrategie die Länder mit den günstigen Standortbedingungen ausbeuten würden. Das Argument ist wichtig, weil es den Weg in die richtige Richtung weist. Nur eine Entwicklungszusammenarbeit auf Augenhöhe, eine Zusammenarbeit, die fair ist und auch die Interessen der jeweiligen EE-Länder bedient, wird nachhaltig sein. Nur diese Zusammenarbeit wird in der heutigen Zeit funktionieren. Und die Wasserstoffstrategie der EU zeigt, dass Europa hier auf dem richtigen Weg ist. Weltweit gibt es rund 30 EE-Länder, die sich für diese Zusammenarbeit mit der EU momentan anbieten.[41] Diese Länder haben ein so hohes Potenzial an erneuerbaren Energien, dass sie sich vollständig selbst versorgen und noch Überschüsse für den Weltmarkt produzieren könnten.

Man kann natürlich auch argumentieren, dass wir runter von unserem heutigen Energieverbrauch müssen. Auch dieses Argument weist in die richtige Richtung. Wir müssen die Effizienz auf allen Ebenen einbeziehen: Flächen, Geld, Energie, Klima.

Aber Effizienz und Wirkungsgrade haben ihre Grenzen, letztlich in den naturwissenschaftlichen Grundgesetzen. Wenn man weiter runter will mit unserem Ressourcenverbrauch, muss man über unser Produktions- und insbesondere unser Konsumniveau sprechen.

Aber selbst als reines Agrarland kämen wir nicht ganz ohne Energieimporte aus. Wir haben eben schlechte klimatische Ausgangsbedingungen, zumindest in Deutschland. Auch, weil wir diesen Morgenthau-Plan[42] ablehnen, muss unser Weg stärker in die Entwicklungszusammenarbeit gehen. Die Wasserstoffstrategie der EU sieht hier für 2030 ehrgeizige 10 Mio. t an importierten eWasserstoff vor.[43]

Die günstigen Ausgangsbedingungen in vielen Regionen der Welt sind in umfassenden Studien dargestellt worden.[41, 44] Die einzusetzenden Technologien sind bekannt und weitestgehend technisch erprobt. Die Herstellungsrouten stehen in Konkurrenz zueinander, was gut ist. Was offen ist, ist die Kombination der Teilschritte zu einer Syntheseroute und das Scaling-up auf einen großtechnischen Maßstab.

Nun kann man kritisch und auch skeptisch sein, ob es gelingen wird, chemische Energie zu erschwinglichen Preisen anzubieten. Abstrakt gibt es wenig Argumente, warum das Fördern und aufwändige Destillieren eines Erdölgemisches so viel kostengünstiger sein soll als die Synthese von eFuels aus EE und CO_2. Aber wir müssen uns vor Augen führen, dass die fossilen Märkte staatlich gelenkt sind. Dies werden auch die Märkte für erneuerbare chemische Energie sein und die Staatengemeinschaft wird ein Interesse daran haben, dass diese Energien erschwinglich sind.

Wo ansonsten noch staatlich einzugreifen ist

Das BEV hat eine große Zukunft, gerade in den Städten. Wer sich an den Importen für chemische Energien stößt, sollte berücksichtigen: Lithium und weitere wichtige Rohstoffe für die Batterien werden ebenfalls importiert werden müssen. Das Vorkommen heimischer Rohstoffe ist marginal. Die benötigte Mengen für den BEV-Markt werden gigantisch in die Höhe schnellen. Die EU-Kommission spricht in ihrer Ressourcenstrategie[45] von einem 89-fachen Bedarf in 2050 an Lithium verglichen mit heute. Auch hier gilt daher das Gleiche, was für chemische Energie bzw. eFuels gilt: nur die Entwicklungszusammenarbeit auf Augenhöhe kann unser Versorgungsproblem lösen. In den USA ist die Regulatorik offener. Über den Inflation Reduction Act (IRA) sind attraktive Randbedingungen geschaffen worden. Viele Projekte sind mit Rückenwind gestartet. Für die Wirtschaft werden durch den IRA-Geschäftsmodelle geschaffen.

In der EU ist die Situation inzwischen durch Rechtsetzung einerseits klarer und andererseits komplizierter geworden. Durch die Einigung bei RED III und verschiedenen Delegierten Rechtsakten und Verordnungen der Europäischen Kommission besteht zu mindestens im Grundsatz Klarheit, was die Anforderungen an eFuels anbelangt.

Im Bereich der eFuels ist CO_2 ein Rohstoff, an den die EU-Regulierung besonders hohe Anforderungen stellt. Bisher gibt es in der EU und in Deutschland nur grobe Ansätze für den Umgang mit CO_2 als Rohstoff. Eine Strategie, die CO_2 als wichtigen Rohstoff begreift, fehlt, obwohl bei steigenden Beimischungsquoten und höheren Klimaschutzanforderungen ab 2040 von Engpässen ausgegangen wird.[46] Ob Direct Air Capture – das Gewinnen von CO_2 aus der Luft – diese Lücke wird schließen können, ist offen. Wenn das Argument stimmt, dass wir ohne chemische Energie die Transformation unserer Industriegesellschaft nicht hinbekommen werden, dann wird der Markt für die chemische Energie auch durch die CO_2-Bepreisung angeregt und etabliert. Da die EU aber gegenwärtig über die aktuelle Rechtsetzung eine restriktive Regulation gegenüber Importen chemischer Energie auf Kohlenstoffbasis entwickelt, kann es auch sein, dass viele Projekte aufgrund der aktuellen EU-Regulatorik nicht für die EU realisiert werden.

Fazit

Chemische Energie wird das Elixier sein müssen, das die Transformation von Industrieländern zum Klimaschutz ermöglicht. Dabei wird insbesondere ihr Einsatz in industriellen Prozessen, wie Modellberechnungen[47, 48] zeigen[49], essenziell sein. Für alle wichtigen Industriebereiche werden klimaverträgliche Rohstoffe benötigt, ob nun eWasserstoff, eMethan, eCarbon oder eFuels. Und die Versorgung über weite Strecken gelingt am besten, wenn die erneuerbare Energie als chemische Energie in Molekülen gebunden ist und so als Carrier für EE funktioniert. Aber es gibt unterschiedliche Moleküle bzw. Carrier!

Keiner dieser Carrier hat nur Vorteile. Die Herstellung der Carrier benötigt EE in unterschiedlicher Höhe. Bezieht man allerdings die Transportverluste mit ein, ist der energetische Unterschied nicht mehr bedeutend. Carrier wie Wasserstoff, die energetisch günstiger zu erzeugen sind, weisen hohe Transportverluste auf; eFuels, die aufwändiger zu produzieren sind, sind ohne große Verluste zu transportieren (und zu lagern). Es ist daher letztlich eine Frage der politischen und ökonomischen Abwägung, ob man für die Zukunft auf die Carrier setzt, die mit der vorhandenen Infrastruktur transportiert und gelagert werden können, oder auf Carrier, für die das nicht gilt, die aber noch etwas effizienter produziert werden können.

eFuels sind in allen Mobilitätsbereichen für die Antriebswende unverzichtbar. Allein für Deutschland werden 2030 zwei bis drei Millionen und für 2045 dreizehn bis achtzehn Millionen Tonnen benötigt.[50] Die pauschale Effizienzkritik von eFuels hat Europa entscheidende Jahre gekostet. Zu spät hat die EU nun erste Quoten für

eFuels in den unterschiedlichen Verkehrsbereichen festgelegt.

Für den PKW ist mit Elektrofahrzeugen (BEV) und Hybriden (PHEV) eine Technik vorhanden, die viele Vorteile
aufweist. Natürlich nur, wenn sie mit EE betrieben wird.

Sicher ist, dass wir 2035 in Europa im PKW-Bereich
mehr Verbrenner (ICEs) auf der Straße haben werden als
Elektrofahrzeuge (BEV) und Hybride (PHEV) zusammen.
Daher sollte 2035 die Bestandsflotte mit eFuels fahren,
zumindest mit sehr hohen eFuel-Quoten. Ohne eFuels wird
die Bestandsflotte für den Mobilitätssektor der wunde
Punkt werden. Das Ziel, 2030 eine Senkung der Treibhausgasemissionen von mindestens 55 % zu erreichen (Fit for
55) und in 2045 im Verkehrssektor klimaneutral zu sein,
wird ohne eFuels illusorisch.[51] Hier muss die EU daher regulatorisch nachlegen.

Die Elektromobilität muss sich auf dem Markt erst noch
durchsetzen – sie muss die Käufer überzeugen. Dies steht
noch aus und wird mit befürchteten Sicherheitsrisiken nicht
einfacher. **Es ist richtig, jetzt den Elektropfad für den PKW
engagiert zu gehen.** Sollte sich das Batteriefahrzeug am
Ende nicht durchsetzen, benötigt man ab 2035 auch für den
Neuwagenbereich klimaverträgliche Alternativen.

Welche Technologie eignet sich für welche Einsatzbereiche?

Maike Schmidt

Verschiedene Mobilitätsarten machen verschiedene Antriebssysteme notwendig. Maike Schmidt, die Leiterin des Fachgebiets Systemanalyse des Zentrums für Sonnenenergie- und Wasserstoff-Forschung Baden-Württemberg (ZSW), geht den Möglichkeiten der Fortbewegung zu Land, zu Wasser und zu Luft deshalb genau auf den Grund. Sie erklärt, wo Batterien, wo Brennstoffzellen und wo E-Fuels sinnvoll sind.

Um das Klima auf unserem Planeten langfristig so zu stabilisieren, dass Leben weiterhin in einer Weise möglich ist, wie wir es heute aus den Industrieländern kennen, muss das Ziel des Pariser Klimaschutzabkommens[52] und der Weltklimakonferenz in Glasgow[53], die globale Erderwärmung auf maximal 1,5 Grad zu begrenzen, zwingend eingehalten werden. Hierfür sind weltweit treibhausgasneutrale Energieversorgungs-, Wirtschafts- und Mobilitätssysteme als Basis für klimaneutrale Gesellschaften zu etablieren. Die größte Herausforderung liegt dabei im Faktor Zeit.

Für den Verkehrsbereich gilt deshalb, dass sehr schnell eine intelligente Mischung aus allen verfügbaren treibhausgasneutralen Antriebsoptionen zum Einsatz gebracht werden muss. Dabei bedingt nicht allein die Antriebstechnologie den Einsatzbereich. In den meisten Einsatzbereichen können rein technisch betrachtet mehrere oder sogar alle denkbaren Technologieoptionen – elektrisch mit Batterie oder Fahrdraht, elektrisch mit Brennstoffzelle, Verbrennungsmotor mit treibhausgasneutralen Kraftstoffen (reFuels) – eingesetzt werden. Oftmals sind gerade die jeweiligen Kontextbedingungen wie Infrastrukturbedarfe, Nutzungsrestriktionen, die effiziente Gestaltung von Arbeitsabläufen oder die Kosten ausschlaggebend für die tatsächliche Technologieentscheidung und weniger das technische Optimum.

Allen verfügbaren Optionen ist gemein, dass die Ausgangsgröße für die verfügbare Mobilität erneuerbarer Strom ist. In batterieelektrischen Fahrzeugen wird er direkt genutzt. In Brennstoffzellenfahrzeugen wird die Energie der Reaktion des Wasserstoffs mit Sauerstoff zur Stromerzeugung für den Elektroantrieb genutzt. Zuvor muss aber der Wasserstoff erzeugt werden – in einer treibhausgasneutralen Welt ist dies nur über Wasserelektrolyse unter Nutzung erneuerbaren Stroms denkbar. Für die Produktion von reFuels werden als Ausgangsstoffe wiederum Wasserstoff und CO_2 benötigt. In weiteren Konversionsschritten, die sich je nach Produktionspfad unterscheiden, werden diese in Syntheseprodukte und schließlich in Kraftstoffe umgesetzt. Ausgangsstoff für den Wasserstoff sind erneuerbarer Strom und Wasser und auch für die Gewinnung des CO_2 wird erneuerbarer Strom benötigt, sofern das CO_2 über Direct Air Capture-Technologien aus der Luft gewonnen wird. In einer treibhausgasneutralen Welt wäre auch Biomasse als CO_2-Quelle zulässig, aber auch hier ist für die Abtrennung zusätzliche Energie erforderlich. Als Besonderheit in der Seeschifffahrt könnte auch Ammoniak als synthetischer Kraftstoff zum Einsatz kommen.

Auch für die Produktion von Ammoniak wird Wasserstoff benötigt. Dieser wird mit Stickstoff, der in einer Luftzerlegungsanlage gewonnen wird, zu Ammoniak synthetisiert. Die Gewinnung von Stickstoff aus der Luft ist dabei ungleich einfacher als die Gewinnung von CO_2, besteht doch die Luft bereits zu 78 % aus Stickstoff.[54]

Allein aus der Betrachtung der Energieflüsse und der resultierenden energetischen Wirkungsgrade (Energie am Rad) für die verschiedenen Antriebs- und Kraftstoffpfade bezogen auf die Einsatzenergie Strom ergibt sich mit Blick auf die Inanspruchnahme von Ressourcen eine eindeutige Rangfolge, die in folgender Abbildung am Beispiel des PKW abgebildet ist.

Unterschiedliche Wirkungsgrade

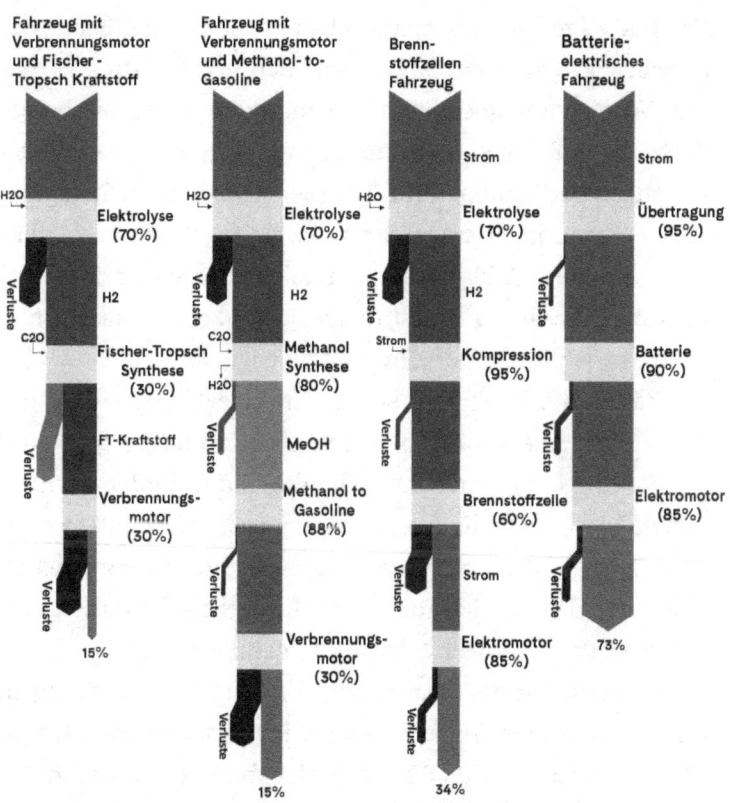

Energieflüsse und resultierende energetische Wirkungsgrade verschiedener Antriebs- und Kraftstoffpfade für Pkw bezogen auf die Einsatzenergie Strom (Energie am Rad). (Quelle: Expertenkommission zum Monitoring-Prozess »Energie der Zukunft« 2019). [55]

Die direkte Nutzung von Strom ist dabei mit Abstand die effizienteste Option, da batterieelektrische Fahrzeuge ca. 73 % des eingesetzten Stroms in Bewegungsenergie umsetzen können. Bei brennstoffzellenelektrischen Antrieben sind dies noch ca. 34 %, bei reFuels nur ca. 15 %, unabhängig davon, ob sie über den sogenannten Fischer-Tropsch-Pfad oder die Methanol-Route hergestellt wurden.[56]

Mit der Effizienz bzw. den Energieverlusten und dem Aufwand für die Konversion stehen die Kosten für den resultierenden Treibstoff in unmittelbarem Zusammenhang. Der jeweilige Produktionsstandort für den erneuerbaren Strom und Wasserstoff und deren Folgeprodukte spielt hierbei jedoch ebenfalls eine Rolle, da an Standorten mit besonders günstigen Bedingungen für die erneuerbare Stromerzeugung nicht nur sehr niedrige Stromerzeugungskosten, sondern auch sehr hohe Volllaststunden erreicht werden – beides sind Faktoren, die die Wasserstofferzeugungskosten niedrig halten und auch die reFuels-Produktion begünstigen.

Während die Thematik der Energieeffizienz und der Kosten für alle Einsatzbereiche gleichermaßen gilt, sind für die Frage nach der individuellen Eignung der Technologie für die jeweilige Anwendung weitere Aspekte relevant. Dies sind insbesondere die benötigte Energiedichte, aber auch das Gewicht und die erforderlichen Laufleistungen bzw. die Reichweite des jeweiligen Fahrzeugs.

Beginnen wir die Analyse zur Eignung der Technologien für die jeweiligen Einsatzbereiche im **Straßenverkehr**, und hier zunächst beim PKW. Als Optionen für einen treibhausgasneutralen motorisierten Individualverkehr kommen aus technischer Sicht batterieelektrische Antriebe, brennstoffzellenbasierte elektrische Antriebe ebenso wie konventionelle Antriebe mit treibhausgasneutralen Treibstoffen wie eDiesel, eBenzin oder Biokraftstoffen in Frage. Im Rahmen der von der EU vorgegebenen CO_2-Grenzwerte für die Neuwagenflotte[57] werden jedoch ausschließlich die Antriebstechnologien bewertet, was einen massiven Entwicklungsschub bei den alternativen Antrieben ausgelöst hat. Dabei zeichnet sich eine klare Dominanz des batterieelektrischen Fahrzeugs ab.

Mit den großen Fortschritten im Bereich der Batterietechnologie – eine sehr dynamische Steigerung der Energiedichte gepaart mit dramatisch sinkenden Kosten – ist das ursprüngliche K.o.-Kriterium Reichweite längst auch für größere Fahrzeuge mit hohen Laufleistungen gelöst, insbesondere in Verbindung mit dem Aufbau einer Schnellladeinfrastruktur für PKW entlang der Autobahnen. Gerade die unterschiedlichen Lademöglichkeiten – zuhause, bei der Arbeit, beim Einkaufen, an öffentlichen Ladesäulen, Schnellladen entlang der Autobahnen – bieten eine hohe Flexibilität. Zusätzlich wird in manchen Dienstleistungsbranchen durch das Laden am Unternehmensstandort in den Pausenzeiten bzw. zwischen den Schichten und über Nacht Arbeitszeit gespart, die früher für das Betanken der Fahrzeuge an der Tankstelle erforderlich war.

Brennstoffzellenantriebe für PKW spielen nur eine untergeordnete Rolle, auch wenn Hersteller aus Japan und Südkorea einzelne Modelle auch als Serienfahrzeuge anbieten. Die Vorteile kurzer Betankungszeiten (ca. 5 Minuten) und höherer Reichweiten (500–600 km) haben durch das rasant wachsende Schnellladenetz und die steigende Energiedichte der Batterien deutlich an Bedeutung verloren. Die extrem dynamische Entwicklung bei den batterieelektrischen Fahrzeugen hat die Markteinstiegshürde für Brennstoffzellenfahrzeuge eher weiter erhöht, zumal die Wasserstofftankstelleninfrastruktur nicht in ausreichendem Maß entwickelt ist.

Auch wenn sich im Neuwagensegment batterieelektrische Fahrzeuge klar durchsetzen werden, sind im PKW-Segment auch synthetische Kraftstoffe wichtig: Bei einem Durchschnittsalter von PKW von knapp 10 Jahren[58] und den entsprechend langen Austauschzyklen ist der Einsatz synthetischer Kraftstoffe im Fahrzeugbestand parallel zur Diffusion der Elektrofahrzeuge über das Neuwagensegment zwingend, um das Erreichen der Klimaschutzziele zu sichern. Zudem wird es auch langfristig kleinere Flotten geben, die nur mit synthetischen Kraftstoffen treibhausgasneutral betrieben werden können. Dies sind einerseits Oldtimer und Liebhaberfahrzeuge, für die auch die zu erwartenden relativ hohen Kosten der synthetischen Kraftstoffe kein Hindernis darstellen.

Andererseits sind dies Fahrzeuge der Polizei, der Feuerwehr, des Rettungsdienstes und des Katastrophenschutzes, die mit reFuels betrieben werden, um auch bei einem Zusammenbruch der Stromversorgung in Katastrophenfällen wie im Ahrtal im September 2021 den Schutz und die Versorgung der Bevölkerung sicherstellen zu können. Diese Fahrzeuge sind nicht ausschließlich dem PKW-Segment zuzuordnen. Teils sind es auch LKW oder Sonderfahrzeuge, womit wir beim nächsten Einsatzbereich, den Lastkraftwagen wären.

Auch für LKW stellen synthetische Kraftstoffe eine Option dar, insbesondere für jene Fahrzeuge, die sehr lange Haltedauern aufweisen. Dies trifft allerdings für den typischen LKW in der Logistik nicht zu. Hier schwanken die Haltedauern je nach Anwendung zwischen drei und acht Jahren. Auch im LKW-Segment greift die EU-Gesetzgebung zu den CO_2-Flottengrenzwerten im Neuwagensegment, die wiederum antriebsbezogen sind und den Einsatz klimaneutraler Kraftstoffe nicht berücksichtigen. Gerade in der Logistik stehen die Kosten im Vordergrund, um die Konkurrenzfähigkeit zu sichern. Deshalb sprechen hier die erwarteten relativ hohen Kosten für synthetische Kraftstoffe eher gegen deren Einsatz.

Hinzukommt, dass mit einem Verbrennungsmotor, der mit synthetischem Diesel betrieben wird, kein Zero-Emission-Betrieb möglich ist. Durch den Verbrennungs-prozess entstehen neben CO_2 (das im Herstellungsprozess der Atmosphäre entzogen wurde, sodass sich durch die Freisetzung der Kreislauf schließt und CO_2-Neutralität sichergestellt wird) die bekannten Verbrennungsprodukte wie Stickoxide etc., die weiterhin eine Abgasreinigung er-fordern, um die Grenzwerte hinsichtlich der Luftschad-stoffe einhalten zu können. Lediglich bezüglich der Parti-kelemissionen bieten synthetische Kraftstoffe Vorteile gegenüber fossilbasierten Kraftstoffen, weil sie im Herstel-lungsprozess optimiert werden können. Die Ankündigun-gen großer LKW-Hersteller, keine weiteren Entwicklungs-aktivitäten in die Verbrennungsmotortechnik zur Einhal-tung der EURO VII-Norm investieren zu wollen, verdeut-licht, dass auch die Zukunft des LKW-Antriebs elektrisch sein wird. Gleiches gilt im Übrigen auch für Busse.

Welche der beiden Optionen – batterieelektrisch oder brennstoffzellenbasiert – sich hier durchsetzen wird, hängt von mehreren Faktoren ab. Für kürzere Strecken, Verteilver-kehre oder Pendelverkehre können batterieelektrische An-triebe sehr gut eingesetzt werden, da für die benötigten kür-zeren Reichweiten Batterien mit einer geringeren Kapazität und damit geringerem Gewicht eingesetzt werden können und die Pausen- und/oder Stillstandszeiten kompatibel mit den Ladebedarfen sind. Bei einer Sattelzugmaschine für ei-nen 40-Tonnen-Auflieger tritt die Gewichtsthematik jedoch voll zu Tage: Der Hi Cab von Designwerk[59] beispielsweise bietet mit einer nutzbaren Batteriekapazität von 864 kWh zwar eine Reichweite von 576 km bei voller Beladung, die Batterie allein wiegt aber über 5,6 Tonnen und reduziert damit die Zuladungsmöglichkeiten, weil das zulässige Gesamtgewicht nicht überschritten werden darf. Zudem benötigt ein solcher LKW an einer 350 kW-Ladestation ca. 100 Minuten, um 80 % seiner Kapazität zu erreichen.

In der Diskussion ist für die LKW-Branche aktuell ein Megawatt-Charging-System mit Leistungen bis 3,75 MW[60] je Ladepunkt. Hier ist allerdings zu bedenken, dass, selbst wenn die Ladeinfrastruktur passend zu den gesetzlich vorgeschriebenen Pausenzeiten der LKW-Fahrer entwickelt werden kann und Ladezeit dann als Pausen- und nicht als Arbeitszeit zählt, ein schnelles großflächiges Ausrollen dieser Technologie durchaus fraglich scheint.

Unsere heutige Stromnetzinfrastruktur ist nicht darauf ausgelegt, an Autobahnraststätten eine entsprechende Anzahl solcher Ladepunkte mit einem hohen Gleichzeitigkeitsfaktor dauerhaft zu bedienen. Die mit einem Megawatt-Charging-System an einer Raststätte benötigte Leistung entspräche der einer Kleinstadt.

Daher erscheint die zweite Technologieoption für den Schwerlastverkehr, der elektrische Antrieb mit einer Brennstoffzelle, als realistische Alternative. Zwar muss auch hier die Tankstelleninfrastruktur erst errichtet und die Wasserstoffversorgung mit den erforderlichen Reinheitsgraden sichergestellt werden. Dies scheint aber entlang der Transitachsen eher umsetzbar als die Ladeinfrastruktur für batterieelektrische LKW. Zu beachten ist zudem, dass für den internationalen Verkehr die Technologiewahl in Abstimmung mit den Nachbarländern erfolgen muss.

Mit Blick auf die Fahrzeuge bestehen auch bei den Brennstoffzellen-LKW Herausforderungen – insbesondere beim Fahrzeugdesign, allerdings weniger in puncto Gewicht als mit Blick auf das Ladevolumen. Das Tankdesign für die Wasserstoffversorgung muss so gewählt werden, dass das Ladevolumen nach Möglichkeit nicht eingeschränkt wird.

Hohe Anforderungen werden hier insbesondere an das Kühldesign gestellt, um die Leistungsfähigkeit der LKW auch in anspruchsvollem Terrain (z.B. Alpenüberquerung) zu gewährleisten. Bei Bussen ist meist das Einsatzprofil ausschlaggebend, ob die batterieelektrische Variante oder der Brennstoffzellenbus zum Einsatz kommt. Es gibt auch Mischformen, bei denen die Brennstoffzelle als Range Extender eingesetzt wird und damit die Einsatzflexibilität der Fahrzeuge deutlich erhöht. Die Entscheidung wird hier vor allem durch die topografischen Bedingungen aber auch die typischen Fahrtrouten und ein mögliches Ladekonzept beeinflusst. Ist beispielsweise Zwischenladen an Endhaltestellen nicht realisierbar und der zu versorgende Fuhrpark sehr groß und deshalb aus infrastrukturellen Gründen Depotladen keine Option, kann der Brennstoffzellenantrieb einen Zero-Emission-Busbetrieb ermöglichen.

Verlassen wir die Straße und blicken auf den **Schienenverkehr.** Hier ist die Elektrifizierung über den Fahrdraht sicherlich aus energetischer Sicht der Idealfall, allerdings ist dieser wegen der Kosteneffizienz nur auf etwas mehr als 60 % des deutschen Schienennetzes[61] tatsächlich realisiert. Um den hohen Anteil der Dieselloks treibhausgasneutral zu ersetzen oder zu betreiben, gibt es daher neben der Ausweitung der Elektrifizierung weitere Konzepte. Brennstoffzellenzüge haben sich bereits in der Praxis bewährt, benötigen aber die entsprechende Wasserstoffversorgungsinfrastruktur.

Hybridsysteme mit Batteriespeicher zur Überbrückung nicht elektrifizierter Streckenabschnitte werden ebenfalls in der Praxis erprobt. Gleiches gilt für den Einsatz von Biokraftstoffen. Die lange technische Lebensdauer von Lokomotiven spricht in jedem Fall auch für den Einsatz von treibhausgasneutralen Kraftstoffen. Aufgrund der beschränkten Verfügbarkeit von Biokraftstoffen sollten diese schnellstmöglich synthetische Kraftstoffe sein. Ein solcher Ansatz würde auch das Aufrechterhalten eines Mindestmaßes an Mobilität beim Ausfall der Elektrizitätsversorgung im Katastrophenfall sichern helfen.

Während für die bodengebundenen Verkehre die Elektrifizierung für das Erreichen der Klimaschutzziele klar im Vordergrund steht, trifft dies für die **Luftfahrt** nur sehr eingeschränkt zu. Batterieelektrisches Fliegen kommt allein aus Gründen des Batteriegewichts maximal für sehr kleine Maschinen in Betracht. Forschungsaktivitäten zum Fliegen mit Brennstoffzellen auf Basis von grünem Wasserstoff laufen auf Hochtouren, eine Kommerzialisierung erscheint bis 2030 durchaus möglich[62], allerdings nur für eingeschränkte Reichweiten und Flugzeuggrößen. Hiermit werden eher regionale Routen und Inlandsflüge abgedeckt werden können. Hinzu kommen die wirtschaftlichen Lebensdauern von bis zu 30 Jahren[63] für Flugzeuge, die auch in diesem Segment die schnelle Einführung für treibhausgasneutrale Flugkraftstoffe erfordern, damit die Flugaktivitäten der Bestandsflotte nicht die Klimaschutzziele torpedieren. Für Interkontinentalflüge gibt es absehbar überhaupt keine Alternative zu treibhausgasneutralen Kraftstoffen. Die sogenannten Sustainable Aviation Fuels umfassen sowohl biobasierte als auch synthetische Kraftstoffe. Auch hier gilt, dass

Biomasse nur begrenzt zur Verfügung steht und zur ausreichenden Versorgung des Luftfahrtsektors der Markthochlauf für die Produktion von synthetischem Kerosin zeitnah starten muss.

Ähnlich wie in der Luftfahrt sind auch in der **Schifffahrt** die Elektrifizierungsmöglichkeiten deutlich eingeschränkter als in den bodengebundenen Verkehrssegmenten. Bei der Binnenschifffahrt – insbesondere im Freizeitbereich – gibt es hier zwar batterieelektrische Möglichkeiten und im Fährverkehr können auch Hybridvarianten aus batterie- und brennstoffzellenelektrischen Antrieben in Zukunft eine Rolle spielen. Bei durchschnittlichen Nutzungsdauern von 30 Jahren bei Schiffen[64] ist hier allerdings die Austauschrate und damit die Diffusionsgeschwindigkeit für neue Technologien gering. Daher stehen hier die synthetischen Kraftstoffe im Mittelpunkt der Diskussion um eine treibhausgasneutrale Schifffahrt.

Neben dem Einsatz synthetischer Kohlenwasserstoffe wird für die Schifffahrt auch grünes Ammoniak als möglicher Treibstoff diskutiert. Ammoniak hätte den Vorteil, dass bei der Verbrennung kein CO_2 freigesetzt wird und der für die Herstellung benötigte Stickstoff relativ kostengünstig über Luftzerlegungsanlagen gewonnen werden kann. Nachteilig wirkt sich dabei potenziell die hohe Wassergiftigkeit und das Gefährdungspotenzial im Havariefall aus. Außerdem dürfte es mehr Anpassungsmaßnahmen der Technik im Schiff bedürfen als bei der Umstellung von Schiffsdiesel auf eDiesel. Die Umstellung der Kraftstoffe hätte generell gravierende Vorteile hinsichtlich der Luftreinhaltung, weil im synthetischen Kraftstoff sämtliche Rest- und Abfallstoffe aus dem Schweröl nicht vorhanden sind.

Eine zusammenfassende Übersicht über die Eignung der verschiedenen Technologieoptionen in den jeweiligen Fahrzeugsegmenten gibt folgende Abbildung:

Technologieoptionen im Vergleich

		Batterie	Brennstoffzelle	reFuels
PKW	Klein-/Mittel-/Oberklasse	■■■■■	■□□□□	■□□□□
	SUV /Van	■■■■■	■■□□□	■□□□□
LKW	Leichter LKW	■■■■■	■■□□□	■□□□□
	Mittelschwerer LKW	■■■■□	■■■□□	■□□□□
	Schwerlast-LKW	■■□□□	■■■■■	■■□□□
Bus	Stadtbus	■■■■■	■■■□□	■□□□□
	Reisebus	■□□□□	■■■■□	■□□□□
Mobile Arbeitsmaschinen	Baumaschinen & Landwirtschaft	■■□□□	■■□□□	■■■■□
	Gabelstapler	■■□□□	■■□□□	■□□□□
Schienenverkehr	Personenzüge	■■□□□	■■■■■	■□□□□
	Güterzüge	□□□□□	■■■■■	□□□□□
Seeschifffahrt	Containerschiff	□□□□□	■■□□□	■■■■■
	Kreuzfahrtschiff	□□□□□	■■□□□	■■■■■
Luftfahrt	Kurzstreckenflüge	■■■□□	■■■□□	■■■■□
	Langstreckenflüge	□□□□□	■□□□□	■■■■■

Eignung der Technologie für den Anwendungsfall

	gering				hoch
Technologie ist für den Anwendungsfall ungeeignet	■	□	□	□	□
	■	□	□	□	□
	■	■	□	□	□
	■	■	■	□	□
Die Technologie wird eine zentrale Rolle spielen.	■	■	■	■	■

Übersicht über die Eignung verschiedener Technologieoptionen in den jeweiligen Fahrzeugsegmenten (Icons von flaticon).

Das klimaneutrale Auto –
Warum ich zuversichtlich bin

Ola Källenius

Die Zukunft des Automobils ist für Ola Källenius elektrisch. Um dieses Ziel so schnell wie möglich zu erreichen, legt der Vorstandsvorsitzende der Mercedes-Benz Group AG den Fokus auf die Batterietechnologie. Er will das Unternehmen in die Lage versetzen, bis Ende dieses Jahrzehnts vollelektrisch unterwegs zu sein – wo immer die Marktbedingungen es zulassen.

Bei dem Stichwort »Erfindergeist« haben viele sofort eins im Kopf: Garagen im Silicon Valley. Fakt ist: Diese Garagen gibt es vor allem deshalb, weil Gottlieb Daimler und Carl Benz ihren Erfindergeist bereits vor mehr als 135 Jahren mit Leib und Seele gelebt haben – unter anderem in einem Gewächshaus in Bad Cannstatt. Mit ihren Erfindungen haben sie den Menschen eine völlig neue Welt eröffnet: Das Auto war schon immer mehr als ein reines Fortbewegungsmittel von A nach B. Es bedeutet immer auch ein Stück Freiheit und persönliche Unabhängigkeit.

Das Paradoxe: Wenn das Auto ein Problem hat, dann ist es sein weltweiter Erfolg. Bis zum Ende dieses Jahrzehnts könnte der globale Pkw-Bestand um rund ein Fünftel auf über 1,5 Milliarden Fahrzeuge zunehmen. Ein Großteil dieses Wachstums wird aller Wahrscheinlichkeit nach in den Schwellenländern stattfinden. Für Menschen, die nach westlichem Wohlstandsniveau streben, wird weniger Mobilität nicht die Lösung sein. Aber je mehr Menschen die Unabhängigkeit genießen, die ihnen ein Auto bietet, desto dringender brauchen wir eine neue Art der Unabhängigkeit – in erster Linie von Emissionen und fossilen Brennstoffen. Unsere Aufgabe ist es, dieses steigende Bedürfnis nach individueller Mobilität auf nachhaltige Weise zu erfüllen. So wollen wir unseren Beitrag leisten für den Wandel hin zu einer CO_2-neutralen Gesellschaft. Das ist angesichts des Klimawandels unsere Verpflichtung als verantwortungsvolles Unternehmen – und das Herzstück unserer Strategie. Ich bin überzeugt: Wir werden schnellere Fortschritte erzielen, wenn wir diese Aufgabe als das begreifen, was sie ist: eine große Chance für eine erfolgreiche Wirtschaft und für eine lebenswerte Zukunft. Fünf Gründe für mehr Optimismus:

Der Wandel nimmt Fahrt auf

Die Transformation der deutschen Automobilindustrie läuft auf Hochtouren. Dies gilt zuallererst für unsere Produkte. Mercedes-Benz hat schon heute eines der breitesten Angebote an vollelektrischen Fahrzeugen im Markt. Und wir beschleunigen weiter: Ab Mitte dieser Dekade werden alle neuen Fahrzeugarchitekturen, die wir auf den Markt bringen, rein elektrisch sein. Wie schnell sich der Wechsel zum Elektroauto vollzieht, entscheiden am Ende natürlich unsere Kundinnen und Kunden.

Wir werden das Unternehmen in die Lage versetzen, bis zum Ende dieses Jahrzehnts vollelektrisch zu werden – wo immer die Marktbedingungen es zulassen. Und bis 2039 soll unsere Neuwagenflotte entlang der gesamten Wertschöpfungskette bilanziell CO_2-neutral werden. Die Batterien für die Mercedes-EQ-Elektrofahrzeuge liefert ein globaler Batterieproduktionsverbund mit Fabriken auf drei Kontinenten. Die lokale Batteriefertigung ist ein zentraler Erfolgsfaktor für die Elektrooffensive von Mercedes-Benz. Im Jahr 2023 produzieren wir Batterien in Untertürkheim, Kamenz, Jawor, Tuscaloosa, Peking und Bangkok. Zwei weitere Fabriken in Deutschland und eine in Ungarn sind in Planung. Außerdem sind wir am Aufbau eines europäischen Champions für die Produktion von Batteriezellen beteiligt: ACC. Hierfür entsteht unter anderem ein Werk in Kaiserslautern. Insgesamt benötigen wir für unsere Elektrifizierungsoffensive bis zum Ende der Dekade ca. 200 Gigawattstunden Batteriekapazität. Indem wir weltweit mit mehreren Partnern in unterschiedlichen Regionen zusammenarbeiten, erhalten wir Zugang zu den neuesten Technologien auf dem Markt und stellen die Versorgung zuverlässig sicher.

Währenddessen arbeiten wir daran, die Energieeffizienz in neue Dimensionen zu führen. Im Jahr 2022 haben wir unser Forschungsfahrzeug VISION EQXX präsentiert. Es zeigt, welche Fortschritte möglich sind, wenn man immer weiter an den Grundlagen arbeitet. Dazu zählen Verbesserungen von allen Komponenten des hochmodernen elektrischen Antriebsstrangs sowie der Einsatz von Leichtbauwerkstoffen und nachhaltigen Materialien. Mit einer Fülle intelligenter Maßnahmen und zukunftsweisender Software geht Mercedes-Benz mit dem VISION EQXX über die bisherigen Grenzen der Effizienz hinaus. Das Ergebnis: gut 1.200 Kilometer Reichweite auf einer Testfahrt im realen Verkehr quer durch Europa von Stuttgart bis nach England – und das mit einer einzigen Batterieladung. Was wir dabei gelernt haben, fließt ein in unsere künftige Serienproduktion.

Der VISION EQXX verdeutlicht: Das Monopol des Verbrenners ist Geschichte, die Ära der lokal emissionsfreien Mobilität hat begonnen. Immer mehr Menschen teilen diese Ansicht, denn Elektromobilität ist schon lange kein Kompromiss mehr. Bei vielen Anwendungen ist sie bereits heute die überlegene Technologie – nicht nur im Hinblick auf die Emissionen. Das macht sich auch in den Verkaufszahlen bemerkbar: Der weltweite Marktanteil von Elektroautos hat 2022 erstmals die Schallmauer von 10 % durchbrochen. Die Verkäufe legten um 70 % gegenüber dem Vorjahr zu.

Die Technologie birgt noch viel Potenzial

Was die verschiedenen Antriebstechnologien betrifft, liegt unser Fokus in diesem Jahrzehnt ganz klar auf der Batterietechnologie. Hinsichtlich der Brennstoffzelle beobachten wir den Markt weiterhin und halten uns die Option offen, die Technologie zu gegebener Zeit ebenfalls anzubieten. Aktuell ist die Batterie der Brennstoffzelle bezüglich einer großvolumigen Markteinführung im Pkw klar überlegen. Die höhere Energiedichte bei der Batterietechnologie hat den Reichweitenvorteil der Brennstoffzelle verringert. Die Effizienz hat riesige Fortschritte gemacht: Beim Mercedes-Benz EQS haben wir beispielsweise einen Wirkungsgrad von rund 90 %. Das bedeutet, dass bis zu 90 % der in der Batterie gespeicherten Energie an den Rädern ankommt. Mit dem VISION EQXX haben wir es sogar geschafft, einen Wirkungsgrad von 95 % zu erreichen. Zum Vergleich: Bei einem Fahrzeug mit einem effizienten Verbrennungsantrieb sind es etwa 30 %.

E-Fuels hingegen sehen wir eher als ein Mittel, das dabei helfen kann, die CO_2-Emissionen in der Bestandsflotte und bei anderen Verkehrsträgern zu senken. Sie müssten dann allerdings auch wirklich nachhaltig und in großen Mengen hergestellt werden können. Kurz gesagt: Der batterieelektrische Antrieb ist der wirksamste Hebel, um den CO_2-Ausstoß unserer Neuwagenflotte schnell und effizient zu senken.

Wir werden ihn in den nächsten Jahren konsequent weiterentwickeln und verbessern. Bei der Lithium-Ionen-Technologie spielt die Materialzusammensetzung der Batteriezellen eine entscheidende Rolle: Die derzeitige Mischung aus Nickel, Mangan und Kobalt könnte bald der Vergangenheit angehören. Kobalt könnte beispielsweise weitestgehend durch Nickel und Mangan ersetzt werden. Ab Mitte des Jahrzehnts könnten diese sogenannten Post-Lithium-Ionen-Technologien so weit entwickelt sein, dass sie in unseren Fahrzeugen eingesetzt werden können.

Darüber hinaus arbeiten wir mit Partnern an der Feststoffbatterie. Im Vergleich zu heutigen Batteriezellen ermöglicht sie eine deutlich verbesserte Energiedichte. Das reduziert Größe und Gewicht der Batterie erheblich. Zudem sind höhere Reichweiten bei geringeren Ladezeiten möglich. Auch in punkto Kosten und Skalierbarkeit eröffnet die Feststoffbatterie große Chancen. Wie der Name nahelegt, ist bei dieser Technologie das Elektrolyt aus festem Material und nicht wie bei den derzeit üblichen Batterien aus flüssigem. Dadurch kann die Sicherheit der Batterie weiter erhöht werden. Unser Ziel ist es, die Feststofftechnologie in der zweiten Hälfte des Jahrzehnts in ausgewählten Modellen einzusetzen.

Feststoffbatterien gelten als eine der vielversprechendsten Technologien im Bereich der E-Mobilität. Aber sie sind bei Weitem nicht die einzige: So arbeiten wir gemeinsam mit einem Partner an der Hochsiliziumanode, also an Anodenmaterial mit hohem Siliziumgehalt. Gegenüber heute handelsüblichen Zellen in vergleichbarem Format ermöglicht diese Technologie eine 20- bis 40-prozentige Steigerung der Energiedichte auf über 800 Wh/l auf Zellebene. Das Erreichen einer derart hohen Energiedichte erlaubt es uns, bei der Entwicklung künftiger Elektroautos in völlig neue Richtungen zu denken.

Die gesamte Wertschöpfungskette wird nachhaltig

Unsere nachhaltigen Produkte wollen wir auch nachhaltig produzieren: Unsere eigenen Werke betreiben wir bereits seit 2022 bilanziell CO_2-neutral und beziehen hierfür zu 100 % Grünstrom. Bis 2025 installieren wir weltweit an unseren eigenen Standorten eine Million Quadratmeter neuer Solarpaneele. Das entspricht 140 Fußballfeldern. Und ab 2026 soll auf unserem Testgelände in Papenburg ein Windpark mehr als 120 Megawatt Strom liefern und damit rund 20 % des jährlichen Strombedarfs von Mercedes-Benz in Deutschland decken. Gleichzeitig wollen wir die CO_2-Emissionen deutlich senken. Bis 2030 streben wir in der Produktion eine Reduktion um 80 % gegenüber 2018 an.

Um Ressourcen möglichst effektiv zu nutzen, soll künftig das Ende eines jeden Produkts der Anfang eines neuen werden. Anfang März 2023 haben wir den Grundstein für unsere Batterierecyclingfabrik im badischen Kuppenheim gelegt. Dort werden wir in einem innovativen mechanisch-hydrometallurgischen Verfahren die Recyclingquote auf mehr als 96 % steigern. Diese Recyclingfabrik ist ein weiterer wichtiger Schritt auf dem Weg in Richtung geschlossener Wertstoffkreislauf. Bei der Rohstoffgewinnung nehmen wir die gesamte Wertschöpfungskette in die Pflicht. Priorität haben der Schutz der Umwelt und die Wahrung der Menschenrechte.

Zudem bauen wir gemeinsam mit Partnern unser eigenes Netzwerk für Schnellladestationen auf. Bis zum Ende des Jahrzehnts sollen es weltweit mehr als 10.000 Ladepunkte sein. Im Herbst 2023 haben wir bereits die ersten drei Mercedes-Benz-Ladeparks in Mannheim, Atlanta sowie im chinesischen Chengdu in Betrieb genommen.

Damit wollen wir gerade auch in unserer Heimat Deutschland Abhilfe schaffen, denn die öffentliche Ladeinfrastruktur droht angesichts des schleppenden Ausbaus bei gleichzeitigem Elektrohochlauf der Pkw-Hersteller weiter zurückzufallen: Während Mitte 2020 noch rund zehn xEVs, also Plug-in-Hybride und vollelektrische Pkw, auf einen öffentlichen Ladepunkt kamen, waren es im Juli 2023 bereits rund 21. Für eine höhere Ausbaugeschwindigkeit sind höhere Investitionen und vor allem schnellere Planungs- und Genehmigungsverfahren nötig. Die brauchen wir in Deutschland auch bei der ebenso dringend benötigten Beschleunigung der Energiewende. Denn E-Fahrzeuge sind nur so grün wie der Strom, den sie laden.

Klimaschutz sorgt für Fokus

Bei alldem ist klar: Klimaneutralität kann nicht kostenneutral erreicht werden. Ein Verbrenner hat immer noch einen erheblichen Kostenvorteil gegenüber einem Elektroantrieb. Dies resultiert insbesondere aus den wesentlich höheren variablen Kosten in der Herstellung von Fahrzeugen mit elektrischem Antrieb im Vergleich zu Fahrzeugen mit Verbrennungsmotor. Diese strukturelle Herausforderung wird mit dem stetig wachsenden Anteil der Elektroautos am Gesamtabsatz in den kommenden Jahren für Hersteller eher noch größer.

Gleichzeitig investieren wir massiv in Forschung und Entwicklung. Die noch schnellere Abkehr vom Verbrennungsmotor geht bei Mercedes-Benz mit der bedeutendsten Reallokation von Kapital seit Jahrzehnten einher. Bis 2026 fließen rund 60 Milliarden Euro in die Zukunft unseres Unternehmens, insbesondere in das elektrische und automatisierte Fahren.

Weil wir unser eigener Wagniskapitalgeber sind und diese Mittel selbst erwirtschaften müssen, unternehmen wir große Anstrengungen, um unsere Kosten signifikant zu senken. Wir brauchen wettbewerbsfähige Produkte und wettbewerbsfähige Prozesse. Wir haben bereits effektive Maßnahmen eingeleitet, die die Komplexität unseres Produktportfolios verringert und unsere Fixkosten gesenkt haben. Ohne die konsequente Arbeit an unseren Kostenstrukturen stünden wir heute nicht da, wo wir stehen. So müssen wir weitermachen.

Nicht nur die Autoindustrie, die Gesellschaft insgesamt steht an einem Wendepunkt: Wir können einen historischen Paradigmenwechsel unseres Wirtschaftens einleiten. Der wirksamste Hebel, den wir dazu haben, ist uns allen gut bekannt: die Marktwirtschaft. Der Wettbewerb um die besten Ideen, die effizientesten Lösungen und die attraktivsten Produkte. Die große Stärke unseres Wirtschaftssystems ist es, Kreativität zu fördern, Potenziale zu nutzen und Effizienz zu belohnen. Ich bin überzeugt: Je mehr wir beim Klimaschutz auf den marktwirtschaftlichen Ansatz setzen, desto eher werden Maßnahmen zuerst dort umgesetzt, wo sie die größte Wirkung erzielen.

Wir können die Transformation fair gestalten

Die Automobilindustrie durchläuft bereits seit Jahren den Transformationsprozess hin zur CO_2-Neutralität, den einige Bereiche der Gesellschaft noch vor sich haben. Deshalb wissen wir, dass es dabei nicht reicht, technische Lösungen zu finden. Die Transformation beginnt bei den Menschen, die unsere Produkte entwickeln, bauen, verkaufen und warten. Wir alle bei Mercedes-Benz haben verinnerlicht, dass unsere Transformation nur erfolgreich sein wird, wenn wir zuerst uns selbst als Team transformieren. Das beinhaltet in erster Linie die Bereitstellung breit gefächerter Weiterbildungsangebote. Über 65.000 Beschäftigte haben sich seit 2020 rund um Elektrifizierung weitergebildet. Allein in Deutschland investieren wir bis 2030 mehr als 1,3 Milliarden Euro in die Qualifizierung unserer Beschäftigten. Wir glauben an die außergewöhnlichen Fähigkeiten und den Einfallsreichtum unserer Kolleginnen und Kollegen.

Für unsere Aufbau- und Powertrain-Werke haben wir etwa Zielbilder definiert, um den Standorten langfristige Perspektiven zu bieten. Gleichzeitig müssen wir uns aber auch eingestehen, dass es nicht für jede Tätigkeit eine Zukunft gibt. Es ist eine Tatsache, dass die Produktion von Elektroautos weniger Arbeitsstunden erfordert als die Produktion von Autos mit Verbrennungsmotor. Wir werden den Prozess in Zusammenarbeit mit Arbeitnehmervertretern fortsetzen und uns auf die Fluktuation von Arbeitskräften und faire Lösungen konzentrieren. In einigen Feldern schaffen wir auch neue Stellen. Zum Beispiel im Bereich der Software.

Die nachhaltige Transformation sozialverträglich zu gestalten, ist unsere Aufgabe – als Arbeitgeber und als Gesellschaft insgesamt. Als gebürtiger Schwede kann ich mich noch gut daran erinnern: Die Einführung einer CO_2-Bepreisung in meinem Heimatland war von einer umfassenden Steuerreform im Jahr 1991 begleitet, die die Bürgerinnen und Bürger spürbar entlastet hat. Die individuellen Steuern wurden reduziert, manche sogar ganz abgeschafft.

Das war ein wichtiger Faktor für die gesellschaftliche Akzeptanz der CO_2-Bepreisung. Wir müssen die Menschen mitnehmen und ihnen mit jeder Veränderung auch frühzeitig neue Chancen eröffnen.

Packen wir's an

Diese Transformation hat nicht heute begonnen und sie wird nicht morgen erledigt sein. Es ist die wichtigste Aufgabe unserer Generation: der Wandel hin zu einer CO_2-neutralen Gesellschaft. Die Automobilindustrie wird einen signifikanten Beitrag dazu leisten. Dabei sind die Erwartungen an uns vielfältig: Unsere Kundinnen und Kunden erwarten erstklassige Produkte. Unsere Kolleginnen und Kollegen erwarten zukunftssichere Jobs. Unsere Aktionärinnen und Aktionäre erwarten angemessene Renditen. Und die Gesellschaft erwartet Engagement und Verantwortungsbereitschaft – innerhalb und außerhalb der Werkstore. Alle diese Ansprüche sind legitim. Der beste Weg, sie einzulösen, ist, uns wirtschaftlich erfolgreich und nachhaltig aufzustellen. Dazu sind wir bei Mercedes-Benz fest entschlossen.

Unser Ziel bleibt: Wir verändern das Bestehende, um es zu verbessern. Diesen Anspruch haben uns unsere Gründerväter mit auf den Weg gegeben. Indem wir individuelle Mobilität emissionsfrei machen, führen wir ihr Erbe fort. Fast alle Automobilhersteller sind inzwischen auf einem klimaneutralen Kurs. Und die Kapitalmärkte bewegen sich in allen Sektoren ebenfalls in diese Richtung. Mit anderen Worten: Es gibt viele Gründe für Zuversicht. Das Gelingen der Transformation liegt in unseren Händen. Um es mit einem Satz zu sagen, den ich in Deutschland schätzen gelernt habe: Packen wir's an.

Clever gemachte E-Mobilität kann Nachhaltigkeit schaffen

Michael Steiner

Technologieneutralität steht für Dr. Michael Steiner, Vorstands-mitglied für Forschung und Entwicklung der Porsche AG, an erster Stelle. Nachhaltigkeit bedeutet für ihn eine Kombination aus E-Mobilität und eFuels und die Vermeidung einer Verschrot-tung von qualitativ hochwertigen Automobilen vor dem Hinter-grund des Umweltschutzes.

Individuelle Mobilität erweitert unseren persönlichen Ak-tionsraum. Als wichtiger Faktor unserer Lebensqualität, aber auch unseres Wohlstands, ist sie für mich aus dem modernen Leben nicht wegzudenken. Allerdings dürfen die so gewonnenen Freiheiten nicht zulasten der Umwelt gehen. Dass die Mobilität der Zukunft umweltfreundlich und nachhaltig sein sollte, steht außer Frage.

Bei den aktuellen Diskussionen um den richtigen Weg zu diesem Ziel kann ich mich als Ingenieur über die Argumente und Standpunkte einiger Teile von Gesellschaft und Politik allerdings nur wundern. Da werden die vermeintlichen Vor- und Nachteile der verschiedenen alternativen Energieträger und Antriebe beliebig gegeneinander ausgespielt und die Rea-lität bewusst oder unbewusst ausgeblendet. Im Sinne des Umweltschutzes würde ich mir an dieser Stelle mehr techni-sches Verständnis für die physikalischen Sachzusammen-hänge wünschen. Das Know-how der Forscher und Entwick-ler aus der Praxis sollte bei der Entscheidungsfindung mehr Gewicht bekommen. Persönlich habe ich meine ersten prakti-schen Technikerfahrungen schon als Heranwachsender beim

Basteln an alten Elektrogeräten gesammelt. Wie bei vielen Teenagern meiner Generation folgte dann ein Moped, eine betagte NSU Quickly, die ich durch meine Schraubereien in der heimischen Garage mit viel Herzblut und trotz eher bescheidener Möglichkeiten eine ganze Weile am Leben erhielt. In diese Zeit fällt auch meine erste Berührung mit dem Elektroantrieb: Zusammen mit einem Freund rüstete ich ein ausrangiertes Kart mit einem 24-Volt-Scheibenwischermotor aus einem schrottreifen Lkw aus. Mit zwei in Reihe geschalteten Autobatterien ließ sich das Gefährt damit recht flott bewegen. Allerdings nicht lange, denn schon nach kurzer Fahrzeit waren die Batterien leer und mussten aufgeladen werden. Das hat dann die ganze Nacht gedauert. Dennoch hatte ich die Idee der E-Mobilität seither im Hinterkopf, auch wenn sie in meinen ersten Berufsjahren kein Thema war.

Gefragt ist ein Schuss Pragmatismus

Nach Maschinenbaustudium und Promotion an der TU München startete ich in der Getriebevorentwicklung eines großen Automobilherstellers. Speziell für kleinere Modellreihen sollte ein preiswertes, leichtes und kompaktes Automatikgetriebe entworfen werden. Die üblichen Wandler-Automatikgetriebe waren zu schwer und zu teuer, sodass wir uns für ein stufenloses Getriebe entschieden. Auf dem Papier war das eine tolle Sache, denn der Verbrennungsmotor kann während der Fahrt immer im optimalen Betriebspunkt gehalten werden. Das spart Kraftstoff und erhöht den Komfort, weil es keine Schaltrucke gibt. Die Ernüchterung kam bei den Testfahrten: Das Auto fuhr sich wie am Gummiband gezogen, beim Anfahren jagten die Drehzahlen hoch, die Geschwindigkeit nahm jedoch nur langsam zu. Schlussendlich haben wir künstliche Schaltstufen eingebaut, damit die Kunden nicht auf das gewohnte Fahrerlebnis verzichten mussten und das System überhaupt akzeptierten. Einige Jahre später wurde das stufenlose Getriebe vom heute bekannten Doppelkupplungsgetriebe und von Wandler-Automaten mit bis zu zehn Fahrstufen fast vollständig verdrängt. Das waren schlicht die besseren Lösungen. Aus dieser und weiterer Entwicklungserfahrungen meiner frühen Berufszeit habe ich drei Erkenntnisse gewonnen: Erstens führen bei der praktischen Umsetzung einer neuen Entwicklungsidee ein gewisser Pragmatismus und der Ansatz »Trial and Error« mitunter schneller zum Ziel und zu besseren Ergebnissen als große Budgets und viel Aufwand.

Zweitens darf man den Markt und die Kundenbedürfnisse nicht aus dem Blick verlieren. Und drittens kann ein heute noch unpassendes technisches Konzept in einigen Jahren durch Weiterentwicklungen und geänderte Rahmenbedingungen sehr wohl das Richtige sein. Diese lösungsorientierte, offene Denkweise hat mein weiteres Handeln als Ingenieur maßgeblich geprägt. Insofern möchte ich es als persönlichen Glücksfall bezeichnen, dass mich mein späterer Berufsweg in die Fahrzeugentwicklung von Porsche geführt hat, denn auch einem gewissen Ferdinand Porsche hat man einen gesunden Pragmatismus bei technischen Entwicklungen nachgesagt. Und ein ergebnisfokussiertes, sachbezogenes Handeln gehört heute noch zum Wesen, sozusagen zum genetischen Code des Unternehmens Porsche.

Neustart der E-Mobilität

Diese Herangehensweise hat sich mehr als einmal bewährt, etwa bei den Neuanfängen der Elektromobilität. Neu deshalb, weil schon Anfang des 20. Jahrhunderts eine

Vielzahl batterieelektrischer Fahrzeuge auf den Straßen unterwegs war, stellenweise sogar mehr E-Mobile als Modelle mit Verbrennungsmotor.

Übrigens begann auch Ferdinand Porsche seine Karriere als Entwickler mit der Konstruktion von E-Autos. Während Fahrzeuge mit Verbrennungsmotor in der Folge alltagstauglicher und günstiger wurden und das Tankstellennetz rasant wuchs, krankten Elektrofahrzeuge an der zu geringen Batteriereichweite. Das Ganze war verbunden mit der Angst, auf freier Strecke mit leerem Akku zu stranden. Außerdem waren die Ladezeiten zu lang, die Kosten und das Gewicht zu hoch. Zusammengefasst also ähnliche Fragestellungen, mit denen wir noch heute zu kämpfen haben – wobei die E-Mobilität inzwischen alltagstauglich ist. Heute ist das Problem eine diffuse Reichweitenangst. Mit dem technischen Stand von damals wählten immer mehr Käufer den Verbrennungsmotor. Das Ende des E-Autos war besiegelt – vorläufig, wie wir heute wissen.

In den Anfängen des zweiten E-Fahrzeugbooms Ende der 2000er-Jahre, als viele andere Hersteller außer Absichtserklärungen und Planungen in diesem Bereich noch nicht viel zu bieten hatten, gab es bei Porsche schon forcierte Entwicklungsaktivitäten. 2007 wurde ein Prototyp mit Hybridantrieb auf Basis der ersten Generation des Cayenne vorgestellt. Wenig später, 2010, konnte Porsche auf dem Genfer Autosalon gleich drei Hybridweltpremieren präsentieren: neben der Konzeptstudie 918 Spyder – ein Hochleistungsmittelmotorsportwagen mit Plug-in-Hybrid-Technik – den Cayenne S Hybrid als ersten in Serie gebauten Hybrid in der Unternehmensgeschichte und den 911 GT3 R Hybrid, der erste Porsche-Rennwagen mit elektrischem Vorderachsantrieb und Schwungradspeicher.

Im Jahr 2011 folgte dann der Prototyp des rein elektrisch angetriebenen Boxster E und der Panamera S Hybrid für die Serie. Zu diesem habe ich eine ganz persönliche Bindung. Dessen Hybridsystem war wie seinerzeit für Serienfahrzeuge üblich als sogenannter Startergenerator ausgelegt. Diese Systeme ermöglichten eine Bremsenergierückgewinnung, unterstützten den Verbrennungsmotor beim Beschleunigen durch Boosten und boten eine komfortable Start-Stopp-Funktion. Diese Aufgaben erfüllten sie sehr gut, für rein elektrisches Fahren von mehr als ein bis zwei Kilometer waren aber sowohl der E-Motor als auch die Batterie zu schwach.

Als damaliger Baureihenverantwortlicher für den Panamera ahnte ich, dass gerade die E-Fahrfunktion die Zukunft des Hybridsystems sein würde und wir für das neue Modell unbedingt einen leistungsstarken Hybridantrieb benötigten. Der sollte auch das elektrische Fahren über längere Strecken ohne Verbrennungsmotor und das Laden der deutlich größeren Batterie am Stromnetz erlauben. Da aber kein Projektbudget zur Verfügung stand, haben wir den ersten Demonstrator einfach nebenbei in der Werkstatt aufgebaut. Mit dem lauffähigen Fahrzeug konnten wir den Vorstand überzeugen und haben grünes Licht für den Panamera Plug-in-Hybrid mit bis zu 36 Kilometer elektrischer Reichweite im NEFZ bekommen. Im Jahr 2013 war Porsche dann der erste und einzige Hersteller mit gleich drei Plug-in-Hybriden in Serie: Panamera S E-Hybrid, Cayenne S E-Hybrid und 918 Spyder.

Batterieelektrische Fahrzeuge

Die mit den immer leistungsstärkeren Hybridsystemen in Gang gesetzte Entwicklungsspirale hat mir aber auch sehr schnell die Grenzen des Konzepts vor Augen geführt. Bei Hybridantrieben mit hoher Reichweite und Fahrdynamik im E-Modus ist der schwere und sperrige Verbrennungsmotor quasi obsolet, weil er im normalen Fahrbetrieb kaum noch zugeschaltet wird. Die logische Konsequenz war die Entwicklung eines rein batterieelektrischen Sportwagens, bei dem statt jeweils zwei Antriebssystemen wie beim Hybrid nur noch eines und auch nur ein Energiespeicher erforderlich sind.

Dreh- und Angelpunkt bildete die 800-Volt-Technik, die wir im Le Mans-Serien-Sieger 919 Hybrid erprobt und im Taycan zum weltweit ersten Mal in einem Serienfahrzeug umgesetzt haben. Da im Vergleich zum konventionellen 400-Volt-System für die identische Leistung nur halb so viel Strom von der Batterie über den Inverter in den Motor fließen muss, erhitzen sich die Bauteile weniger, sodass über eine längere Zeit mehr Leistung abrufbar ist. Die Hochvolttechnik erhöht die Performance und Alltagstauglichkeit spürbar. Und was der Fahr-Performance hilft, wirkt auch beim Laden: In unter 23 Minuten lädt die Batterie von fünf auf 80 % ihrer Kapazität. Das verringert die Standzeiten an der Ladesäule und macht den Taycan zum idealen Elektrofahrzeug auf langen Strecken.

Mit unserem ersten vollelektrischen Sportwagen haben wir gezeigt, welchen hohen Stand der Technik die E-Mobilität heute bieten kann. Damit batterieelektrisch angetriebene Fahrzeuge jedoch alle Bereiche der individuellen Mobilität abdecken können, muss der Antrieb nochmals deutlich kleiner, leichter und vor allem preiswerter werden. Heute laufen bei Porsche bereits 900-Volt-Systeme auf dem Prüfstand, die weitere Verbesserungen beim Laden, den Fahrleistungen und der Effizienz versprechen.

Den größten Hebel für Kosten- und Gewichtseinsparungen bietet allerdings die Batterietechnologie. Die Cellforce Group, mittlerweile eine hundertprozentige Porsche-Tochter, errichtet derzeit in der Nähe von Reutlingen ein Werk zur Fertigung von Hochleistungsbatteriezellen. Deren Clou ist ein hoher Siliziumanteil in der Anode. Silizium ist eine interessante Alternative zu dem bei Lithium-Ionen-Batterien üblichen Grafit, weil es eine zehnmal höhere Speicherfähigkeit bietet.

Auf lange Sicht werden sich wahrscheinlich Feststoffbatterien durchsetzen. Bei ihnen kommt ein fester Elektrolyt statt des derzeit verbreiteten Flüssigelektrolyten zum Einsatz. In einer Batteriezelle hat der Elektrolyt die Aufgabe, den durch die Ionen getragenen Stromfluss zwischen Anode und Kathode sicherzustellen. Der Technologieschwenk auf den Festkörperelektrolyt wird Zellen sicherer machen.

Allerdings stellt der Lithium-Ionen-Transport auf der Grenzfläche von der Kathode zum Festkörperelektrolyten über Lebensdauer eine große Herausforderung dar, an dem intensiv geforscht wird. In Verbindung mit dem Festkörperelektrolyt werden Lithium-Metall-Anoden diskutiert, die eine weitere Steigerung der Energiedichte der Zellen ermöglichen. Allerdings wird es noch eine gewisse Zeit dauern, bis Feststoffzellen in industriellem Maßstab und zu konkurrenzfähigen Kosten hergestellt werden können.

eFuels als ein Beitrag zur zur CO_2-Reduzierung in der Bestandsflotte

Die Umsetzung der batterieelektrischen Mobilität weltweit und in allen Sektoren, in denen heute Verbrennungsmotoren im Einsatz sind, ist eine Langfristaufgabe und erfolgt nicht überall auf der Welt mit derselben Geschwindigkeit. Einerseits müssen die für die Batterien notwendigen Rohstoffe erst noch gefördert und verarbeitet werden, andererseits müssen die Stromnetze für den Zusatzbedarf durch Millionen von E-Fahrzeugen ausgebaut werden, ebenso die Ladeinfrastruktur. Und das nicht nur hier in Europa, sondern beispielsweise ebenso in Indien, China, Südamerika und Afrika. Auch ist die Batterietechnologie derzeit noch zu teuer und nicht leistungsfähig genug, um alle Anwendungen zu Lande, zu Wasser und vor allem in der Luft abdecken zu können.

Nicht zu vergessen ist auch, dass die für die Batterie- und Fahrzeugfertigung bereitgestellte Energie ebenfalls aus regenerativen Quellen stammen muss. Wenn der ökologische Fußabdruck eines Fahrzeugs während seiner gesamten Lebensdauer berücksichtigt wird, verringern sich die tatsächlichen negativen Umweltauswirkungen. Ressourceneffizienz wird bei Porsche strategisch mitgedacht.

Ein Ergebnis ist, dass viele aller seit 1948 gebauten Porsche noch fahrbereit sind, was für deren ressourcenschonende Langlebigkeit spricht. Und über alle Hersteller hinweg existiert derzeit weltweit ein Bestand von rund 1,3 Milliarden Fahrzeugen mit Verbrennungsmotor. Und trotz steigernder Zulassungszahlen batterieelektrischer Fahrzeuge nimmt deren Zahl weiter zu. Viele davon werden noch Jahrzehnte lang auf der Straße sein. Forderungen nach einer vorzeitigen Verschrottung und damit Ressourcenverschwendung gleichen für mich einer ökologischen Geisterfahrt.

Für die Defossilisierung des Verkehrs durch den Verzicht auf mineralölbasierte Kraftstoffe muss eine pragmatische Lösung gefunden werden, ansonsten wird es uns allen zusammen nicht gelingen, den Temperaturanstieg durch den Treibhauseffekt angemessen zu beschränken. Porsche setzt daher auf Diversifizierung. Höchste Priorität hat dabei der schnelle Hochlauf der Elektromobilität. Daneben engagieren wir uns aber auch für eFuels. Diese vollsynthetischen, mit regenerativer Energie hergestellten Kraftstoffe können potenziell eine sinnvolle Ergänzung zur batterieelektrischen Mobilität darstellen. Mit ihrem Einsatz ließe sich der CO_2-Ausstoß von Bestandsfahrzeugen mit Verbrennungsmotor nachweisbar reduzieren.

Ganz ohne Änderungen am Fahrzeug oder der bestehenden Tankinfrastruktur – vom Transport des flüssigen Treibstoffs über Pipelines und Tanker bis zum Tanken an herkömmlichen Tankstellen. Denn eFuels müssen, anders als beispielsweise Wasserstoff, bei Transport und Lagerung weder gekühlt noch unter sehr hohen Druck gesetzt werden. Darüber hinaus sind eFuels für andere, nach dem heutigen Technikstand noch nicht elektrifizierbare Einsatzgebiete interessant – etwa für den Schwerlastverkehr oder für große Baumaschinen, aber insbesondere auch für Schiffe und Flugzeuge.

Wir sind vom Erfolg der eFuels überzeugt und haben im Süden von Chile zusammen mit HIF Global und anderen Projektpartnern eine Pilotproduktion in Betrieb genommen. Aus Wasserstoff und CO_2 erzeugt die Anlage im sogenannten Methanol-to-Gasoline-Prozess vollsynthetische Kraftstoffe. Die Pilotanlage ist aktuell auf eine jährliche eFuels-Produktion von bis zu 130.000 Litern ausgelegt. Als exklusiver Abnehmer wird Porsche diesen Kraftstoff zunächst in ausgewählten Leuchtturmprojekten nutzen – wie beispielsweise dem Porsche Mobil 1 Supercup oder in unseren Porsche Experience Centern. Bis zur Mitte des Jahrzehnts sollen in weiteren Anlagen in Chile voraussichtlich rund 55 Millionen Liter pro Jahr produziert werden. Rund zwei Jahre später soll die Kapazität etwa 550 Millionen Liter eFuel betragen. Und mit jedem Skalierungsschritt sinken auch die Herstellungskosten. Zusammen mit einer fairen, dem tatsächlichen CO_2-Ausstoß entsprechenden Besteuerung können eFuels dann auch preislich mit fossilem Kraftstoff konkurrieren.

Technologiepfade sinnvoll verknüpfen

Das Beispiel der eFuels zeigt, dass es nicht nur wichtig ist, wie ein Fahrzeug betrieben wird, sondern womit. Der fossile Kraftstoff ist das Problem. Ein Fahrzeug mit Verbrennungsmotor kann dank eFuels potenziell nahezu CO_2-neutral im Verkehr angetrieben werden. Hier gilt jedoch als Voraussetzung wie bei jedem E-Motor, dass die eingesetzte Energie auch tatsächlich aus regenerativen Quellen stammt.

Am Standort unserer eFuels-Anlage in Chile liefert Windkraft die für die Elektrolyse notwendige Energie, um aus Wasser grünen Wasserstoff zu gewinnen. Zudem sind die dortigen Windverhältnisse ideal für den effizienten Betrieb von Windrädern zur Stromerzeugung. Der beständig starke Wind ermöglicht eine drei bis vier Mal höhere Auslastung als in Deutschland. Wenn ein Windrad aus Altersgründen erneuert und entsorgt werden muss, hat es in Chile eine sehr viel höhere Menge an Strom erzeugt als in Deutschland. In der Gesamtökobilanz relativieren diese Faktoren den derzeit in Diskussionen oft angeführten schlechteren Wirkungsgrad von eFuels. Dort, wo regenerativ erzeugter Strom im Überfluss vorhanden ist, spielt der Wirkungsgrad nur eine untergeordnete Rolle. Hauptsache, die Energie bleibt nicht ungenutzt und kann bei der Reduzierung der CO_2-Emissionen helfen.

Genau genommen sind eFuels eine Form der E-Mobilität. Sie fügen ihr lediglich eine weitere Facette hinzu. eFuels sollen batterieelektrische Fahrzeuge nicht ersetzen, sondern sinnvoll ergänzen und damit übergangsweise einen potenziellen Beitrag zur CO_2-Reduzierung im Verkehrssektor leisten. Porsche zeigt, dass man beide Technologiepfade sinnvoll verknüpfen kann. Wir stehen daher für einen gezielten pragmatischen Umgang mit einer der größten Herausforderung unserer Zeit. Die Politik sollte dieser pragmatischen Strategie folgen und die Diversifizierung bei Energieträgern und -wandlern als Stellhebel zur CO_2-Reduzierung begreifen und nutzen. Die verkehrsbedingten Umweltauswirkungen sind lösbar, wenn die gesamte Infrastruktur- und Technikkette der Mobilität clever gemacht ist. Dazu müssen jetzt die richtigen Weichen gestellt werden.

Bitte wenden!

Martin Daum

»Wir verfolgen eine Doppelstrategie aus Batterie und Wasserstoff«, erklärt Martin Daum, Vorstandsvorsitzender der Daimler Truck AG. In Städten seien batterieelektrische Lkw und Busse ideal, während bei der Langstrecke je nach konkretem Anwendungsfall Batterien oder Brennstoffzellen vorteilhafter sein können. Für die Abkehr von fossilen Kraftstoffen muss ausreichend grüne Energie zur Verfügung stehen und die Politik muss die Rahmenbedingungen schaffen, dass sich klimaneutrale Nutzfahrzeuge gegenüber Dieselfahrzeugen rechnen.

... aber wie?

Als ich angefangen habe, mich mit diesem Buchprojekt zu beschäftigen, bin ich zunächst beim Titel hängengeblieben. Bei der »Antriebswende«. Denn es gibt ja sehr unterschiedliche Wendearten. Die Kehrtwende, beispielsweise beim Schwimmen, nach der es in die gleiche Richtung geht, aus der man kommt. Oder die Wende eines Großseglers: Kurswechsel, neue Richtung, jedoch anders als beim Schwimmen selten zurück Richtung Startpunkt. Mit einer solchen Wende haben wir es bei der Antriebswende zu tun: Wir wollen nicht zurück ins Gestern, zu Pferdefuhrwerken und Lastenträgern – wir wollen weiter ins Morgen, mit einem noch besseren Kurs hin zu einem noch besseren, CO_2-freien Transport.

Wenn wir über die Antriebswende reden, sollten wir uns diese Gedanken machen: Wie kann diese Wende eigentlich aussehen? Wo kommen wir her? Wo wollen wir hin? Wenden wir mit der richtigen Strategie? Und ist Wende überhaupt der richtige Begriff für das, was gemeinhin als die größte Transformation gesehen wird, die diese Branche je gestalten konnte?

Nachhaltig weltbewegend

Werden wir konkret und schauen uns die Fakten an: Etwa ein Sechstel (17 %) des weltweiten CO_2-Ausstoßes hat seinen Ursprung im Straßenverkehr. Mehr als die Hälfte davon kommt von Nutzfahrzeugen, größtenteils von Langstrecken-Lkw, die oft auch über Landesgrenzen hinweg im Einsatz sind. Lkw und Busse haben also einen nicht unerheblichen Einfluss auf den Klimawandel.

Fakt ist aber auch, und das wird bisweilen vergessen: Lkw und Busse sind nicht zum Vergnügen unterwegs. Sie sind unterwegs, um Waren und Güter zu Supermärkten, Baustellen oder Krankenhäusern zu bringen – und Menschen zur Arbeit, zur Schule oder in den Urlaub. Sie bilden das Rückgrat von Wirtschaft und Gesellschaft. Mit unseren Lkw und Bussen halten unsere Kunden die Welt in Bewegung. Wir sind bei Daimler Truck deshalb sehr stolz darauf, dass wir Nutzfahrzeuge anbieten – Fahrzeuge, die für die Allgemeinheit einen so großen Nutzen haben.

Daraus ergeben sich zwei Schlussfolgerungen. Erstens: Lkw und Busse sind absolut unverzichtbar – und zwar nicht nur heute, sondern auch morgen. Und zweitens: Morgen müssen – und werden – Lkw und Busse nachhaltig sein. Und daran arbeiten wir, als Daimler Truck und auch als Branche insgesamt. Wir wollen unseren Beitrag im Kampf gegen den Klimawandel leisten und – um im Bild zu bleiben – die Klimawende ermöglichen. Denn klar ist:

Wenn wir hier zu spät dran sind, geht es uns wie einem Schwimmer, der den Wendepunkt verpasst – wir knallen gegen die Wand.

Das Einmaleins der Transformation

Einen solchen Klimaknall will niemand. Wenden wir uns deshalb den Dingen zu, die es braucht, um den nachhaltigen Transport zu einem Massenmarkt zu machen. Zur besseren Veranschaulichung vergleiche ich diese Aufgabe gerne mit einer Multiplikation mit drei Faktoren: Fahrzeuge, Infrastruktur, Kostenparität. Das sind die Erfolgsfaktoren des nachhaltigen Transports. Die Kunden müssen in der Lage sein, die richtigen emissionsfreien Lkw und Busse zu kaufen. Sie müssen diese Fahrzeuge problemlos mit der für den Betrieb benötigten Energie versorgen können. Und sie müssen damit weiterhin Geld verdienen können. Deshalb sind diese drei Faktoren auch nicht wie bei einer Addition miteinander verbunden, sondern wie bei einer Multiplikation. Wenn auch nur ein Faktor null ist, ist das gesamte Ergebnis null.

Never change a running system!

Es lohnt also eine nähere Betrachtung der einzelnen Parameter (Produkt, Infrastruktur, Kosten) und wir beginnen mit den Fahrzeugen. Hier sind wir voller Eifer dabei, mehr und mehr emissionsfreie Modelle in Serie zu bringen (aktuell zehn) – aber vorab noch ein Wort zum Dieselmotor, der in der Transformation etwas aus dem Scheinwerferlicht gerät. Entwicklergeist, Industrialisierung, Wirtschaftswunder, Made-in-Germany – über 125 Jahre war er zuverlässiger Antrieb unserer Lkw und Busse, ja unseres Lebens. Der Dieselmotor ist nahezu perfektioniert, die Grenzen von Effizienz gelten physikalisch und chemisch im Prinzip als erreicht. Es geht nicht viel besser. Ähnlich einer Coca-Cola ist er vollkommen in seiner Produktkategorie, und doch hat er Nebenwirkungen, die seine Abschaffung rechtfertigen. Mit der Antriebswende kommt für ihn aus guten Gründen deshalb nun das Ende. Zuerst in Europa, irgendwann weltweit.

Wir handeln also bewusst entgegen dem Management-Motto »Never change a running system«. Wir streichen das »never« und sagen: Change a running system! Mit Ausrufezeichen. Das ist die Herausforderung. Wir wollen und wir werden ein gut funktionierendes System grundlegend verändern, und zwar im laufenden Betrieb.

Den Dieselmotor weiterzuentwickeln, ist demzufolge nur noch mit Augenmaß sinnvoll. Nicht sinnvoll sind daher die Pläne der EU, eine neue, noch strengere Euro VII-Emissionsnorm einzuführen. Das würde uns Fahrzeughersteller zwingen, wieder mehr in den Diesel zu investieren – und das fehlt dann in den Budgets für CO_2-neutrale Antriebe. Mein dringender Appell an dieser Stelle: Bei Euro VII braucht es eine entschlossene Wende, ja, eine vollständige Kehrtwende. Unser Fokus muss auf CO_2-freien Antrieben liegen und nicht auf der marginalen Verbesserung von Systemen, die spätestens in 15 Jahren auslaufen.

Yin und Yang der Antriebstechnologie

Um unsere Lkw und Busse emissionsfrei zu machen, verfolgen wir bei Daimler Truck eine Doppelstrategie aus Batterie und Wasserstoff. Manche mögen sich jetzt fragen:

Warum zwei Technologien, ist die Entwicklung von einer nicht schon aufwändig genug? Darauf habe ich eine ausführliche, zweiteilige Antwort.

Teil eins ist die Kundenperspektive – und die ist für uns als Hersteller essenziell, denn wir entwickeln keine Technologie der Technologie wegen. Technologie ist kein Selbstzweck, sondern dient dazu, unseren Kunden für ihre unterschiedlichen Bedürfnisse die jeweils beste Lösung zu bieten.

Denkbar ist, dass sich beim emissionsfreien Transport aus Kundensicht im Laufe der Zeit folgende technologische Arbeitsteilung ergibt:

In Städten sind batterieelektrische Lkw und Busse ideal. Warum? Hier legen die Fahrzeuge vergleichsweise kurze Strecken zurück und können in Betriebshöfen recht unkompliziert geladen werden. Für den urbanen Raum haben wir bei Daimler Truck schon eine ganze Reihe von Serienfahrzeugen im Angebot – nicht nur in Europa, sondern auch in den USA und in Asien. Unser leichter Lkw FUSO eCanter und unser Stadtbus Mercedes-Benz eCitaro sind sogar schon seit 2017 bzw. 2018 auf dem Markt. Inzwischen sind beide Modelle schon in der dritten Generation bei unseren Kunden. Wir haben beim Batterieantrieb also schon viel gelernt – und wir können dieses Wissen sofort auch bei unseren anderen Produkten einsetzen.

Lkw und Busse für die Langstrecke werden Batterien oder Brennstoffzellen nutzen – je nachdem, was für unsere Kunden jeweils am wirtschaftlichsten ist und wofür die Infrastruktur am schnellsten entsteht. Einen batteriebetriebenen Serien-Lkw für die Langstrecke planen wir für 2024, einen mit Brennstoffzellen in der zweiten Hälfte des Jahrzehnts. Bei Brennstoffzellen reden wir dann von rund 1.000 Kilometern Reichweite, etwa das Doppelte der Batterie. Dadurch wird das Fahrzeug nochmal deutlich flexibler und unabhängiger.

Daneben gewinnt eine weitere Antriebstechnologie immer mehr Beachtung: der Wasserstroffverbrennungsmotor. Einfach gesagt, funktioniert er sehr ähnlich wie ein Dieselmotor (etwa 80 % des Antriebssystems sind identisch), nur verbrennt er keinen Diesel, sondern eben Wasserstoff. Der große Unterschied ist deshalb, dass beim Wasserstoffverbrenner kein CO_2 entsteht. Ideales Anwendungsgebiet sind Lkw mit Aufbauten wie beispielsweise 8 x 4-Muldenkipper, die für diese Aufbauten deutlich mehr Energie benötigen als für den Fahrbetrieb. Aufgrund seiner engen Verwandtschaft zum Dieselmotor ist der Wasserstoffverbrenner nahezu fertig entwickelt. Wir sind also gut vorbereitet. Wenn diese Technologie politisch aus guten Gründen unterstützt wird, denn sie ist eine sehr gute CO_2-freie Alternative, dann können wir schnell handeln und unseren Kunden entsprechende Fahrzeuge anbieten.

Ohne Wasserstoff geht es nicht

Für Teil zwei meiner Antwort zu unserer dualen Technologiestrategie brauchen wir eine andere Flughöhe. Blicken wir auf Europa und den Energiebedarf des Kontinents. Hier haben wir eine Aufgabe herkulischen Ausmaßes vor uns, denn damit Europa nachhaltig wird, muss die aus fossilen Rohstoffen produzierte Energie komplett durch grüne Energie ersetzt werden. Dabei geht es um so enorme Mengen, dass wir sie auf unserem von Sonneneinstrahlung nicht gerade gesegneten Kontinent nicht erzeugen können. Das bedeutet: Europa wird Energie importieren müssen. Und das ist weder neu noch schlimm.

Auch in der Vergangenheit haben wir Energie importiert. In Zukunft wird es eben grüne Energie sein müssen – und die steht weltweit in mehr als ausreichender Menge zur Verfügung: Jeden Tag trifft 15-mal so viel Sonnenenergie auf die Landmasse der Erde, wie wir weltweit in einem ganzen Jahr verbrauchen. Wir müssen sie nur einfangen und dorthin transportieren, wo sie benötigt wird. Zum Beispiel nach Europa. Dazu braucht es allerdings einen grünen, kohlenstofffreien Energieträger, der weltweit gehandelt werden kann – und schon sind wir beim Wasserstoff. Die klare Botschaft deshalb an dieser Stelle: Eine nachhaltige Wirtschaft der Zukunft erfordert eine Wasserstoffwirtschaft.

Auch beim Antrieb von Lkw und Bussen wird Wasserstoff eine wichtige Rolle spielen. Das wird anhand einiger Fakten schnell deutlich: Würden emissionsfreie Lkw in Zukunft ausschließlich mit Batterien betrieben, so müsste jede Autobahnraststätte über eine Größenordnung von 20 bis 50 Ladestationen verfügen. Und jede Ladestation müsste für Megawattladen ausgerüstet sein. Das heißt: Jede Raststätte hätte den Energiebedarf einer Kleinstadt. Eine solche Ladeinfrastruktur gibt es nur im Konjunktiv. Eine öffentliche Ladekapazität in dieser Größenordnung flächendeckend bereitzustellen, ist schlicht nicht realistisch. Das würde den Stromnetzausbau hoffnungslos überfordern. Schon allein um eine funktionierende Energieverteilung zu gewährleisten, brauchen wir für Lkw – parallel zur Batterie – in Zukunft also auch Wasserstoff.

Wir können damit festhalten: Batterie und Wasserstoff stehen nicht in Konkurrenz zueinander, sondern ergänzen sich perfekt.

Grüner Transport braucht grüne Energie

Damit ist es Zeit, uns dem zweiten Erfolgsfaktor für den nachhaltigen Transport anzunehmen – der Infrastruktur. Denn wie wir es auch drehen und wenden: Grüner Transport ist ohne grüne Energie undenkbar. Man könnte auch sagen: keine Transportwende ohne Energiewende. Grüne Energie muss in ausreichender Menge zur Verfügung stehen, zu bezahlbaren Preisen – und vor allem auch rechtzeitig. Wenn wir hier zu langsam sind, müssen wir die Batterien von elektrischen Lkw mit Kohlestrom laden. Oder Wasserstoff aus fossilen Energien herstellen. Dann hätten wir als Gesellschaft nichts gewonnen, sondern könnten gleich beim Diesel-Lkw bleiben, das wäre für das Klima sogar besser. Wir müssen die grünen Energien deshalb nun zügig und entlang der gesamten Wertschöpfungskette ausbauen, von der Erzeugung bis zur Verteilung.

Zu der Frage, wie sich der Infrastrukturaufbau beschleunigen lässt, sind wir als Daimler Truck mit Politik und Regulierern in intensivem Austausch. Wir beraten hier sehr bereitwillig und sehr konstruktiv. Was wir – in Anlehnung an den Inflation Reduction Act in den USA – hier in Europa beispielsweise dringend brauchen, ist ein Bureaucracy Reduction Act. In anderen Worten: Wir brauchen eine Bürokratiewende. Bei Infrastrukturprojekten müssen wir sämtliche Abläufe und Verfahren deutlich vereinfachen und beschleunigen, und zwar auf allen Ebenen. Wir arbeiten als Daimler Truck beständig an unseren Prozessen, um unsere Transformationsgeschwindigkeit hochzuhalten – und das ist auch seitens Behörden und Regulierern notwendig.

Die Sache mit den Kosten

Willkommen beim dritten Erfolgsfaktor: der Kostenparität. Ein Lkw ist ein gänzlich anderes Produkt als ein Pkw, denn während vor manchen Privathäusern mehr Pkw stehen als Personen darin wohnen, kauft niemand einen zusätzlichen Lkw nur zum Vergnügen. Lkw sind keine Luxusgüter, sondern Investitionsgüter. Unsere Kunden entscheiden völlig rational. Sie kaufen unsere Fahrzeuge, weil sie sie brauchen – und mit ihnen ein erfolgreiches Geschäft betreiben wollen. Das ist nur möglich, wenn die Kosten stimmen. Solange die Gesamtkosten für den Betrieb eines Dieseltrucks geringer sind als die eines E-Trucks, wird ein Spediteur beim Diesel bleiben. Er kann gar nicht anders. Sonst gerät er im Wettbewerb ins Hintertreffen und seine Geschäftsentwicklung wendet sich in eine Richtung, die er nicht verantworten kann.

Daimler Truck und andere Hersteller arbeiten sehr konzentriert daran, die Kosten für emissionsfreie Fahrzeuge zu senken. Aber eines muss allen Beteiligten klar sein: Allein dadurch lässt sich eine Kostenparität mit konventionellen Fahrzeugen nicht erreichen. Daran ändert auch der Umstand nichts, dass Diesel schon jetzt hoch besteuert ist. Im Vergleich zu emissionsfreien Fahrzeugen ist der Betrieb von Dieselfahrzeugen trotzdem deutlich günstiger. Eine Kostenparität kann deshalb nur die Politik herstellen. CO_2 muss so bepreist sein, dass über die Laufzeit der Fahrzeuge die Gesamtkosten von Diesel-Lkw höher sind als die von emissionsfreien Lkw. Ein gutes Beispiel für eine Maßnahme in die richtige Richtung ist die CO_2-basierte Maut, die Deutschland zum 1. Dezember dieses Jahres eingeführt hat und die wir als Daimler Truck sehr befürworten.

Die Sache mit den Kosten hat eine so unpopuläre wie unvermeidliche Konsequenz: Der nachhaltige Transport der Zukunft wird teurer sein als der heutige, konventionelle Transport. Darauf müssen wir uns als Gesellschaft einstellen, das lässt sich nicht abwenden.

Klar zur Wende!

Fassen wir zusammen. Wir als Daimler Truck sind entschlossen, die Wende zum nachhaltigen Transport anzuführen. Deshalb haben wir schon vor Jahren erste batteriebetriebene Fahrzeuge auf den Markt gebracht. Und deshalb bauen wir unser emissionsfreies Produktportfolio Truck für Truck und Bus für Bus immer weiter aus.

Uns ist aber sehr wohl bewusst: Wir können die Transportwende zwar anführen, aber wir können sie nicht allein herbeiführen. Wir haben als Hersteller nicht alles selbst in der Hand, um emissionsfreie Lkw und Busse zu einem Markterfolg zu machen. Solange die anderen beiden Erfolgsfaktoren – Infrastruktur und Kostenparität – nur ansatzweise vorhanden sind, werden wir emissionsfreie Lkw und Busse nur vereinzelt auf den Straßen sehen.

In der Dreierformel steckt aber auch eine gute Nachricht: Wir wissen genau, was es für den Erfolg des nachhaltigen Transports braucht. Und ich bin sicher, dass Energieunternehmen zunehmend die Chancen nutzen werden, die mit dem Aufbau einer Infrastruktur für sie verbunden sind. Und dass die Politik zunehmend bereit ist, die Maßnahmen zu ergreifen, die notwendig sind, um die gesetzten CO_2-Reduktionsziele zu erreichen. Wenn diese beiden Faktoren dann ebenfalls gegeben sind, gibt es für Transportunternehmen keinen Grund mehr, Diesel zu fahren – und jeden Grund, auf emissionsfrei umzusteigen. Dann wird sich das Straßenbild schnell ändern.

Als Daimler Truck werden wir nicht müde, genau dafür zu werben. Mit leistungsfähigen, emissionsfreien Produkten. In vielerlei Gesprächen und Diskussionen. Und auch mit Beiträgen wie diesem. Kurzum: Bei der Gestaltung des nachhaltigen Transports für eine intakte Welt haben wir sehr viel von dem, was ebenfalls im Begriff Antriebswende steckt – wir haben hier einen sehr starken Antrieb.

Kampf gegen Klimawandel:
Technologie ist der entscheidende Hebel

Stefan Hartung

Klimaschutz muss global gedacht werden. In diesem Sinne setzt Dr.-Ing. Stefan Hartung, Vorsitzender der Geschäftsführung der Robert Bosch GmbH darauf, alle Antriebsarten so CO_2-neutral wie möglich zu machen: Wasserstoffmotoren, Brennstoffzellen, klassische Verbrenner, Hybride und E-Motoren.

An den Begriff Antriebs*wende* kann ich mich bis heute nicht gewöhnen. Wer wendet, fährt zurück. Und wir wollen doch eigentlich nach vorne, Richtung Fortschritt. Bewegung, also Mobilität, wird auch in Zukunft ein Grundbedürfnis der Menschen sein. Daran werden auch Vorschriften und Verbote wenig ändern können. Es steht aber außer Frage, dass wir die Mobilität von Morgen so klimafreundlich wie möglich gestalten müssen. Dabei ist das Thema so dringlich, dass wir eher an die Überholspur als an den Rückwärtsgang denken sollten – Wandel statt Wende.

Letztlich geht es hier aber nicht um Begriffe, sondern um Technik; nicht um Wortklauberei, sondern um intelligente und bezahlbare Lösungen, die uns im Kampf gegen den Klimawandel zur Verfügung stehen. Und dabei ist die Erderwärmung nur die wichtigste unter vielen Herausforderungen, vor denen wir aktuell stehen. Schreckliche Kriege, eine wankende Energieversorgung, instabile Lieferketten, hohe Inflation – das ist selbst für unsere mit turbulenten Entwicklungen vertraute Branche eine ungewohnte Gemengelage.

Trotzdem blicke ich zuversichtlich nach vorne, denn das zeitgleiche Auftreten mehrerer heftiger Krisen zeigt uns in aller Klarheit, dass Wegducken keine Lösung ist. Ich sehe – zumindest in weiten Teilen von Politik und Wirtschaft – einen neuen, pragmatischen Willen zur Flexibilität und Resilienz. Der ungewohnte Druck setzt Energien frei, lockert Vorurteile und Denkverbote. Das allein macht schon Mut.

Ich bin fest davon überzeugt, dass uns der technologische Fortschritt im Kampf gegen Klimawandel und Energieknappheit entscheidend helfen wird. Gerade in der Automobilindustrie steht uns eine Vielzahl an Lösungen zur Verfügung, um eine nachhaltige und zukunftsweisende Mobilität zu gestalten. Wobei wir diese Vielfalt auch brauchen werden: Wir sind uns zwar einig, dass die Antriebe von morgen klimaneutral sein müssen. Aber diese Antriebe werden keineswegs überall die gleichen sein. Sie müssen den rechtlichen, wirtschaftlichen und sozialen Bedingungen der jeweiligen Region entsprechen – und sie müssen bezahlbar sein. Wie sehr sich die Verteilung der künftigen Antriebsarten unterscheiden wird, erkennt man vor allem beim Blick auf die Entwicklungen in den einzelnen Weltregionen.

Beginnen wir in Europa. Wir sehen hier ein enges Regelwerk mit anspruchsvollen Flottengrenzwerten. Derzeit gehen wir davon aus, dass schon 2030 mehr als jeder zweite neue Pkw rein elektrisch fährt – wobei der Anteil von der Preisentwicklung und dem Ausbau der Infrastruktur abhängen wird. Bei Nutzfahrzeugen wird auch der Wasserstoffmotor neben Batterie und Brennstoffzelle eine größere Rolle spielen, vor allem wegen der EU-Einstufung als Zero Emission Vehicle, was für die Erfüllung der Flottengrenzwerte wichtig ist. Wir haben uns bei Bosch von daher auch für eine Abgasnorm Euro-7 mit Augenmaß ausgesprochen. Ziel sollte die möglichst bald spürbare, weitere Verbesserung der Luftqualität sein. Das setzt voraus, dass die erforderliche Technik rechtzeitig umsetzbar, wirtschaftlich und wirkungsvoll ist. Wir arbeiten hier mit Hochdruck an den verschiedensten Lösungen.

Auch in den USA sehen wir einen klaren Trend Richtung Elektrifizierung; in Kalifornien und in zwölf anderen Staaten, darunter New York und Pennsylvania, sollen ab 2035 nur noch Zero Emission Vehicles zugelassen werden. Darunter versteht man Fahrzeuge mit reinem Batterie- oder Brennstoffzellenantrieb sowie bestimmte Plug-In-Hybride. Schon jetzt wird in den USA auch der Wasserstoffantrieb massiv gefördert. Bosch bietet für alle Antriebsarten Lösungen an, und zwar sowohl für den klassischen Pkw wie auch für »Pick-Ups« oder Heavy Duty Trucks.

Zugleich gehen wir davon aus, dass in den USA 2030 noch rund die Hälfte aller neuen Pkw mit Verbrennertechnik ausgestattet sein wird. Diese müssen dann nochmals niedrigere Emissionsstandards einhalten.

In Brasilien wiederum wird der konventionelle Verbrenner wohl noch lange vorherrschend bleiben. Die Klimaziele im Land sind anspruchsvoll, sollen aber primär über erneuerbare, ethanolhaltige Kraftstoffe erreicht werden. Bis 2031 strebt Brasilien in mehreren Stufen eine weitere Verschärfung der Emissionsgesetzgebungen an. Bosch unterstützt diese Ziele zum Beispiel mit technischen Lösungen, die einen hohen Ethanolgehalt im Kraftstoff erlauben.

Auch in Indien geht es um eine Mobilität, die erschwinglich, zugänglich und möglichst CO_2-arm ist. Für 2030 erwarten wir in Indien einen Anteil von rund 30 % an reinen Elektrofahrzeugen. Hauptantriebsart aber bleibt der Verbrennungsmotor, wobei sich wahrscheinlich in der nächsten Abgasnormstufe BS7 wohl auch Elemente aus der kommenden Euro-7-Norm wiederfinden werden. In Indien sehen wir zudem großes Potenzial für die aus Brasilien bekannte Flex-Fuel-Technik und auch für den Wasserstoffantrieb. Bosch wird in Indien bereits ab 2024 einen Kunden aus dem Heavy Duty-Nutzfahrzeugbereich mit ersten Serienkomponenten für den Wasserstoffmotor beliefern.

In Japan wird die CO_2-Flottengesetzgebung auf einen eigenen »Well to wheel«-Ansatz umgestellt, und die CO_2-Emissionen sollen bis 2030 um rund ein Drittel im Vergleich zu 2016 sinken. Ab 2035 gilt für alle neuen Pkw zudem »100 % Elektrifizierung«. Japan zählt hierzu aber auch Hybride. Diese bleiben dort weiter im Trend, sollen aber zukünftig noch effizienter werden.

In China erwarten wir weiter ein starkes Wachstum der sogenannten New Energy Vehicles. Dazu gehören Batterie- und Brennstoffzellenantriebe wie auch Plug-In-Hybride mit großer elektrischer Reichweite. Diese Kategorie wird bis 2035 einen mindestens ebenso großen Anteil an den Neufahrzeugen ausmachen wie die restlichen Verbrennerantriebe zusammen. Auch an der Emissionsreduzierung wird weiter gearbeitet. Die nächste Stufe CN7 wird sich voraussichtlich an Euro-7-Elementen orientieren, aber deutlicher als bisher auf die chinesischen Bedingungen eingehen. Zudem ist in China auch schon eine Flotte von Brennstoffzellen-Lkw mit Bosch-Technik unterwegs.

Der kurze Blick auf die Antriebswelt zeigt deutlich, wo die Herausforderungen für Hersteller und Zulieferer liegen: Wer global agieren will, muss die Vielfalt der Mobilität verstehen. In sieben Jahren wird weltweit mehr als jeder dritte neue Pkw ein Elektrofahrzeug sein. Hinzu kommen Wasserstoffmotor und Brennstoffzelle. Gleichzeitig werden wir auch noch lange klassische Verbrenner und Hybride auf vielen Straßen dieser Welt sehen. Und jede einzelne dieser Technologien muss optimal bedient werden.

Daraus ergibt sich ein klares und zwingendes Ziel: Wir müssen es schaffen, alle Antriebe so CO_2-neutral wie möglich und mit erneuerbaren Energien betreiben zu können. Die Herausforderung aber liegt bekanntlich darin, die Energie dorthin zu transportieren, wo sie gebraucht wird. Wir sehen hier vor allem Potenzial beim regenerativ erzeugten Wasserstoff und haben uns deshalb intensiv mit dem Thema beschäftigt. Schon bald wollen wir für einen wirksamen Klimaschutz H_2 nicht nur nutzen, sondern auch den raschen Aufbau der Produktion von Wasserstoff in Europa mit Bosch-Technik unterstützen. Deshalb sind wir in die Entwicklung von Komponenten für Elektrolyseure eingestiegen und werden 2025 den 1,25-Megawatt PEM-Stack auf den Markt bringen. Der Stack ist das Herzstück einer Elektrolyseanlage und kann pro Stunde rund 23 Kilogramm Wasserstoff mit einem Ausgangsdruck von bis zu 40 bar produzieren – bei einer Energieeffizienz von rund 50 Kilowattstunden pro Kilogramm Wasserstoff.

Nach Markteintritt wollen wir den Stack dann um weitere Komponenten ergänzen, zum Beispiel um die Steuerungseinheit, die Leistungselektronik und um unterschiedliche Sensoren, die heute schon in hohen Stückzahlen im Automobilbereich eingesetzt werden. Durch Vernetzung der Komponenten kann Bosch zusätzliche Services im Bereich Wartung und Betriebsoptimierung anbieten und so dazu beitragen, die Kosten pro Kilogramm Wasserstoff zu senken.

Bei der Stack-Entwicklung greifen wir auf unsere langjährige Erfahrung aus dem Automotive-Bereich und der

Entwicklung der mobilen PEM-Brennstoffzelle zurück und nutzen aktiv Synergien. Der Vorteil: Durch die Anwendung unserer Standards aus dem Automobilbau können wir große Volumen bei gesicherter Qualität realisieren. Die Leistung und Baugröße sind an die Bedürfnisse unserer Kunden angepasst, damit sich die Stacks einfach integrieren und in Betrieb nehmen lassen – insgesamt also eine skalierbare und modulare Lösung auf höchstem Qualitätsstandard.

Für den Einsatz von Wasserstoff brauchen wir aber auch die entsprechende Infrastruktur. Die aktuellen Zahlen zum voraussichtlichen Tempo beim Bau von Wasserstofftankstellen sehen für Europa aber leider nicht sehr ermutigend aus. Stattdessen prescht China voran, und die USA investiert im Zusammenhang mit dem Inflation Reduction Act ebenfalls massiv in Wasserstoff. Die EU muss hier eine schnelle und vor allem konstruktive Antwort finden. Dazu gehören unter anderem mutige Förderpakte für den Aufbau einer Wasserstoffwirtschaft wie auch für andere Schlüsseltechnologien. Auf wettbewerbsverzerrende oder protektionistische Schritte sollte dabei allerdings verzichtet werden.

Im Interesse des Klimaschutzes sollten wir hier schnell handeln, denn erst wenn wir über die entsprechende Tankinfrastruktur verfügen, können wir grünen Wasserstoff auch nutzen – dann aber gleich für verschiedene Antriebsoptionen. Etwa für den Wasserstoffmotor im Nutzfahrzeug, der einen wichtigen Beitrag zur nachhaltigen Mobilität leisten kann. Erstens basiert diese Lösung auf bewährten und robusten Technologien, was einen schnellen Markteintritt ermöglicht, und zweitens hat der Wasserstoffmotor keinen relevanten Einfluss auf die Luftqualität,

wenn wir auf die bekannten Technologien für die Abgasnachbehandlung zurückgreifen.

Bei Bosch entwickeln wir deshalb eine Vielzahl von Lösungen für den Wasserstoffmotor, darunter Komponenten
für das Direkteinblassystem wie Druckregler, Rail und
Injektor sowie die Motorsteuerung mitsamt wasserstoff-
spezifischen Funktionen, außerdem Komponenten für das
Tanksystem, wie etwa Ventile und Druckregler, die Vertei-
lerleiste und das Tanksteuergerät. Hinzu kommen Komponenten für die Abgasnachbehandlung: das DNOX-
System mit Steuergerät sowie diverse Sensoren zur präzi-
sen Steuerung.

Der Wasserstoffmotor kann seine Vorteile vor allem
dort ausspielen, wo lange Fahrstrecken, kurze Tankzeiten
und hohe Nutzlasten gefragt sind. Er ist auch weniger
empfindlich gegenüber Verschmutzungen im Wasserstoff
als andere Antriebe. Deshalb kommt der Wasserstoffmotor
vor allem für *schwere* Nutzfahrzeuge in Frage – aber eben
nicht nur. Auch *leichte* Nutzfahrzeuge wie Kleintransporter können in bestimmten Anwendungsfällen von den
Vorteilen des Wasserstoffmotors profitieren. Wir entwickeln unsere Technik deshalb auch entsprechend in diese
Richtung – und freuen uns, dass die Nachfrage nach gemeinsamen Entwicklungsaktivitäten in diesem Bereich
enorm angezogen hat, einschließlich möglicher Anwendungen im Pkw.

Auch bei der Brennstoffzelle verfolgen wir ehrgeizige
Pläne. Bis 2025 sollen mehr als 40.000 eigene Brennstoff-
zellensysteme auf den Straßen unterwegs sein. Dafür pro-
duziert Bosch die Stacks selbst und baut Produktionen in
Kundennähe auf – in den Werken Bamberg (Deutschland),
Wuxi (China) und Anderson (USA). Wir gehen davon aus,

dass bereits 2035 weltweit nahezu jedes dritte neue Nutzfahrzeug mit einer Brennstoffzelle läuft, zu Beginn vor allem in mittelschweren und schweren Langstrecken-Lkw, die Reichweiten von 600 bis 800 Kilometern erzielen.

Der Start der Bosch-Großserienfertigung für Brennstoffzellensysteme im Schwerlastbereich läuft in diesem Jahr an, wir sehen aber auch viel Potenzial bei leichten Nutzfahrzeugen. Die Brennstoffzelle kann insbesondere dort eine Alternative zur Batterie werden, wo es um große Entfernungen und hohe Nutzlast bei einer begrenzten Infrastruktur geht. Ein wichtiger Vorteil dabei ist das geringere Gewicht der Brennstoffzelle, welches eine höhere Tankkapazität im Vergleich zu batteriebetriebenen Fahrzeugen ermöglicht. Und auch der Markt für größere Pkw ist technologisch nur einen kleinen Schritt vom LCV-Markt (Light-Commercial Vehicles Market / Markt für leichte Nutzfahrzeuge) entfernt. Bosch bereitet hier bereits eine Kundenlösung vor.

Bei der Entwicklung der Brennstoffzelle haben wir ebenfalls unsere langjährige Erfahrung in der Entwicklung von Antriebssystemen für Verbrennungsmotoren eingesetzt.

Herausgekommen ist ein Systemdesign, das auf optimalen Wirkungsgrad und lange Lebensdauer abzielt. Die erste Generation der Bosch-Brennstoffzelle, die sogenannte Twinbox, ist auf eine Nettonennleistung von 216 kW ausgelegt und wird für eine Lebensdauer von 20.000 Stunden validiert. Im mittleren Lastpunkt weist das System einen Wirkungsgrad von 52 % aus.

Zudem haben wir eigens für den chinesischen Markt ein System entwickelt, das genau auf die lokalen Anforderungen zugeschnitten ist, und vor allem für mittelschwere Lkw in Frage kommt. Außerdem haben wir modulare Lösungen für SUV und LCV im Portfolio, das heißt, vom

Stack bis hin zur kompletten Systemlösung. Damit finden wir eine Lösung für jeden Bauraum.

Wir bei Bosch sind überzeugt: CO_2-neutrale Mobilität ist möglich – wenn es uns gelingt, die entsprechende Infrastruktur schnell und umfassend auszubauen. Dazu gehören Ladestationen für Elektrofahrzeuge ebenso wie Anlagen zur Gewinnung erneuerbarer Kraftstoffe und natürlich der Aufbau einer Wasserstoffwirtschaft.

Die Bedrohung durch den Klimawandel ist so groß, dass wir keine technische Lösung von vornherein ausschließen sollten. Jedes eingesparte Gramm CO_2 zählt – und Technologie ist einer der wichtigsten Hebel im Kampf gegen den Klimawandel. Wir sollten ihn schnell, konsequent und mit seinem ganzen Potenzial einsetzen.

Mehr gestalten, weniger verwalten

Holger Klein

Dr. Holger Klein, Vorstandsvorsitzender der ZF Friedrichshafen AG, plädiert für eine aktive Gestaltung der Antriebswende. Diese solle im Kopf beginnen, denn hier beginnt die Veränderungsbereitschaft. Die Transformation müsse angesichts der chinesischen Konkurrenz bei E-Autos beschleunigt werden. Das gehe nur mit qualifizierten Mitarbeiterinnen und Mitarbeitern. ZF hat sich zum Vollsortimenter im E-Mobilitätsbereich entwickelt, setzt aber gerade bei Nutzfahrzeugen auf Technologieoffenheit auf der Suche nach dem zukünftigen Antrieb.

Es ist eine hochgradig spannende, erfüllende und sinnstiftende Aufgabe: ein Job in der Automobilindustrie. Ein solcher müsste eigentlich gerade jetzt zu den begehrtesten überhaupt zählen, denn selten gab es in der Geschichte so tiefgreifende Veränderungen und andauernd hohen Veränderungsdruck. Wer hier mitwirkt, hat die Chance, die Zukunft entscheidend zu gestalten. Schließlich geht es darum, saubere, sichere und bezahlbare Mobilität für alle zu ermöglichen. Kurz gefasst lautet die Vision: keine Emissionen und keine Unfälle mehr. Doch die Herausforderung ist ob der Komplexität, der Vielschichtigkeit und des Zeitdrucks so gewaltig – ganz besonders für den Industriestandort Deutschland – dass so mancher vor ihr in Ehrfurcht erstarrt.

Lethargie ist jedoch keine Option. Deshalb liegt die wichtigste Herausforderung bei diesem Marathon, der im Sprinttempo absolviert werden muss, nicht nur in der der Innovation, sondern vor allem im Mindset und im Durchhaltevermögen. Aus diesem Grund stellen wir bei ZF bewusst unsere Mitarbeiter in den Fokus, denn sie sind es, die den Wandel annehmen, tragen und aktiv gestalten. Vorweg: Insgesamt sind wir damit bereits auf einem guten Weg, die Richtung stimmt. Doch eines ist klar – und das gilt nicht nur für unser Unternehmen: Die Geschwindigkeit, mit der wir alle den Wandel vorantreiben, ist noch immer viel zu gering. Das wissen wir, weshalb wir mit höchster Motivation auf allen Ebenen daran arbeiten, noch mehr Fahrt aufzunehmen und unsere Ressourcen zu fokussieren.

Darum bin ich persönlich davon überzeugt, dass die Antriebswende keine rein technologische ist. Kurz gesagt:

Die Antriebswende findet im Kopf statt

Schließlich möchten wir den Wandel nicht nur irgendwie überstehen, sondern meistern. Diese Haltung scheint aber noch längst nicht überall verankert zu sein. Ein Symptom der eher verhaltenen Annäherung an das Thema zeigt sich unter anderem im zögerlichen Ausbau der Infrastruktur, die nicht Schritt hält mit dem politisch verordneten Tempo der Umstellung. Das schlägt sich auch in der Zulassungsstatistik nieder. Es wirkt ein wenig, wie die Entwicklung eines Kindes: Am Anfang wird jeder noch so kleine Schritt wie ein Meilenstein empfunden. Doch was, wenn das Kind statt 18 Jahren nur 18 Monate hat, um erwachsen zu werden? Ja, Kinder wollen gefordert werden – eine Überforderung ist im Interesse des Kindes zu vermeiden.

So ähnlich fühlt sich die Entwicklung im Bereich Elektromobilität an. Das Kind hat gerade Laufen gelernt, da soll es schon den Schulabschluss machen. Bindende CO_2-Vorgaben aus Brüssel und die starke Konkurrenz aus Asien verlangen ein schwindelerregendes Tempo, um nicht den Anschluss zu verlieren. Und tatsächlich wirken die Zuwächse in Deutschland absolut gesehen recht groß, doch prozentual gesehen, auf die Mobilität als Ganzes gerechnet, sind sie es nicht. Heißt: Aktuell gibt es in Deutschland etwa eine Million registrierte Elektro-Pkw[65]. Das klingt erst einmal recht viel, entspricht aber nur rund 2 % der gesamten Pkw-Flotte. Trotz üppiger Förderung, einem stetig attraktiveren Modellangebot sowie einem über sechs Milliarden Euro schweren Masterplan zur Ladeinfrastruktur[66] hängt die deutsche Mobilität nach wie vor in erster Linie am Benzin- und Dieselmotor.

Chinas Erfolg zuhause und weltweit: Wandel frühzeitig eingeleitet

Doch wer nicht schreit, bekommt auch keine Milch, um im Bild zu bleiben. Und der Weckruf kommt aus China – und wird immer lauter. Es ist ein Markt, den ich aus meiner Zeit als ZF-Vorstand für die Region Asien-Pazifik sehr gut kenne: Dort wurden 2022 doppelt so viele Elektroautos wie in Europa und USA zusammen verkauft.[67] Deutlich mehr als fünf Millionen neue Autos mit Batteriepack wurden dort abgesetzt – allein in 2022. Das Reich der Mitte liegt in Sachen Elektromobilität aktuell weit vorn und befeuert den Paradigmenwechsel in der Automobilindustrie zu seinen Gunsten. Die Gründe dafür sind allerdings vielschichtig und erfordern eine detaillierte Betrachtung der Sachlage.

Allem voran hat China deutlich früher als andere Länder erkannt, dass der Wandel des Antriebs für den heimischen Rohstoff-, Energie- und Automobilsektor gewaltige Chancen und riesiges wirtschaftliches Potenzial bereithält. So wird in Fernost seit Jahren massiv in den Ausbau sowohl der erneuerbaren Energien als auch der Elektromobilität investiert. China verfügt zum einen über die wirtschaftlichen Ressourcen in Form von agilen Unternehmen und Fertigungskapazitäten, mit denen sich die Wende hin zu elektrischen Antrieben bei Bussen, Lkw, Pkw und Zweirädern beschleunigen lässt.

Zum anderen sind viele Teilnehmer auf dem chinesischen Markt neue und noch dazu reine Elektroauto-Hersteller, die als solche gestartet sind, statt sich zu einem transformieren zu müssen, wie es die etablierten Hersteller in Europa und Nordamerika nun betrifft. Das unterstützt auf lange Sicht die Wettbewerbsfähigkeit und die Exportfähigkeit Chinas.

Ein weiterer, wichtiger Aspekt, um die Ausgangslage einzuordnen: China genießt bei fast allen Gliedern der Wertschöpfungskette Vorteile. Unerlässliche Rohstoffe wie Seltenerdmetalle, aber auch Vorprodukte sind in weitaus größerem Maße lokal verfügbar als im vergleichsweise rohstoffarmen Europa. Darüber hinaus hat China seine Handelsbeziehungen zum rohstoffreichen Afrika gewissenhaft ausgebaut und liefert Infrastruktur im Gegenzug für den Zugriff auf wertvolle Ressourcen. Die Anstrengungen Europas jüngerer Zeit auf dem afrikanischen Kontinent sind dringend auszubauen, um ein Gleichgewicht bei der Ressourcenverteilung zu erzielen, den Wettbewerb in Afrika zu stärken und mit China auch zukünftig auf Augenhöhe wichtige Verhandlungen positiv voranbringen zu können.[68]

Dazu gesellen sich die grundsätzlich günstigeren Entwicklungs-, Produktions- und Lohnkosten in China. Nach jüngsten Schätzungen liegt der durchschnittliche Kostenvorteil bei rein elektrischen Kleinwagen aus chinesischer Produktion aktuell bei rund 10.000 Euro. Das spiegelt auch das Preisgefüge für Elektrofahrzeuge wider, wie das Analysehaus JATO Dynamics ermittelte[69]: So legte der durchschnittliche Preis eines europäischen Elektroautos seit 2015 um fast 7.000 Euro auf ca. 55.800 Euro zu. In den USA verlangte der Handel über den Zeitraum rund 10.000 Euro mehr und damit jetzt rund 63.900 Euro.[70]

Ganz anders in China: Auf dem dynamischen Markt gab der Preis von 66.800 Euro auf 31.800 Euro nach und liegt damit unter dem Preis eines vergleichbaren Benziners. Für den Kunden sinkt damit die Hemmschwelle aus handfesten und wirtschaftlichen Gründen enorm, bei der Fahrzeugwahl auf ein Elektroauto zurückzugreifen.

Ein weiterer, nicht unerheblicher Gesichtspunkt: Gestörte Lieferketten und Halbleitermangel beherrschen aktuell zwar nicht mehr die Schlagzeilen, gelöst sind diese Probleme deshalb aber noch lange nicht. Schon während der akuten Krise konnte die Industrie in Fernost Engpässe deutlich besser abfedern und auf Produkte aus eigener Fertigung zurückgreifen. Die Forderungen nach mehr Unabhängigkeit von essenziellen Komponenten aus Fernost waren in Europa laut und deutlich zu vernehmen; geschehen ist bisher manches, aber noch zu wenig.

Im Ergebnis hat China seine Chancen hervorragend verwertet und fährt schon jetzt die ersten Ernteerträge ein: chinesische Hersteller erzielen dank der Nachfrage nach Elektrofahrzeugen in Europa inzwischen einen Marktanteil von fast sechs Prozent, mit steigender Tendenz. Es ist zwar jedem in Europa klar, dass China in erster Linie auf wirtschaftlicher Ebene brilliert, denn umweltfreundlich fährt der Elektroautobestand auch dort nicht, wenn er weiterhin vorwiegend mit Kohlestrom geladen wird.

Gerade auf dem deutschen Markt hat sich China dank der konsequenten Elektrostrategie beachtlich entwickelt. Inzwischen stammt fast jedes dritte aus dem Ausland nach Deutschland importierte Elektroauto aus China – 28,2 % waren es im ersten Quartal 2023. Zum Vergleich: Im Vorjahresquartal waren es noch lediglich 7,8 %. Selbst, wenn viele Fahrzeuge aus den chinesischen Produktionsstätten deutscher Hersteller stammen, bestätigt das deutsche Straßenbild diesen Trend: Bislang weniger bekannte Marken wie BYD, MG, Geely und Nio sind hierzulande inzwischen keine Seltenheit mehr.

Das Ende der Fahnenstange ist dabei sicherlich noch nicht erreicht: Jüngste Untersuchungen der Unternehmensberater von PwC legen nahe, dass Europa schon ab 2025 mehr Fahrzeuge importieren als exportieren dürfte.[71] Kamen noch 2021 gerade einmal 35.000 Elektroautos europäischer Hersteller aus chinesischen Produktionsstätten, könnte sich diese Zahl bis 2025 auf 330.000 Einheiten nahezu verzehnfachen. Das Gesamtvolumen der in China produzierten und nach Europa eingeführten Fahrzeuge dürfte sich dann laut den Unternehmensberatern bei 800.000 Fahrzeugen bewegen.

Zwar hat auch die deutsche Autoindustrie die Exporte von Elektrofahrzeugen in die Höhe gefahren und mit der Ausfuhr von rund 500.000 reinen Elektrofahrzeugen 2022 einen Zuwachs von gut 65 % gegenüber dem Vorjahr erzielt. Allerdings sind die wichtigsten Märkte Großbritannien und die USA.[72] Obwohl Deutschland 2022 mit 4,4 Millionen verkauften Fahrzeugen in China noch einen Marktanteil von 19,1 % erzielte, bewegte sich der Marktanteil im dynamisch wachsenden Segment der reinen Elektrofahrzeuge bei lediglich fünf Prozent. Randnotiz mit Signalwirkung: Unter den Top Ten der meistverkauften Elektro-Pkw ist im Reich der Mitte kein deutsches Modell gelistet.

Anspruch und Wirklichkeit:
Grenzenlose Mobilität versus Nachhaltigkeit

Aber wie kommt E-Mobilität beim europäischen Verbraucher an? Mit einem Wort – mäßig, zumindest bisher. Heute verfügt zwar knapp jedes zweite neu zugelassene Fahrzeug in Europa zumindest über einen elektrifizierten Antriebsstrang, aber nur insgesamt 12 % der neuregistrierten Fahrzeuge sind rein elektrische.[73]

Wie lässt sich das erklären? Ein Grund dafür ist sicherlich eine zögerliche und einseitige Herangehensweise an die Technologien zur CO_2-Minderung. Ein weiterer Grund ist die lieb gewonnene Verkehrsinfrastruktur, die auf den Verbrenner zugeschnitten ist und über Jahrzehnte den Erfolg der deutschen Wirtschaft mitbereitete. Die tief verwurzelte Automobilkultur führt jedenfalls dazu, dass der Wandel hin zu nachhaltigeren Alternativen wie Elektrofahrzeugen, Sharing-Modellen, Fahrrädern oder öffentlichen Verkehrsmitteln teils als Bedrohung statt als sinnvolle Bereicherung der vernetzten Mobilität empfunden wird.

Und so kommt es, dass mehr als ein Jahrzehnt, nachdem die ersten alltagstauglichen Elektroautos in die Zulassungsstatistik auftauchten, die Diskussion noch immer und im Hinblick auf Infrastruktur, staatlicher Förderung und dem Preis-Leistungsverhältnis der E-Autos zurecht von Skepsis geprägt ist.[74]

Mobilitätsindustrie – der wichtigste Wirtschaftszweig Deutschlands unter Druck

Nicht zu vergessen sind natürlich auch die handfesten wirtschaftlichen Interessen. Die Automobilindustrie ist in Deutschland mit rund 800.000 Beschäftigten und einem Jahresumsatz von ca. 400 Milliarden Euro die größte Branche im verarbeitenden Gewerbe und auch in vielen weiteren westlichen Ländern ein bedeutender Wirtschaftszweig.[75] Der Übergang zu alternativen Antrieben wird daher – oftmals medial verstärkt – als Gefahr für Arbeitsplätze und wirtschaftlichen Wohlstand wahrgenommen, insbesondere in Regionen, die stark von der Automobilproduktion abhängig sind. China setzt viele Hebel effizient in Bewegung, um seinen Marktanteil auf dem Heimatmarkt und im Exportgeschäft konsequent weiter auszubauen. Damit dürfte der derzeitige Anteil der Autoindustrie von 15 % an der Wertschöpfung im verarbeitenden Gewerbe kontinuierlich sinken.[76]

Was heißt das aber konkret für das Autoland Deutschland? Um das gesellschaftliche, politische und wirtschaftliche Umdenken zu fördern und den notwendigen Wandel voranzutreiben, sind verschiedene Ansätze erforderlich. Dazu gehören eine gezielte Aufklärung und Kommunikation über die Vorteile verschiedener Formen nachhaltiger Elektromobilität, die staatliche Förderung nachhaltiger Mobilität und die Schaffung einer Infrastruktur, die den Einsatz dieser Alternativen erleichtert. Zudem werden wir in Europa unsere Emissionsvorgaben nicht einhalten können, wenn neben Neufahrzeugen nicht auch die Bestandsflotte in den Blick genommen wird, denn wir würden im Jahr 2030 selbst dann die eng gesteckten CO_2-Vorgaben deutlich verfehlen, wenn es bereits heute 100 % Elektrofahrzeuge in den Neuzulassungen gäbe.

Wer keine Fahrverbote will, muss technologieoffen bleiben und kommt an CO_2-neutralen Kraftstoffen (eFuels) schon aus diesem Grund nicht vorbei.

Darüber hinaus herrscht inzwischen weitestgehend Konsens, dass Deutschland und Europa nicht nur mit einem breit aufgestellten Ladenetz die Qualität der Mobilität sicherstellen müssen, sondern auch, dass in die lokale Entwicklung und Produktion von Halbleitern bis zu Batteriezellen investiert werden sollte, um die stabile Produktion und Versorgung der Mobilitätsbranche sicherzustellen.

Seit mehr als einem Jahrzehnt den elektrifizierten Antrieb im Fokus

Wie geht ZF damit um? Eines ist klar: Die Transformation ist auch für uns eine enorme Herausforderung für das Unternehmen und unsere 160.000 Mitarbeiter. Aber: Dank des Engagements des ZF-Teams und der richtigen Strategie hat ZF in der **Transformation** bereits gute Fortschritte gemacht. Wir verändern unser Kerngeschäft und setzen die Transformation strategisch und konsequent um. Wir realisieren den Wandel zur E-Mobilität in allen Fahrzeugsegmenten: Unser ständig wachsendes Auftragsvolumen, das die Transformation von ZF bis weit in die nächste Dekade absichert, ist Beleg dafür. Der Fokus und die Herausforderung liegen aktuell auf der dauerhaft wettbewerbsfähigen Industrialisierung dieses Volumens in einem wettbewerbsintensiven Markt.

ZF hat bereits frühzeitig die Vorzeichen des Mobilitätswandels erkannt. Das profunde Verständnis für die **Veränderungen** ging vom ersten Moment aber auch mit der Erkenntnis überein, dass die anstehende Transformation zwar Risiken birgt, aber gleichzeitig Chancen bereithält.

Deshalb begann schon vor über einem Jahrzehnt – als noch nahezu ausschließlich Fahrzeuge mit Benzin- und Dieselmotor von den Fließbändern rollten – bei ZF konkrete, strategische Planungen, wie der Wandel vom traditionsreichen, spezialisierten Zulieferer für klassische Antriebs- und Fahrwerkstechnik hin zum Vollsortimenter für Elektroautohersteller erfolgen sollte – wohlgemerkt zu einem Zeitpunkt, als zusammen mit einigen Exoten erst eine Handvoll Elektrofahrzeuge auf dem Markt verfügbar war.

Der offizielle Startschuss für die strategische Kehrtwende in Richtung elektrifizierten Antrieb erfolgte 2013 mit der »Strategie 2025«. Diese tiefgreifende Transformation nahezu aller Unternehmensbereiche hat ZF in enger Zusammenarbeit mit Mitarbeitern und Partnern in die Wege geleitet und in vielen Bereichen bereits erfolgreich durchgeführt. So ist ZF heute unerlässlicher Partner der E-Automobilindustrie und gestaltet die Antriebswende mit Innovationen und praxisorientierten Lösungen aktiv mit. Lässt man die Antriebsbatterie außen vor, bietet ZF alle Antriebskomponenten, die für den Bau von Elektrofahrzeugen benötigt werden.

Diese Transformation gelang nicht von einem Tag auf den anderen, sondern war ein langer Weg mit klar definierten Etappen. Die 2016 in Schweinfurt gegründete Division »E-Mobilität« ging ursprünglich als Start-Up mit nur zwei Produkten ins Rennen. Heute verfügt ZF als Vollsortimenter im E-Mobilitätsbereich über ein breitgefächertes Portfolio mit über 30 Komponenten und komplexen Systemen – vom 8-Gang-Plug-In-Hybridgetriebe über den vollelektrischen Zentralantrieb für schwere LKW bis zum 800-Volt-Wechselrichter inklusive passender Software.

Das Team ist entscheidend

Eine strategische Entscheidung fiel dabei jedoch direkt zu Anfang und führte als roter Faden durch sämtliche Prozesse: ZF hat als mitarbeiterorientiertes Unternehmen den Konzernumbau nicht von oben verordnet, sondern die gesamte Belegschaft bei der Neuorientierung von Anfang an mitgenommen. Das Ziel, sich als Anbieter für sichere, saubere und erschwingliche Mobilitätslösungen erfolgreich zu etablieren, war nur erreichbar, wenn der gesamte Konzern geschlossen als eine Einheit auftritt, die diese Werte fest in ihrer Unternehmensphilosophie verinnerlicht hat. Der Ansatz hat sich bezahlt gemacht, denn die Antriebswende im Kopf der Mitarbeitenden zählt mit zu den entscheidenden Faktoren, um den weiteren Herausforderungen mit Zuversicht entgegentreten zu können. Heute zählt die Division E-Mobility von ZF rund 30.000 Mitarbeiter und erwirtschaftet mehr als 10 Milliarden Euro Umsatz jährlich.

Stichwort hochqualifizierte Beschäftigte: Kein Unternehmen kann so einen tiefgreifenden Wandel seines Geschäftsmodells ohne fachkundige und versierte Mitarbeiterinnen und Mitarbeiter meistern. Deshalb hat ZF 2021 die umfassende Qualifizierungsinitiative E-Cademy aufgesetzt, die im vergangenen Jahr mit dem renommierten Deutschen Personalwirtschaftspreis ausgezeichnet wurde. Allein in den ersten 12 Monaten haben rund 18.000 Mitarbeiter verschiedene Lernmodule durchlaufen. Das Programm bindet die Teilnehmer intensiv in die unternehmerischen Veränderungen ein und ermöglicht ihnen innerhalb weniger Monate einen umfassenden Wissens- und Kompetenzaufbau rund um das Zukunftsfeld E-Mobilität. Ein ausgewogener Mix aus Präsenztrainings und Online-Formaten steigert das

Verständnis für die Antriebswende und stärkt die Identifizierung mit der Unternehmensstrategie. Hinzu kommen gezielte interne Weiterqualifizierungen für neue Jobprofile, um zukunftssicher den Herausforderungen der kommenden Jahre entgegentreten zu können.

Das Ergebnis: Heute bieten wir unseren Kunden einen Baukasten, unsere eDrive-Plattform, die wir fortlaufend ergänzen. Ziel ist es unter anderem, die E-Mobilität effizienter und noch nachhaltiger zu machen und so den Klimaschutz zu unterstützen. Das gelingt uns zum Beispiel mit den neuesten ZF-Technologien für E-Motoren. Dazu zählt etwa ein neues Kühlsystem (»slot cooling« für PSM), mit dem es gelingt, auf den Einsatz schwerer Seltener Erden fast komplett zu verzichten und die Dauerleistung zu verdoppeln. Was profan klingt, ist eine echte Innovation: Wer auf Seltene Erden verzichtet, muss in der Regel eine Gewichtszunahme in Kauf nehmen. Unsere Ingenieure haben es aber geschafft, das zu vermeiden. Mit der geflochtenen Wicklung (»braided winding«) reduzieren wir die Länge des E-Motors und brauchen bis zu 10 % weniger Rohmaterial. So schonen wir Ressourcen und tragen dazu bei, Abhängigkeiten zu verringern.

Wirtschaftliche Stabilität ermöglicht erfolgreiche Dekarbonisierung

Heute bildet die Division Electrified Powertrain Technology einen der tragenden Eckpfeiler und trägt somit dazu bei, den Konzern zukunftsfähig aufzustellen. Zum Vergleich nochmals ein Blick zurück: 2015, noch vor der Übernahme des Spezialisten für Elektronik und Sicherheitssysteme TRW Automotive durch ZF, erwirtschaftete der Konzern noch rund 60 % seines Umsatzvolumens mit Technologie für Benzin- und Dieselfahrzeuge. Heute, gerade einmal acht Jahre später, hat sich der Anteil auf nur noch rund 27 % mehr als halbiert.

Mit der konsequenten Implementierung der Antriebswende in sämtlichen unternehmerischen Aktivitäten hat ZF die wirtschaftliche Basis des Konzerns gesichert. Auf dieser Grundlage kann ZF seiner unternehmerischen Verantwortung weiter nachkommen – gegenüber seinen Mitarbeitern, seinen Lieferanten, Partnern und Kunden, die auf die Innovationskraft und Zuverlässigkeit von ZF setzen.

Die wirtschaftlich erforderliche Neuausrichtung bildet aber ebenso die Basis, damit ZF seiner gesellschaftlichen Verantwortung in Sachen Nachhaltigkeit gerecht werden und die industrielle Dekarbonisierung maßgeblich mitgestalten kann. Mit der Strategie »Next Generation Mobility« hat ZF im Jahr 2018 die nächste Evolutionsstufe der Unternehmensstrategie in Angriff genommen und sein Leitbild weiter geschärft. Das Elektroauto der nächsten Generation wird nachhaltiger sein als je zuvor, muss aber auch die Kundenerwartungen an automatisiertes Fahren, Sicherheit und Konnektivität erfüllen. Das heißt: Mit dem reinen Elektroantrieb kommen wir einen wichtigen Schritt weiter, dennoch bleiben viele weitere Herausforderungen zu meistern, um das Ökosystem Mobilität in Zukunft im Sinne der Menschen und unserer Umwelt zu gestalten.

Standort Saarbrücken:
Beispiel für industrielle Transformation

Eine Strategie und die Zielvorgabe zur Nachhaltigkeit sind das eine. Doch um die Antriebswende aus dem Kopf auf die Straße zu übertragen, verlangt auch die industrielle Infrastruktur nach einer tiefgehenden Evolution. Der ZF-Standort Saarbrücken steht dafür, wie wir die Weichenstellung in Richtung Elektromobilität vollziehen. Voraussetzung für den zukünftigen Erfolg ist ein Dreiklang aus hohen Investitionen, Beiträgen der Mitarbeiter in einen Zukunftsfonds sowie die aktive Unterstützung seitens der saarländischen Landesregierung durch Fördermaßnahmen.

Der Standort mit rund 9.000 Beschäftigten zählt zu den weltweit größten des Konzerns und ist mit der Produktion des hybridisierten 8-Gang-Automatikgetriebes aufgrund der hohen Nachfrage gut ausgelastet. Eine erfreuliche Entwicklung, denn der Plug-in Antrieb ist für ein Getriebewerk ein zentraler Schritt in Richtung Elektromobilität. Der Sprung vom Getriebe zur reinen Elektromobilität ist jedoch noch größer – technologisch wie für den Standort, denn ein Getriebe ist deutlich beschäftigungsintensiver als ein reiner E-Antrieb. Das wird mittelfristig Einfluss auf die Beschäftigung am Standort haben. Ein Beispiel, das zeigt: Je mehr Zeit für die Übergangsfrist bleibt, desto besser.

Bereits seit diesem Jahr entstehen parallel zu den bestehenden Fertigungslinien weitere für die Antriebstechnik reiner E-Fahrzeuge, die 2024 den Betrieb aufnehmen werden. Das Werk mit seiner jahrelangen Erfahrung in der Produktion teilelektrifizierter Antriebe geht damit den ersten wichtigen Schritt in Richtung E-Mobilität.

Als Leitstandort für elektrische Antriebssysteme übernimmt Saarbrücken künftig die Verantwortung für die weltweite Industrialisierung von elektrischen Antriebssystemen von ZF – damit erfährt zum einen der Standort langfristige Planungssicherheit und ZF verfügt über eine ausbaufähige Produktionsstätte, die für das Hochvoltge-

schäft international fertigen wird. Das sind gute Entwicklungen, die allerdings nur den Anfang eines längerfristigen
und manchmal schmerzhaften Übergangs zu Produkten
für die E-Mobilität darstellen.

Wolfspeed und ZF: Fruchtbare Partnerschaft
für Silizium-Karbid-Halbleiterfertigung

Wenn die Antriebswende gelingen soll, ist ein weiterer
Punkt wesentlich: Versorgungssicherheit und Lieferfähig-
keit kritischer Bauteile wie etwa Halbleiter. Die lokale Produktion und die verlässliche Versorgung sind für den
Standort Europa enorm wichtig. Das hat die lokale Industrie in den vergangenen Jahren zu spüren bekommen.

Zu Beginn dieses Jahres hat ZF in diesem Kontext ein
wegweisendes Projekt angekündigt. Zusammen mit dem
weltweit führenden Spezialisten für Siliziumkarbid-
Halbleiter Wolfspeed will ZF ein Forschungs- und Ent-
wicklungszentrum in der Region Nürnberg eröffnen, um
weltweite Spitzeninnovation bei Siliziumkarbid-Systemen
zu forcieren. Zudem beabsichtigt ZF, in Wolfspeed zu investieren, um den Bau der weltweit größten Fabrik für
200-mm-Siliziumkarbid-Halbleiter zu unterstützen – und
das mitten im Saarland. Sowohl die gemeinsame Forschung als auch die Wolfspeed-Produktion sind integrierter Teil des Important Project of Common European Inte-
rest (IPCEI), dessen beihilferechtliche Genehmigung durch
die Europäische Kommission jüngst erfolgt ist. Mit der
Partnerschaft tragen die beiden Unternehmen signifikant
dazu bei, die Zukunft der Transformation zu gestalten.

Die Initiativen sind ein wichtiger Schritt auf dem Weg zu
einer erfolgreichen industriellen Transformation. Sie stär-

ken die Widerstandsfähigkeit der europäischen Lieferketten und unterstützen gleichzeitig den europäischen Green Deal und die strategischen Ziele Europas digitaler Dekade.

Für die ZF-Mitarbeiter in Saarbrücken bieten sich am Standort ebenfalls neue Perspektiven. Zu dem Zeitpunkt, an dem die E-Mobilität im Werk Saarbrücken zu weniger Beschäftigung führt, entstehen in der Wolfspeed FAB in Ensdorf qualifizierte Arbeitsplätze. Die Ausbildung und das Knowhow der ZF-Mitarbeiter waren für den US-Chipkonzern einer der Hauptgründe für die Ansiedlung im Saarland.

Jenseits des Individualverkehrs:
Die NFZ-Antriebswende steht noch aus

Doch ist mit dem Ersatz der Verbrennertechnologie beim Pkw durch den Elektromotor das Tunnelende der Antriebswende in Sicht? Keineswegs. In praktisch allen anderen Mobilitätsbereichen – sei es im Schwerlastverkehr, im Bausektor oder in der Landwirtschaft – ist die Antriebsfrage noch lange nicht geklärt. CO_2-neutral sollen sie alle werden, nur wie genau? Nahezu jede heute bekannte Antriebsform wird von den international agierenden Herstellern in breitangelegten Testreihen erprobt – oft in Zusammenarbeit mit ZF. Erst in einigen Jahren wird sich endgültig beantworten lassen, ob der zukünftige Großserien-LKW batterieelektrisch, mit Brennstoffzelle oder mit H2 oder eFuels im Tank über die Autobahn rollen wird. Möglich ist dabei auch, dass zwei oder mehrere Technologien über Jahre im Wettbewerb stehen werden. Aus gutem Grund schreibt sich ZF in diesem Bereich deshalb Technologieoffenheit ins Lastenheft.

Zwar ist schon heute dank unserer Kompetenz beim Technologietransfer zwischen Fahrzeugsegmenten der vollelektrische Zentralantrieb für mittelschwere und schwere Nutzfahrzeuge CeTrax 2 dual verfügbar, der hohe Leistung und souveränes Drehmoment mit einem überdurchschnittlichen Wirkungsgrad vereint. Auch einen integrierten und modularen, rein elektrischen Achsantrieb hat ZF auf dem chinesischen Markt für die gleiche Fahrzeugkategorie bereits eingeführt.

Doch ebenso entwickelt ZF mit dem Kooperationspartner Freudenberg die nächste Generation der Brennstoffzelle, die als einfach integrierbare Komplettlösung im Lkw, Stadt- und Reisebus wie auch für Off-Highway-Anwendungen zum Einsatz kommen kann. Auch eFuels können im Schwerlasttransport oder in Gegenden abseits jeglicher Ladeinfrastruktur weiterhin eine wertvolle Ergänzung darstellen, so dass die weitere Erforschung sinnvoll ist – zumal in den preissensitiven Sektoren wie Landwirtschaft und Baugewerbe nochmals eine völlig andere Kosten-Nutzen-Rechnung vor Investitionen zum Tragen kommt. Letztlich muss auch hier erst ein branchenübergreifendes Umdenken erfolgen, bevor eine nachhaltige, elektrifizierte Antriebslösung auf breite Akzeptanz stoßen wird.

Ein Beispiel dafür, wo technische Machbarkeit auf fehlende regulative Umsetzung stößt, bildet der von ZF entwickelte und als Prototyp erprobte eTrailer: Der Auflieger mit integrierter E-Maschine kann konventionelle Lkw zum Hybrid aufwerten, der je nach Einsatzspektrum bis zu 16 % Kraftstoff einsparen würde. Allein die bürokratischen Hürden erlauben im europäischen Straßenverkehr bislang keine Zulassung, da der eTrailer zwar CO_2-Einspar- und Effizienzpotenzial bietet, aber eben auch zur Antriebsmaschine wird. Kurz: Ein Hänger darf nicht antreiben. Dabei sind die innovativen Trailer dringend nötig. Ein regulati-

ver Teufelskreis, den wir im Dialog mit der Politik durch
neue Zulassungsregeln brechen wollen.

Fazit: Die Antriebswende muss in alle Köpfe –
und dann auf die Straße

Die Transformation ist ein arbeits- und zeitintensiver Prozess, der sich lohnt – wirtschaftlich, gesellschaftlich und
auch unter dem Aspekt einer neuen, von Nachhaltigkeit
geprägten, umweltverträglicheren Mobilitätsordnung.

Das ZF-Team zeigt in vielen Facetten, dass unser Konzern bereits heute auf allen relevanten, technischen Spiel-
feldern aktiv und oft führend ist. Die ZF-Strategie »Next
Generation Mobility« entfaltet auf vielen Ebenen bereits
ihre Wirkung. Die Technologie entwickelt sich rasant und
klug gewählte, lokale Kooperationen sowie Investitionen
für mehr Unabhängigkeit sind wichtige Meilensteine auf
unserem Weg.

Ob für ZF oder den Mobilitätsstandort Deutschland
insgesamt gilt jedoch unisono: Es bleibt noch sehr viel zu
tun und es gilt, große Herausforderungen anzunehmen
und zu bewältigen. Vor allem bleiben noch viele Fragen
offen, deren Beantwortung vielfach nicht im Bereich der
Wirtschaft liegt. Oder anders ausgedrückt: Die weltweit
ambitioniertesten Klimaziele verlangen auch nach den
attraktivsten Standortbedingungen. Und diese haben wir
de facto aktuell in Europa noch nicht.

Fest steht derzeit nur eines: Wenn wir unseren Wohlstand erhalten und gleichzeitig die Transformation schaffen wollen, geht das nur, wenn alle Beteiligten mit Motivation, Schnelligkeit, Mut und Verantwortungsbewusstsein
agieren. Die Antriebswende muss in die Köpfe, von dort

auf die Straße – und ordentlich Fahrt aufnehmen. Und sie muss von der Politik aktiv begleitet werden, damit sie auch industriell und gesellschaftlich ein Erfolg wird. Mit Blick auf unser weltweit gut aufgestelltes Team bei ZF bin ich dabei optimistisch.

Wie wir die Transformation zu einer Erfolgsgeschichte machen

Hildegard Müller

Die Präsidentin des Verbandes der Automobilindustrie (VDA) Hildegard Müller verweist auf die großen Anstrengungen der deutschen Automobilindustrie bei der Transformation zu klimaneutraler Mobilität. Sie warnt vor Standortnachteilen im internationalen Wettbewerb und fordert von der Politik in Brüssel und Berlin, geeignete Rahmenbedingungen zu schaffen, damit die Transformation gelingt.

Wir alle stehen hinter den Pariser Klimazielen – wir alle wollen Klimaneutralität so schnell wie möglich erreichen. Die deutsche Automobilindustrie treibt die Transformation entschlossen mit Innovationen und Investitionen voran: Allein von 2023 bis 2027 werden die Unternehmen mehr als 250 Mrd. Euro in Forschung und Entwicklung investieren, weitere rund 130 Mrd. Euro fließen unter anderem in den Aufbau neuer Fabriken sowie in den Umbau von Werken und deren Ausstattung.

Ich erlebe es jeden Tag: Diese Branche stellt sich dem Wandel mit all ihrer Innovationskraft und Verantwortung für die Beschäftigten. Doch zur Wahrheit gehört auch: Das allein reicht nicht. Während der internationale Standortwettbewerb immer härter geführt wird, fehlt es in Berlin und Brüssel zu oft an Geschwindigkeit und praxisnahen Konzepten. Gute Absichten und Ziele sind noch keine gute Politik. Aktuell verlieren die deutschen Unternehmen rasant an Wettbewerbsfähigkeit – und die Menschen das Vertrauen und die Zuversicht. Eine strategische marktorientierte Wirtschaftspolitik, die den Standort Deutschland wieder zum attraktiven Produktions- und Innovationsstandort macht, ist jetzt zwingend notwendig. Nur so können wir die Transformation meistern und dabei gleichzeitig eine führende Wirtschaftsnation bleiben. Das übrigens sichert uns die Relevanz, die Grundvoraussetzung dafür ist, international Gehör zu finden und unsere Interessen sowie Wertevorstellungen erfolgreich vertreten zu können.

Was bedeutet das konkret? Ich bin überzeugt: Gute Klimapolitik ist gute Wirtschaftspolitik. Wenn der Wandel zu einer Erfolgsgeschichte für das Klima, die Wirtschaft und die Menschen wird, wird unser Modell international kopiert. Und das muss unser Ziel sein. Deswegen ist es wichtig, nun die Weichen für erfolgreichen Klimaschutz zu stellen. Ohne Frage ist die Mission Klimaneutralität eine gewaltige Gemeinschaftsaufgabe – zu der wir alle unseren Beitrag leisten müssen. Und: Es ist auch eine globale Mission. Wir brauchen globale Lösungen. Unterschiedliche Lösungen für unterschiedliche Regionen. Fest steht: Unser größter Hebel für den Klimaschutz ist es, die Innovationen und Technologien zu entwickeln und zu exportieren, die weltweit klimaneutrales Wachstum ermöglichen – insbesondere in den wachsenden Regionen dieser Welt. Dieser Blick über die deutschen und europäischen Grenzen hinweg ist ganz entscheidend.

Um diese Mission erfolgreich zu meistern, sind also alle gefordert. Die Industrie muss die Innovationen, die emissionsfreien Produkte und Werke liefern. Um Klimaneutralität tatsächlich auch auf die Straße zu bringen, muss die Politik mit Rahmen- und Standortbedingungen überzeugen, die den Wandel ermöglichen. Natürlich müssen auch die Zivilgesellschaft und die Wissenschaft ihren Anteil leisten, damit das Ziel erreicht werden kann. Und gemeinsam muss sichergestellt werden, dass der gesellschaftliche Rückhalt für diese Jahrhundertaufgabe nicht schwindet – denn dieser Rückhalt ist Grundvoraussetzung für eine erfolgreiche Transformation.

Klimaneutrale Mobilität – Worauf es jetzt ankommt

Die Industrie ist fest entschlossen, die Transformation zu einer Erfolgsgeschichte zu machen. Das Bekenntnis der deutschen Automobilindustrie zur klimaneutralen Mobilität bis 2050 steht. Entscheidend ist für uns dabei, dass alle Optionen genutzt werden können, um die Klimaziele und die Klimaneutralität zu erreichen. Der Fokus liegt auf der Elektromobilität, das zeigen die genannten Rekordinvestitionen. Die Hersteller von Pkw und Nutzfahrzeugen, die Zulieferer sowie die Hersteller von Anhängern, Aufbauten und Bussen tun alles, um die Transformation zu einer Erfolgsgeschichte zu machen. Bereits heute bieten die deutschen Hersteller weltweit etwa 130 E-Modelle in allen Fahrzeugsegmenten an und die Modellpalette wird ständig erweitert.

Wir machen nicht nur die individuelle motorisierte Mobilität klimaneutral, schon jetzt und heute. Uns ist dabei bewusst, dass wir uns bekannten und neuen Wettbewerbern gegenübersehen. Wir müssen uns jedoch nicht vor der internationalen Konkurrenz verstecken, wir schätzen den Wettbewerb vielmehr. Wie sagt man so schön: Er belebt das Geschäft – und das ist im Sinne der Verbraucherinnen und Verbraucher! Neben dem klaren Fokus auf die E-Mobilität der Zukunft müssen wir die Bestandsflotte (rund 1,5 Mrd. Fahrzeuge weltweit) mitbedenken – und die

Möglichkeit nutzen, sie mit klimaneutralen Kraftstoffen zu defossilieren. E-Fuels sind also ein wichtiger Baustein, um klimaneutralen Verkehr weltweit zu ermöglichen. Ebenso entscheidend ist Wasserstoff, der gerade bei den Nutzfahrzeugen großes Potenzial hat. Damit die ehrgeizigen Ziele auch in diesem Bereich tatsächlich erreicht werden können, ist – neben einem ausreichenden Angebot von Fahrzeugen, zu dem wir uns verpflichten – vor allem ein ausreichend dichtes Netz von Elektrolade- und Wasserstofftankstellen für Pkw und schwere Nutzfahrzeuge in ganz Europa notwendige Voraussetzung. Das ist aktuell noch nicht einmal annähernd vorhanden. Auch hier gilt: Nur wenn die Rahmenbedingungen stimmen, können wir die ambitionierten Ziele tatsächlich erreichen.

Gleichzeitig ist nicht ausgeschlossen, dass es in Zukunft weitere und neue Technologien geben wird, die uns bei der Mission Klimaneutralität helfen werden. Technologieoffenheit ist also ein entscheidendes Kriterium. Die Klimaziele, die wir in Deutschland und Europa verfolgen, sind ambitioniert – und sie werden gerade im Verkehrsbereich nicht nur mit einer Technologie gelingen. Innovation gedeiht in einem technologieoffenen Umfeld und nicht mit Rahmenbedingungen, die innovative Technologien von vornherein ausschließen. Wie es gehen kann, zeigt ein Blick über den Atlantik. In den USA hat man sich im Rahmen des Inflation Reduction Act (IRA) nicht nur auf eine Technologie fokussiert, sondern geht die Herausforderung des Klimaschutzes technologieoffen an. In dieser Hinsicht kann uns der IRA vielleicht als Vorbild dienen – wenngleich er unnötigerweise protektionistische Elemente enthält und damit eine Einschränkung des fairen und freien Handels darstellt.

Rahmenbedingungen und Projektmanagement

Für die gesamte Industrie – für die deutsche Automobilindustrie genauso wie für die Unternehmen aus den USA, China oder anderen Ländern – gilt: Die Transformation wird nur mit den richtigen Rahmenbedingungen gelingen. Hier ist vor allem die Politik in der Pflicht. Zunehmend beobachten wir allerdings, wie vielversprechende Zukunftstechnologien in Berlin und Brüssel ausgebremst werden. Schlimmer noch – es wird verpasst, notwendige Weichen zu stellen. Es fehlt das strategische Gesamtkonzept.

Nochmals: Unser Auftrag – und übrigens auch unser maximaler Hebel im Kontext internationaler Klimapolitik – ist es, Technologien zu entwickeln, die insbesondere den wachsenden Regionen dieser Welt klimaneutrales Wachstum ermöglichen. Um diese Rolle einzunehmen, brauchen wir beispielsweise eine Energie- und Rohstoffversorgung, die durch internationale Partnerschaften abgesichert ist und Deutschland sowie Europa unabhängiger und resilient macht. Und in Berlin und Brüssel fehlt es zu oft an genau diesem strategischen Gesamtkonzept, an einer konkreten Ausgestaltung eines zukunftsfähigen und wirtschaftlich starken Europas.

Die Politik kann nicht mehr Tempo von der Industrie verlangen, ohne selbst passende Rahmenbedingungen zu schaffen und ohne ihre eigene Geschwindigkeit den Herausforderungen anzupassen. Hier stoßen wir auf ein Grundsatzproblem der EU: Brüssel ist stets ambitioniert beim Beschluss von Klimazielen – was die Umsetzung und die Rahmenbedingungen angeht, ist das jedoch leider nicht der Fall. Wie bei jedem Projekt braucht es hier Monitoring und Möglichkeiten nachzusteuern, um die Ziele zu erreichen. Beides wird nicht gemacht – und gefährdet zunehmend eine erfolgreiche Transformation. Hier muss ein Umdenken stattfinden!

Das zeigt sich exemplarisch sehr gut am Beispiel der immer noch mangelhaft ausgebauten Ladeinfrastruktur, dem dazu gehörigen notwendigen massiven Ausbau der Netzkapazitäten und der Digitalisierung der Netze. Dass es dabei noch viel Luft nach oben gibt, zeigen die Zahlen. Bis Mitte des Jahres 2023 gab es in knapp der Hälfte der Kommunen in Deutschland keinen einzigen Ladepunkt. Und in 80 % der Kommunen gab es bis zu diesem Zeitpunkt keinen Schnellladepunkt. Um diesem Trend entgegenzuwirken, muss der Fortschritt gemessen und gegebenenfalls nachgesteuert werden. Der Masterplan Ladeinfrastruktur II der Bundesregierung enthält entsprechende Maßnahmen. Nun gilt es, dass die einzelnen Stakeholder auch schnell liefern. Dafür braucht es ein transparentes Monitoring vom Hochlauf im Vergleich zum prognostizierten Bedarf für die Zielerreichung – das gilt auch für die Versorgung mit CO_2-neutraler Energie sowie mit Rohstoffen.

Ein Scheitern wäre den Bürgerinnen und Bürgern nur schwer zu vermitteln. Für sie hat Klimaschutz Priorität und sie haben hohes Interesse an emissionsfreier Mobilität. Damit wir die Akzeptanz neuer Technologien wie der Elektromobilität weiter steigern können, müssen die Voraussetzungen geschaffen werden, damit sie überall und zu jeder Zeit genutzt werden können. Dies gilt ganz besonders für die Ladeinfrastruktur. Nur, wenn Kundinnen und Kunden europaweit auf eine gut ausgebaute Ladeinfrastruktur zugreifen können, werden sie umsteigen.

Kreislaufwirtschaft als wichtige Säule
für Klimaneutralität

So wichtig es ist, dass Fahrzeuge klimaneutral und emissionsfrei angetrieben werden, so wichtig sind auch die anderen Aspekte rund um ihre Produktion und Nutzung. Der Weg zur Klimaneutralität ist nur erfolgreich, wenn wir das Thema Mobilität ganzheitlich betrachten. Im Fokus unserer Anstrengungen steht das Ziel, schnell den CO_2-Fußabdruck unserer Industrie zu reduzieren. Dazu nimmt die Automobilindustrie den gesamten Lebenszyklus eines Fahrzeuges in den Blick – von den Rohstoffen über die Produktion bis hin zum Recycling. Fahrzeuge ressourcenschonend herstellen, lange nutzen, reparieren, recyclen, wiederverwenden – die Prinzipien der Kreislaufwirtschaft sind in unserer Industrie fest verankert, sie sind Teil unserer DNA.

An diesen Prinzipien wollen wir auch mit Blick auf die Zukunftstechnologien nicht rütteln. Nur, wenn wir weiter an der Kreislaufwirtschaft festhalten und sie stärken, kann der positive ökologische Beitrag der Elektromobilität in der gesamten Kette gewährleistet werden. Die Herausforderungen sind zu groß, um dies nicht zu tun. Dazu muss weiter in die Kreislaufwirtschaft investiert werden: z.B. in den Umgang mit Hochvoltbatterien bei Demontagebetrieben, in den Einsatz von Automatisierung und Robotik bei der Altfahrzeugbehandlung sowie in die besten verfügbaren Abfallbehandlungsanlagen. Der Bedarf an Investitionen ist also hoch, um die Kreislaufwirtschaft bis in letzter Konsequenz umzusetzen. Hierzu braucht es dementsprechend großangelegte Strategien.

Gleichzeitig muss der illegalen Fahrzeugentsorgung entgegengewirkt werden. Dazu muss bestehendes Recht

durchgesetzt werden und müssen außerdem illegale Vor-
gehensweisen (illegale Altfahrzeugverwertung, illegale
Gebrauchtteilemarkt) verhindert werden. Hier ist auch die
Politik gefragt. Sie kann den Kreislaufgedanken der Automobilindustrie unterstützen, indem der Fahrzeughalter
auf seine gesetzliche Verantwortung zur ordnungsgemä-
ßen Entsorgung aufmerksam gemacht und der Verbleib
des Altfahrzeuges durch die Behörden bei der Abmeldung
eines Fahrzeuges überprüft wird. Darüber hinaus kann der
Verwertungsnachweis gestärkt werden, indem der Abmel-
dungsprozess digitalisiert wird.

Zudem muss der umweltgerechte Export von Ge-
brauchtfahrzeugen sichergestellt werden. Im Sinne der
Abfallhierarchie steht Wiederverwendung (z. B. durch Export) vor Entsorgung. Daher ist der Gebrauchtwagenhan-
del von herausragender Bedeutung für die Lebenszyklus-
betrachtung eines Fahrzeuges. Zugleich sind dem Export
umweltverträgliche Grenzen gesetzt, die eindeutig durch
Vorschriften geregelt werden sollten. Beim außereuropäi-
schen Handel sollten die Zollbehörden in Ausnahmefällen
die Ausfuhr von potenziell umweltgefährdenden Gebrauchtwagen stoppen können. Hier gibt es noch großes
Potenzial für den Klima- und Umweltschutz.

Standortpolitik ist Klimapolitik

Die Mission ist klar, die Ziele stehen – bei der Umsetzung
zeigen sich aber noch Hindernisse und Schwierigkeiten.
Wir sind uns einig, dass wir Mobilität der Zukunft aus
Deutschland und Europa hinaus gestalten und das Zentrum für die Transformationstechnologien sein wollen. Um
dieses Zielbild zu ermöglichen, müssen wir der weltweit

führende, der attraktivste und innovationsfreundlichste Standort sein.

Doch die Realität zeigt uns aktuell ein anderes Bild: Tägliche Meldungen und Studien machen im Sommer 2023 deutlich, dass bei den Standortbedingungen in Deutschland maximaler Handlungsdruck besteht. In einer Umfrage, die wir unter unseren mittelständischen Mitgliedern durchgeführt haben, zeigt sich, dass der Fach- und Arbeitskräftemangel, die enormen Energiepreise und die Bürokratie die Unternehmen außerordentlich belasten. Hinzu kommen ein nicht wettbewerbsfähiges Steuer- und Abgabensystem, die fehlende Digitalisierung, schleppende Planungs- und Genehmigungsverfahren und die mangelnde Absicherung der Rohstoffabhängigkeiten. Mehr als ein Viertel der befragten Unternehmen plant eine Investitionsverlagerung ins Ausland. Und noch dramatischer: Angesichts der aktuellen Lage plant keines der befragten Unternehmen mehr, seine Investitionen in Deutschland zu erhöhen.

Die Warnsignale sind kaum noch zu überhören. Auch laut einer Studie des Instituts der Deutschen Wirtschaft fließt immer mehr Investitionskapital aus Deutschland ab. Immer häufiger wird wieder das Bild von Deutschland als »kranker Mann Europas« bemüht. Das ist eine besorgniserregende Entwicklung – und nicht das Fundament für die Jahrhundertaufgabe der Transformation.

Was also muss passieren, damit der Standort dieser Aufgabe gewachsen ist?

Die Ampel ist als Fortschrittskoalition angetreten – und muss jetzt liefern. Die Liste der Aufgaben ist lang. Wichtig ist dabei, die Ursachen unserer Probleme zu beheben und nicht nur die Symptome zu bekämpfen. Deutschland droht der wirtschaftliche Abstieg, wenn jetzt nicht die notwendigen politischen Entscheidungen getroffen und die entsprechenden Reformen eingeleitet werden.

Es gilt, aus der Phase des akuten Krisenmanagements in eine gestaltende, zukunftsorientierte und standortfokussierte Politik zu kommen. Wir müssen die richtigen Schlüsse aus den vielfachen Krisen ziehen – Resilienz und Diversifizierung müssen nicht nur gefordert, sondern auch ermöglicht werden. Was genau heißt das?

Gerade jetzt müssen wir auf mehr statt weniger internationale Zusammenarbeit setzen. Wir müssen unsere internationalen Partnerschaften diversifizieren. Wir brauchen mehr zuverlässige Partner. Gleichzeitig dürfen wir uns aber auch nicht von unseren bisherigen Partnern abwenden.

Wenn wir um uns herumschauen, wird deutlich: Die Welt und unsere Wettbewerber warten nicht auf uns. Gerade jetzt ist der Einsatz für den freien und fairen Handel von großer Bedeutung: Handels- und Investitionsabkommen sorgen nicht nur hierzulande für Wachstum, Wohlstand und Beschäftigung, sie sind auch Zeugnisse gemeinsamer Bemühungen internationaler Partner für mehr Klimaschutz, soziale Standards und Menschenrechte. Dazukommen dringend benötigte Energiepartnerschaften mit neuen Partnern, die uns den Weg aus einseitigen Abhängigkeiten weisen und neue Möglichkeiten bei erneuerbaren Energien aufzeigen.

Auch bei Rohstoffen müssen wir internationale Partnerschaften stärken. Rohstoffpolitik ist Standortpolitik. Und eine ausreichende Versorgung mit Rohstoffen ist für eine klimaneutrale Zukunft unerlässlich. Diese Erkenntnis ist in Europa unumstritten, doch auch hier bleiben die notwendig abgeleiteten Konsequenzen aus. So bleibt z.B. der Critical Raw Materials Act weit hinter den Erwartungen und Notwendigkeiten zurück. Lithium, Kobalt, Nickel, Grafit sind beispielsweise zentrale Bestandteile der Wertschöpfungskette bei Transformationstechnologien und wir müssen dafür sorgen, dass uns auch in Zukunft genügend davon zur Verfügung stehen.

Der Rest der Welt hat die Schwäche Deutschlands und Europas erkannt und versucht, die vermeintlich entstehenden Defizite für sich zu nutzen. Jüngstes Beispiel ist die Erweiterung der BRICS-Staaten. Mit der Erweiterung wird die Allianz geopolitisch und wirtschaftlich an Gewicht gewinnen. Umso entscheidender ist die Reaktion, die Strategie des Westens: Unser Einsatz für freien Handel, unsere Partnerschaften – und auch unsere Strategien im Umgang mit nichtdemokratischen Staaten, entscheiden darüber, wie relevant wir in Zukunft sein werden und somit darüber, wie sehr unsere Interessen und Wertevorstellungen berücksichtigt werden. Es ist auch ein Weckruf, dass der Westen sich für eine Global-Governance-Reform mit deutlich mehr Mitsprache für Entwicklungsländer engagieren muss, um dauerhaft sicherzustellen, dass wir mit- statt gegeneinander agieren.

Es gibt dennoch ausreichend Grund für Optimismus

Zugegeben: Die Liste an Herausforderungen ist umfangreich. Und auch der akute Handlungsbedarf wird Politik, Industrie und den Menschen einiges abverlangen. Neben dem dringend notwendigen generellen Standortprogramm muss und kann Deutschland auch auf seine Stärken setzen. In diese Bereiche, insbesondere in (Aus)Bildung und

Forschung, muss gleichzeitig deutlich mehr investiert werden. Ich sehe in unserer Industrie immer wieder, wie unendlich einfallsreich, kreativ und innovativ die Mitarbeiterinnen und Mitarbeiter sind. Wie sie mit Leidenschaft, Entschlossenheit und Erfindergeist eine Herausforderung nach der anderen meistern und immer wieder weltweite Standards setzen. Das ist unsere größte Stärke und somit unsere größte Chance. Innovation zu ermöglichen, zu fördern, die Produkte zu entwickeln und zu exportieren, ist unser einflussreichster Hebel für den internationalen Klimaschutz – und gleichzeitig für ein nachhaltig erfolgreiches Wirtschaftsmodell.

Die deutsche Automobilindustrie ist davon überzeugt und setzt alles daran, damit die nachhaltigen Technologien für die Mobilität der Zukunft ‚Made in Germany' sind. Berlin und Brüssel müssen dafür sorgen, dass wir als Investitions-, Innovations- und Produktionsstandort attraktiv bleiben: Sie müssen Politik machen, die über das Setzen von Zielen hinaus geht. Dann werden wir gemeinsam eine Jahrhundertaufgabe meistern!

Ein tiefgreifender Wandel

Roman Zitzelsberger

Für Roman Zitzelsberger, Bezirksleiter der IG Metall Baden-Württemberg, steht der Begriff »Technologieoffenheit« für Stillstand und Nichtstun. Er fordert ein klares Bekenntnis der Automobilbranche zum hiesigen Standort. Dessen Vorteile sieht er in motivierten und hochqualifizierten Beschäftigten, der Innovationskraft und exzellenten Wissenschaft. Den Wandel sieht er umfassend: Klimaschutz, Digitalisierung und Globalisierung begleiten die Antriebswende. Neue Arbeitsplätze und Geschäftsbereiche bei der Batterie- und Zelltechnik könnten wegfallende Arbeitsplätze kompensieren, wenn die Chancen rechtzeitig ergriffen werden.

Frage: Herr Zitzelsberger, die Automobilindustrie befindet sich derzeit im einem tiefgreifenden Umbauprozess. Nicht nur das Auto der Zukunft, auch die Arbeit wird sich wahrscheinlich erheblich verändern. Wie wird diese Debatte auf der Beschäftigtenseite geführt? Welche Rolle spielen dabei die Betriebsräte der Automobilindustrie und die IG Metall?

R.Z.: Ich würde zunächst einen Schritt zurückgehen und betonen, dass die Veränderung der Antriebstechnologie nur ein Aspekt des umfassenden Wandels ist, den wir derzeit erleben. Die Herausforderung geht weit über die Entscheidung hinaus, welche Antriebsarten die Mobilität der Zukunft prägen werden. Es ist ein tiefgreifender Wandel, der nicht nur die Wirtschaft, sondern auch unsere Gesellschaft als Ganzes betrifft. Transformation ist aber noch viel mehr: Klimaschutz, Digitalisierung, Globalisierung – wir befinden uns in einem umfassenden Veränderungsprozess, der nicht nur aber sicher in besonderem Maß die Automobilindustrie betrifft.

Wie möchten wir uns künftig fortbewegen? In welcher Form wollen wir künftig arbeiten? Welche Auswirkungen wird der Übergang zu softwaredefinierten Fahrzeugen auf unsere Industrien haben, insbesondere auf die Zulieferer? Welche Veränderungen bringt autonomes Fahren? Diese Fragen sind wichtig. Zentral ist aber vor allem, wie wir diesen Wandel so gestalten können, dass er für alle Beteiligten sozial verträglich ist. Die Arbeitsplätze von etwa 150.000 Menschen hängen allein in Baden-Württemberg direkt von Verbrennungsmotoren ab. Für sie müssen wir Antworten finden und vor allem die Beschäftigung sichern.

Aber die Diskussion beschränkt sich nicht nur auf Autos. Wir müssen uns auch fragen, welche Veränderungen im Verkehrssektor insgesamt anstehen – ob in der Luft, auf dem Wasser oder sogar auch in der Bau- und Landwirtschaft. Der Wandel in der Mobilität ist umfassend, und die Umstellung der Antriebssysteme ist lediglich ein Element dieses größeren Bildes. Dazu zählen meiner Meinung nach auch Entwicklungen im Bereich des automatisierten und autonomen Fahrens sowie ein wachsender Fokus auf Digitalisierung von Verkehrsmittel. Ein vernetzter, intelligenter Verkehr in Kombination mit künstlicher Intelligenz wird vieles, was uns heute vertraut ist, grundlegend verändern.

Arbeitnehmervertretungen wie Betriebsräte und Gewerkschaften, insbesondere wir als IG Metall, haben aber einen gemeinsamen Anspruch: Wir wollen selber Treiber dieser Veränderung sein, vor die Welle kommen, wenn man so will. Denn nur dann können wir unserer zentralen Funktion, der Gewährleistung von guten Arbeitsbedingungen, die das Wohl und die Sicherheit der Menschen im Fokus haben, gerecht werden.

Angesichts der Einführung neuer Technologien, die spezielle Kenntnisse erfordern, engagieren sich unsere Mitglieder daher aktiv für Fort- und Weiterbildungsprogramme, um die berufliche Zukunft der Beschäftigten zu sichern. In dieser Phase des industriellen und technologischen Wandels ist die Jobsicherheit vieler Menschen eben leider nicht garantiert. Zudem eröffnet die Digitalisierung neue Formen der Arbeit, die ebenfalls Gegenstand intensiver Diskussionen sind.

Wir arbeiten daran, sicherzustellen, dass diese Entwicklungen nicht auf Kosten der Beschäftigten gehen!

Frage: Oft hört man, die deutsche Automobilindustrie hätte die Antriebswende und die Transformation verschlafen. Haben die Gewerkschaften mitgeschlafen? Sind die Gewerkschaften eher Bremser oder Beschleuniger der Veränderung?

R.Z.: Wir haben den technologischen und gesellschaftlichen Wandel frühzeitig erkannt und arbeiten aktiv daran, sowohl unsere Mitglieder als auch die gesamte Industrie darauf vorzubereiten. Wir haben den Auftrag von unseren Kolleg:innen in den Betrieben, dass wir genau da Druck machen, wo Unternehmen die gegenwärtigen Entwicklungen verschlafen, oder die Zukunft schlichtweg woanders aufbauen. Wir hören nicht auf, die Wichtigkeit von Bildungs- und Qualifizierungsmaßnahmen zu unterstreichen und plädieren konstant für eine Transformation, die die sozialen Aspekte berücksichtigt. Daher ist die Annahme, wir seien untätig geblieben, weit gefehlt. Ohne die Ideen und Akzeptanz der Kolleginnen und Kollegen vor Ort geht es nicht. Es ist jedoch wahr, dass Gewerkschaften in ihrer Rolle als Arbeitnehmervertreter in manchen Fällen vorsichtig gegenüber abrupten Veränderungen sein können, insbesondere wenn diese Arbeitsplätze bedrohen oder bedrohen könnten.

Da sehe ich uns allerdings ebenso in der Pflicht. Wir müssen Veränderungen prüfen, kritisch hinterfragen und bewerten, wie sich Entwicklungen auf die Beschäftigten und die Sicherheit ihrer Arbeitsplätze auswirken könnten. Das kann uns gelegentlich den Ruf einbringen, wir würden den Fortschritt bremsen. Aber ich betrachte uns eher als Antriebskräfte für sinnvolle Veränderungen.

Was aber unmissverständlich ist: Gewerkschaften sind ein entscheidender Akteur im Dialog zwischen Arbeitgebern und Arbeitnehmern und wir sind aktiv daran beteiligt, den Wandel nach den Vorstellungen unserer Mitglieder mitzuprägen.

Frage: Haben die Betriebsräte zu lange auf den Verbrenner gesetzt in der Hoffnung so ihre Arbeitsplätze retten zu können?

R.Z.: Die Rolle der Betriebsrät:innen ist vielschichtig. Es mag Fälle geben, in denen sie zu lange auf den Verbrennungsmotor gesetzt haben, aber oft geschah dies in einem komplexen Gefüge aus wirtschaftlichen, sozialen und politischen Überlegungen. Für viele Betriebsrät:innen war und ist die Sicherung von Arbeitsplätzen ein Hauptanliegen. In Regionen, in denen die Automobilindustrie eine wichtige Rolle spielt, können Veränderungen, die zu Jobverlusten führen, weitreichende soziale und wirtschaftliche Auswirkungen haben. Da haben die Kolleg:innen berechtigte Sorgen, dass der Wandel zu ihren Lasten geschieht. Die große Mehrzahl hat aber erkannt, dass man den Wandel annehmen und sich aktiv einbringen muss. In jeder Veränderung müssen auch die potenziellen Chancen gesehen und wahrgenommen werden. Denn am Ende ist die Rechnung ganz einfach: Das Produkt, das am zukunftsfähigsten ist, sichert auch die meisten Arbeitsplätze.

Frage: Erst die Arbeitsplätze und dann das Klima? Wie wichtig ist den Gewerkschaften Klimaschutz und nachhaltige Mobilität?

R.Z.: Vor uns liegen gewaltige Aufgaben. Der alles bedrohende Klimawandel, aber auch die Demografie, Digitalisierung sowie Globalisierung führen uns vor Augen, dass Veränderungen notwendig sind. Es geht um nichts Geringeres als die Transformation unseres Wirtschaftssystems, unserer Arbeits- und Lebenswelt. Nur so können wir diesen Herausforderungen wirksam etwas entgegensetzen.

Wir als IG Metall stehen dabei klar zu den Zielen des Pariser Klimaabkommens. Und nicht erst seitdem. Bereits 1990 hat die IG Metall beispielsweise in einem lesenswerten Buch mit dem Titel »Auto, Umwelt und Verkehr« die Forderung aufgestellt, die Emissionen zu reduzieren und die fossilen Energieträger zu ersetzen. Das Thema ist also keineswegs »Neuland« in unserer Diskussion.

Wir sind aber davon überzeugt, dass es wirksamen Klimaschutz nur in Kombination mit sozialer Gerechtigkeit geben kann! Es steht außer Frage, dass der unvermeidliche Wandel in der Industrie den Verlust einiger Arbeitsplätze bedeuten könnte. Um diese gesellschaftliche Herkulesaufgabe zu schaffen, wird es unerlässlich sein, dass diese Transformation gerecht vollzogen wird und gänzlich neue Zukunftsperspektiven eröffnet. Wir setzen uns für nachhaltige und zukunftssichere Arbeitsplätze ein, denn die Beschäftigten sind ebenso besorgte Bürger und Bewohner dieses Planeten, die in einer intakten Umwelt leben möchten. Ein erfolgreicher industrieller Umbau kann deshalb nur in Zusammenarbeit mit der Belegschaft erreicht werden, nicht gegen sie.

Frage: Welche Antriebstechnologien halten Sie persönlich, welche halten die Gewerkschaften für zukunftsfähig? Und für welchen Zweck bzw. welches Produkt? Im LKW-Werk hat man sicher andere Vorstellungen als im PKW-Werk.

R.Z.: Zunächst einmal bin ich beinahe erleichtert, dass das Wort »Technologieoffenheit« nicht gefallen ist. Für mich steht dieser Begriff vor allem für Nichtstun bzw. Beliebigkeit. Und Nichtstun ist etwas, das wir uns in der aktuellen Klimakrise absolut nicht mehr erlauben können, wenn wir das jemals konnten. Die Herausforderung des Klimawandels erfordert einen radikalen Wechsel zu erneuerbaren Energien! Vor drei Jahrzehnten prägten die Wahlkampfberater von Bill Clinton mal den Ausdruck »It's the economy, stupid«, um den Fokus auf wirtschaftliche Fragen zu lenken. Heute sollte der Leitspruch eher lauten: »It's the energy, stupid!«

Denn bei all den Fluxkompensatoren, Warp-Antrieben oder anderen futuristischen Wunschvorstellungen, ist die eigentliche Frage statt einer untätigen Technologieoffenheit doch, was sinnvoll ist? Das muss jetzt entschieden und angegangen werden. Die zentrale Fragestellung muss dabei lauten: Steht ausreichend erneuerbare Energie zur Verfügung? Wenn dem nicht so ist: Wie setzen wir sie dann

172

am effizientesten ein? Es geht schlicht um die Frage der Effizienz und wie wir das Maximum aus der verfügbaren Energie herausholen können.

Die Brennstoffzelle oder die Direktverbrennung von Wasserstoff wird im Nutzfahrzeugbereich vorkommen. Aber wenn es um Pkws und den Massenmarkt geht, wird das meines Erachtens keine Rolle spielen. Dieses Rennen ist, Stand heute, durch den batterieelektrischen Antrieb gewonnen.

Es ist essenziell, die passende Technologie für den jeweiligen Bedarf auszuwählen, wobei der Kunde im Mittelpunkt steht und die ökologische Nachhaltigkeit gewahrt bleibt. Das Thema Antriebstechnologie sollte daher nicht zum Streitpunkt werden. Das Hauptproblem liegt nicht in der politischen Entscheidung, das Ende von Verbrennungsmotoren einzuläuten, sondern in der Entscheidung einiger Unternehmen, deutschen Standorten in den zukünftigen Antriebstechnologien nur eine marginale Rolle zuzuweisen. Gemeinsam mit den Beschäftigten möchten wir hier Einfluss nehmen und nicht nur zusehen.

Frage: Welche Auswirkungen sehen sie bezogen auf die Arbeitsplatzentwicklung? Killt das E-Auto Arbeitsplätze oder rettet klimafreundliche Technologie Arbeitsplätze?

R.Z.: Eine facettenreiche Frage, die nicht einfach zu beantworten ist. Ich versuche es mal.

Je nachdem, welchen Sektor der Automobilbranche man in den Blick nimmt und welchen Zeitraum man berücksichtigt, kann beides – Verlust und Schaffung von Arbeitsplätzen – richtig sein. Elektroautos weisen generell weniger und andere mechanische Komponenten als traditionelle Fahrzeuge mit Verbrennungsmotor auf. Dies reduziert den

Bedarf an bestimmten Bauteilen, was Arbeitsplätze in Produktion und Zulieferung gefährdet.

Andererseits sind Batterien das zentrale Element von Elektroautos. Dies öffnet Türen für neue Jobs in der Batterieentwicklung und -produktion. Wenn in diese zukunftsträchtige Technologie investiert würde, könnten wir von einer wachsenden Joblandschaft profitieren. Ich persönlich plädiere seit Jahren dafür, dass wir in Europa eine eigene Batteriezellenstrategie entwickeln, um global wettbewerbsfähig zu bleiben! Da reichen aber keine kleinen Maßnahmen. Wir müssen da selbstbewusster werden: Think Big, wenn man so will!

Es gibt Studien, die darauf hindeuten, dass der Switch hin zu Batterieantrieben, über softwaredefinierte und vernetzte Fahrzeuge und autonomes Fahren unter dem Strich sogar positive Beschäftigungseffekte haben könnte – vor allem, wenn man die komplette Zulieferkette und assoziierte Dienstleistungen miteinbezieht.

Wir sollten den Übergang zu Elektrofahrzeugen daher nicht nur als Herausforderung, sondern als Chance begreifen. Es ist allerdings von zentraler Bedeutung, dass sowohl Unternehmen als auch politische Entscheidungsträger aktiv werden, um diesen Übergang zu gestalten und die Beschäftigten fit für die Arbeitswelt von morgen zu machen.

Viele unserer Kolleg:innen, die aktuell direkt im Bereich des traditionellen Antriebsstrangs arbeiten, stehen vor bedeutenden Aufgaben. Ich erhoffe mir von allen Akteuren – den Unternehmen, Betrieben, der Politik und uns als Gewerkschaften –, dass wir passende Lösungen für diese Menschen erarbeiten. Sie haben das einfach verdient, dass wir uns kümmern!

Frage: Tun die Unternehmen genügend, um ihre Beschäftigten für die neuen Aufgaben zu qualifizieren? Und tun die Gewerkschaften genügend, um ihre Mitglieder dafür zu motivieren?

R.Z.: Statt Arbeitsplätze zu reduzieren und gleichzeitig dringend nach Fachkräften zu suchen, sollten Unternehmen gezielte Weiterbildungen anbieten. So lassen sich Beschäftigte auf neue Aufgaben vorbereiten und gleichzeitig die Beschäftigungsrate und Fachkräftebasis sichern. Hier besteht bei vielen Unternehmen noch Handlungsbedarf.

Als Gewerkschaften tun wir unser Möglichstes, diese Lücke zu schließen. Die IG Metall Baden-Württemberg setzt sich dafür ein, dass Weiterbildung allen Beschäftigten zugutekommt. Seit über zwei Jahrzehnten existiert zum Beispiel der »Tarifvertrag Qualifizierung« in der Metall- und Elektroindustrie. Darauf aufbauend wurde die AgenturQ gegründet, eine Initiative von IG Metall und Südwestmetall zur Förderung der beruflichen Weiterbildung. Die AgenturQ hat auch die Studie zu Future Skills veröffentlicht, die aufzeigt, welche Fähigkeiten zukünftig gebraucht werden. Hier erhalten Unternehmen wertvolle sozialpartnerschaftliche Unterstützung.

Seit 2022 haben wir zudem ein landesweites Programm zur Ausbildung von »Weiterbildungsmentoren« in den Betrieben ins Leben gerufen. Diese agieren als betriebliche Botschafter:innen und Berater:innen für Weiterbildung und ergänzen die Bemühungen der Betriebsratsgremien. Sie motivieren zur Weiterbildung und helfen, Hindernisse zu überwinden. In Baden-Württemberg sind bereits über 40 solcher Mentor:innen aktiv.

Frage: Was ist ihrer Meinung nach die Aufgabe des Staates, der verschiedenen staatlichen Ebenen im Prozess der Transformation? Wird das Richtige und im richtigen Maße getan?

R.Z.: Die Industrie- und Strukturpolitik sollte nicht nur auf wirtschaftlich schwache Gebiete abzielen, sondern sich verstärkt auch auf Industrieregionen im Wandel fokussieren. Und es wäre kurzsichtig, diese lediglich auf technologiegetriebene Forschung und Entwicklung zu beschränken. Stattdessen brauchen wir umfangreiche finanzielle Möglichkeiten auf regionaler Ebene, um in die Qualifikation der Menschen und in die infrastrukturelle Entwicklung zu investieren.

Dieses Prinzip sollte ebenso für die EU-Kohäsionspolitik gelten. Es ist offensichtlich, dass wirtschaftlich robuste Regionen wie zum Beispiel Baden-Württemberg nicht im gleichen Maße davon profitieren wie weniger entwickelte Gebiete. Der zentrale Punkt ist jedoch, dass EU-Beihilferegeln die Bemühungen der nationalen und regionalen Regierungen zur Förderung des strukturellen Wandels nicht einschränken dürfen, damit auch die starken Player stark bleiben.

Frage: Derzeit wird immer öfter von Unternehmen und ihren Verbänden geklagt, der Standort Deutschland wäre zu teuer: hohe Lohn- und Energiekosten, zu hohe Steuern und zu viel Bürokratie? Wie schätzen Sie die internationale Wettbewerbsfähigkeit der deutschen Industrie, speziell der Autoindustrie ein? Ist der Standort Deutschland so schlecht, wie man wie da behauptet wird?

R.Z.: Zentral für das Gelingen der Transformation ist, dass dort, wo heute die Industrie und Wirtschaft blüht, keine industriellen Wüsten entstehen. Wir fordern von den Unternehmen ein klares Bekenntnis zum Standort Baden-Württemberg! Zugegeben, unsere Lohnkosten sind nicht die niedrigsten. Aber nirgends sind die Voraussetzungen für eine gute Zukunft der Automobilindustrie besser als bei uns.

Frage: Warum?

R.Z.: Weil bereits Know-How, Erfahrung, hohe Produktivität, Strukturen, Technologien und starke Forschungsinstitutionen sowie industrielle Netzwerke da sind. Aber wir müssen die guten Voraussetzungen nutzen und uns nicht auf den vergangenen Erfolgen ausruhen. Das sollte uns alle anspornen, weiterhin die besten Autos der Welt zu bauen. Warum sollten nicht auch in Zukunft die besten, jetzt digitalen und elektrisch angetriebenen, Autos auf der Welt aus Baden-Württemberg kommen?

Dazu brauchen wir aber aktive Unterstützung der Politik. Es kann nicht sein, dass wir uns mit Bürokratie lähmen, während auf der anderen Seite des großen Teichs die Fördergelder rausgehauen werden.

Frage: Experten der Branche sagen dagegen: Die deutschen Autos seien zu teuer und außerdem technisch, vor allem, was IT und Digitalisierung anbelangt, nicht ganz auf der Höhe der Zeit? Sie seien zu teuer! Was man beim deutschen Fahrzeug teuer dazukaufen müsse, sei bei asiatischen Anbietern schon drin. Was stimmt?

R.Z.: China hat sich zu einem entscheidenden Akteur in der Automobilbranche entwickelt, das konnte ich erneut bei der diesjährigen IAA feststellen. Anstelle der früheren Imitationen – oft von minderer Qualität – produzieren sie nun sensationell gute Elektroautos. Sie sind nicht nur wettbewerbsfähig, sie sind echte Game-Changer. Das setzt die deutsche Industrie natürlich unter Druck, keine Frage. Wir müssen schleunigst in der Batteriezellfertigung aufholen. Ohne mich zu sehr herauszustellen: Das predige ich schon seit Jahren. Und mit jedem Monat, in dem nichts oder zu wenig passiert, enteilen uns andere Autonationen weiter. Wir brauchen einen großen Wurf, eine starke europäische Batteriezellenstrategie. Das frühere Denken: Die Zellen sollen ruhig die Chinesen fertigen, wir werden sie dann billig zukaufen, entpuppt sich immer mehr als extrem großes Risiko.

Zugleich gibt es auch Hoffnungsschimmer. Mercedes-Benz hat in Kalifornien als erster Autobauer die Zulassung für den Level 3 des autonomen Fahrens erhalten. Bei Software gilt: Think Big!

Frage: Es ist notwendig, die Aufgabenverteilung zwischen OEMs und Zulieferern neu zu definieren: Wer übernimmt eigentlich welche Rolle?

R.Z.: Gemeinsam können wir robuste Infrastruktur, effiziente Batterien und ein top digitales Fahrerlebnis realisieren. Statt zu warten, sollten wir aktiv zusammenarbeiten.

Wenn industrielle Wertschöpfung unser Land verlässt, haben wir ein Riesenproblem. Unternehmen, Politik und Forschung rufe ich zu: Lasst uns mit den Beschäftigten zusammenkommen. Wir als IG Metall sind bereit.

Frage: Laufen wir bei den neuen Antriebstechnologien voraus oder hinterher?

R.Z.: Es ist kein Geheimnis, dass man beim Thema Elektromobilität etwas hinterherhinkte. Man hätte früher umschwenken müssen, der Trend war ja schon länger klar. Aber die Bemühungen der deutschen Unternehmen stellen finanziell und hinsichtlich des Umfangs der Neustrukturierungen die größten in ihrer Geschichte dar. Jetzt sollten diese Bemühungen in ehrgeizigen Projekten zur Herstellung von Batteriezellen sowie zur Produktion von Brennstoffzellen und Elektrolyseuren sichtbar werden. Insbesondere im Premiumsegment beobachten wir eine hohe Innovationskraft, besonders im Softwarebereich.

Wir müssen insgesamt das Fahrzeug noch stärker von der Software her denken. Diese Herausforderung wird mindestens so groß wie der Einzug der E-Mobilität. Wie entwickeln wir unsere Entwicklungsabteilungen für die Softwarerevolution weiter? Wie fördern wir digitale Kompetenzen sowohl in den Verwaltungen als auch in den Produktionsbereichen und integrieren sie kontinuierlich in schulische, berufliche und universitäre Bildungsprozesse?

Frage: Was ist aus Sicht der Gewerkschaften zu tun, damit die deutsche Industrie, besonders die Automobilindustrie, den Transformationsprozess erfolgreich bewältigt und damit auch die Arbeitsplätze für die Zukunft gesichert werden?

R.Z.: Auf der einen Seite gibt es Unternehmen, die sich aktiv in einer vielversprechenden Transformation befinden. Hier begleiten wir die Unternehmen mit einem wachen Auge und mit den Ideen der Beschäftigten; und wo nötig auch mit Kritik, wenn die Weiche falsch gestellt wird.

In anderen Fällen müssen wir nochmal zusätzlich aktiv werden. Denn zu häufig geht die Transformation in eine gänzlich falsche Richtung. Unternehmen werden zurückgebaut oder die Zukunft woanders angesiedelt. Und in zu vielen Fällen sehen wir, dass eine Transformation gänzlich ausbleibt. Hier fordern wir die Unternehmensleitung dazu auf, eine klare Strategie für die Zukunft zu entwickeln und beteiligen uns hier auch mit den Ideen und Vorschlägen der Beschäftigten. Diese Strategien können nicht mehr nur aktuelle Geschäftsbereiche abdecken, sondern auch neue Möglichkeiten wie Elektroantriebe berücksichtigen oder zusätzlich auch in neue Geschäftsfelder jenseits von Automotive vordringen.

Viele Betriebsrät:innen engagieren sich bereits jetzt, indem sie eigene Ideen entwickeln und mit uns in die Unternehmensentscheidungen einbringen. Wir lassen diesen Wandel nicht einfach passieren. Die Beschäftigten sollten auch ein Mitspracherecht bei der Entwicklung von Geschäftsmodellen haben. Das hilft, Risiken zu minimieren und Chancen zu maximieren. Es gibt bereits Vorschläge zur Änderung des Betriebsverfassungsrechts, um die Mitbestimmung bei der Sicherung von Arbeitsplätzen und Standorten sowie bei der Weiterbildung zu stärken.

Leider haben nicht alle Unternehmen die Wichtigkeit und Dringlichkeit der Veränderungen im Mobilitätssektor erkannt. Einige sind unsicher oder zögern, was wir uns nicht mehr leisten können. Es ist wichtig, neue Ideen und Strategien zu entwickeln, um Arbeitsplätze und Standorte zu sichern. Wir gehen da aktiv als IG Metall in die Betriebe um dabei zu unterstützen, wie beispielsweise mit unserem Format »Zukunfts-Check«.

Kürzlich ist es uns gelungen, Zukunftstarifverträge mit Bosch und Mahle erfolgreich zu verhandeln. Neben weitreichender Beschäftigungssicherung wird durch diese Tarifverträge ein Gestaltungsspielraum für Standortleitun-

gen und Betriebsratsgremien und Beschäftigte aufge-
spannt: Wir wollen unser Schicksal selbst in die Hand
nehmen und eine neue Dynamik entfachen zur Weiterentwicklung des Autolands Baden-Württemberg. Wir können
auch grün. Wer, wenn nicht wir. So kombinieren wir Sicherheit mit Dynamik. Genau das brauchen wir jetzt in
diesen turbulenten Zeiten. Wir wollen die Industrie in Baden-Württemberg in die Zukunft führen und uns nicht
rückwärtsgewandt mit dem Status Quo zufriedengeben.

Lässt sich eigentlich das Fliegen in Einklang mit Klimaschutz bringen?

Matthias von Randow

»Fliegen ist in Einklang mit dem Klimaschutz zu bringen«,
betont Matthias von Randow, Hauptgeschäftsführer des Bun-
desverbands der Deutschen Luftverkehrswirtschaft (BDL). Er
prognostiziert, dass bald vollelektrische Kleinflugzeuge im
Regionalverkehr eingesetzt werden. Für das Fliegen mit mehr
Passagieren und größeren Reichweiten müsse aber das fossi-
le Kerosin rasch durch nachhaltige Flugkraftstoffe (SAF,
Sustainable Air Fuels) ersetzt werden.

Im Luftverkehr lässt sich nach Überwindung der Pandemie feststellen: Geschäfts- und Urlaubsreisen haben sehr rasch wieder zugenommen und im Kontext der Zunahme weltweiter Migration gewinnt auch das Verkehrssegment von Freundschafts- und Familienbesuchen, *Visiting Friends and Relatives*, deutlich an Bedeutung. Während der Covid-Pandemie haben wir zwar alle miteinander gelernt, wie hilfreich virtuelle Begegnungen und virtuelle Kommunikation sind. Aber diese Erfahrungen haben uns zugleich gezeigt, wie wichtig reale Begegnungen sind: privat und geschäftlich.

Das Fliegen befördert die Internationalisierung von Politik, Wissenschaft, Kultur, Sport und diese wichtige Funktion des Luftverkehrs wird nicht weniger, sondern nimmt sogar zu. Oder anders ausgedrückt: Das Fliegen ist die Verkehrsinfrastruktur der Globalisierung, das Fliegen ist das physische World Wide Web. Gerade deswegen ist es so wichtig, dass wir daran arbeiten, das Fliegen in Einklang mit dem Klimaschutz zu bringen.

Die gesellschaftliche Debatte über den Klimaschutz nimmt weiter zu an Aufmerksamkeit und Engagement. Ich habe aber den Eindruck, dass sich gleichzeitig die Auseinandersetzung über die richtigen Wege zunehmend polarisiert. Dies sehe ich in der Klimadebatte insgesamt wie auch in der Diskussion über Klimaschutz in der Luftfahrt: Auf der einen Seite stehen die Bestrebungen von Politikern und Vertretern aus Wissenschaft, Industrie und Zivilgesellschaft, den Klimaschutz durch das verstärkte Mobilisieren von technologischen Innovationen und mit einer möglichst marktkonformen Regulierung voranzubringen. In diesem Sinne haben auch die Luftfahrtindustrie und die Luftverkehrswirtschaft in den vergangenen Jahren ihre Investitionen in Technologien und klimaoptimierte Ausgestaltung des Luftverkehrs verstärkt.

Nicht die Frage des »Ob« sondern Fragen des »Wie« leiten dabei ihre Initiative. Ob es um die Entwicklung immer emissionsärmerer Flugzeuge geht, den Ersatz fossilen Kerosins durch nachhaltige Kraftstoffe, eine geeignete CO_2-Bepreisung, die Verlagerung von Kurzstreckenverkehr auf die Schiene oder auch um den klimaneutralen Betrieb der Flughäfen – an allen diesen Vorhaben arbeitet die Luftfahrt mit zunehmendem Engagement und erheblichen Investitionen. Da, wo wesentliche Akteure der Luftfahrt sich für eine Ausgewogenheit bei Bepreisung und Besteuerung des Luftverkehrs einsetzen, unterstreichen sie, dass auch sie »Billig-Preise« im Luftverkehr für nicht zukunftsfähig ansehen und es vielmehr um die Sicherstellung einer wettbewerbsneutralen Regulierung und die Vermeidung von *Carbon Leakage* geht. Auf der anderen Seite der Debatte gewinnt zunehmend das Engagement für eine gänzlich andere Lebensweise Anhänger, eine Lebensweise, die von einem Ausstieg aus

Globalisierung und industrieller Entwicklung geprägt ist. Die Bewegung dieser Klima-Aktivisten steht Klimaschutzkonzepten, die vor allem auf technologische Innovationen und Globalisierung setzt, skeptisch bis zunehmend hart ablehnend gegenüber. Während Bewegungen wie *Fridays for future* mit fantasievollen Demonstrationen und im Wege des friedlichen Diskurses vor allem Aufmerksamkeit auf die große Dringlichkeit eines radikalen Klimaschutzes und eine andere Lebensweise lenken wollen und dafür große öffentliche Wahrnehmung und viel Zuspruch erfahren, radikalisieren sich andere Klima-Aktivistinnen und -aktivisten, die auch mit zunehmend kriminellen Aktionen in die wirtschaftliche Funktionsfähigkeit der Gesellschaft eingreifen.

In der gesellschaftlichen Debatte über den Klimaschutz unterscheiden sich diese Positionen inhaltlich fundamental und stehen sich zunehmend unversöhnlich gegenüber: hier die Arbeit an innovativen Techniken und Verfahren zur Dekarbonisierung oder Defossilisierung und dort die Forderung nach Ausstieg aus der Industriegesellschaft und Einstieg in eine andere Lebensweise. Dabei trägt der immer rauer werdende Ton in sozialen Medien dazu bei, dass ein Austausch von Argumenten und Ideen im Alltag eher erschwert wird.

Auf Einladung des »Kölner Stadtanzeigers« hatte ich im Sommer 2021 Gelegenheit zu einem längeren Gespräch mit der damaligen Pressesprecherin der »Fridays for Future«-Bewegung, ein Gespräch das anschließend vollständig veröffentlicht wurde. Mir ist noch sehr erinnerlich, wie die junge Pressesprecherin damals sagte: »Technische Lösungen werden die Emissionen auch langfristig (!) nicht ausreichend reduzieren können. Es ist wissenschaftlich nachgewiesen, dass das nicht schnell genug kommen wird. Also braucht es einen strukturellen Rückbau des Flugverkehrs. Der einzige wirkungsvolle Hebel ist die drastische Reduzierung des Flugverkehrs.«

Ich verstehe, dass gerade Menschen der jüngeren Generation mit zunehmend großer Ungeduld auf die Absichtserklärungen von Politik und Wirtschaft zum Klimaschutz schauen. Sie wachsen in einer Welt auf, in der der Klimawandel von vielen Seiten zwar als das fundamentale gesellschaftliche Problem unserer Zeit bezeichnet wird, sie aber Fortschritte beim Klimaschutz nicht mit der gleichen zeitlichen Dringlichkeit vorangebracht sehen. Sie verstehen sich daher als eventuell letzte Generation, die den Klimawandel aufhalten oder zumindest insofern begrenzen kann, damit die Menschheit den Planeten noch in lebenswerten Verhältnissen bewohnen kann.

In der Gesellschaft gibt es jedoch bei Weitem keinen Konsens darüber, für schnelle Einsparungen bei den Treibhausgasemissionen auf Reisen oder Komfort wie eine geheizte Wohnung zu verzichten. Im Gegenteil: Weltweit wachsende Gruppen verlangen nach mehr Mobilität und steigendem Wohlstand. Nur eine Minderheit ist zu radikalen Einschränkungen ihrer Lebensweise bereit. Zudem hat sich als Lehre aus den Corona-Lockdowns gezeigt, dass die weitgehende Stilllegung des öffentlichen und gesellschaftlichen Lebens nicht als akzeptiertes Instrument für mehr Klimaschutz angesehen wird. Vor dem Hintergrund dieser Herausforderungen sehen wir als Luftverkehrsbranche für eine rasche, effektive und nachhaltige Transformation der Luftfahrt vor allem folgende vier Maßnahmenpakete: die Erneuerung der Flugzeug-Flotten, den Markthochlauf von nachhaltigen Kraftstoffen, den wettbewerbsneutralen Einsatz der CO_2-Bepreisung und die Optimierung der Flugführung.

Schon heute technologische Innovationen für klimaoptimierte Flugzeuge nutzen

Die Luft- und Raumfahrtindustrie steht mit einer Forschungsquote von nahezu 10 % an der Spitze der forschenden Branchen in Deutschland. Dabei zielen mehr als 90 % dieser Investitionen darauf ab, dass Emissionen (Treibhausgase, Lärm) gesenkt werden. Neue Materialien, leichtere Flugzeuge, deutlich verbesserte und neue Antriebe sowie regenerativ erzeugte Treibstoffe führen zu deutlich weniger Treibhausgasemissionen.

Die Einführung neuer, emissionsarmer Flugzeuge ist seit Jahrzehnten und bis heute noch das wirksamste Instrument für eine ökologische Transformation. Mit den Investitionen in neue energieeffizientere Flugzeuge haben unsere Fluggesellschaften die Treibhausgasemissionen ihrer Flugzeugflotten seit 1990 um 43 % senken können. Hierzu bedurfte es keiner gesetzlichen Auflagen, entscheidend war und ist die Tatsache, dass Treibstoffkosten rund ein Drittel der Kosten des Luftverkehrs ausmachen. Da es sich bei den Treibstoffpreisen um weitgehend einheitliche Weltmarktpreise handelt, besteht alleine dadurch ein riesiger Anreiz, mit Investitionen in energieeffiziente Flugzeuge einen Wettbewerbsvorteil zu erreichen.

Bereits in den kommenden Jahren werden voraussichtlich erste vollelektrische Kleinflugzeuge im Regionalverkehr (bis neun Passagiere und 400 km) Menschen und Güter befördern. Für mehr Passagiere und größere Reichweiten auf der Kurzstrecke sind hybride Antriebe von Nöten. Größte Herausforderung bei derartigen Antrieben ist das Leistungsgewicht, bei gleichzeitiger hoher Energiedichte.

Der Löwenanteil der Treibhausgasemissionen (ca. 75%) des Luftverkehrs entsteht allerdings auf Strecken über 1.500 km. Auf der Mittelstrecke (500 bis 2.000 km und 50 bis 150 Passagiere) könnten in Zukunft Flugzeuge mit Wasserstoff betrieben werden, was allerdings die größten Umwälzungen in der Industrie erfordert. Denn der Treibstoff muss bei -253°C im Flugzeug gelagert werden, wodurch sich eine veränderte Aerodynamik und neues Design ergibt. Gleichzeitig müsste die Infrastruktur am Boden an diese neuen Gegebenheiten angepasst werden. Vor diesem Hintergrund ist nachvollziehbar, dass es auf der Langstrecke für eine weitgehende Dekarbonisierung des Fliegens vor allem auf den Ersatz des fossilen Kerosins durch nachhaltige Flugkraftstoffe (SAF) ankommt.

Künftig fossiles Kerosin durch nachhaltigen Kraftstoff ersetzen

Das langfristig wirksamste Potenzial für das klimaneutrale Fliegen ist der Ersatz von fossilem Kerosin durch nachhaltigen Flugkraftstoff (SAF). Diese SAF verhalten sich technisch wie herkömmliches Kerosin, haben aber sehr positive Effekte für den Klimaschutz: Sie verursachen bis zu 80% weniger CO_2 und reduzieren darüber hinaus deutlich Rußpartikel und Zirrenbildung, vermindern somit durch letzteres in erheblichem Umfang auch Non-CO_2-Effekte. Nach den Forschungsergebnissen des Deutschen Zentrums für Luft- und Raumfahrt (DLR) ist die Nutzung von SAF der entscheidende Faktor für die Trendumkehr bei den CO_2-Emissionen der Luftfahrt.

Der notwendige Einsatz von klimaneutralen Treibstoffen kann vor allem durch die Einführung einer geeigneten

Beimischungsquote erfolgen, die auf diesem Weg einen Markt für die nachhaltigen Treibstoffe schafft. Diesen Weg geht die EU im Rahmen ihrer Fit-for-55-Gesetzgebung mit der verpflichtenden Beimischung von SAF bei der Betankung an europäischen Flughäfen. Die Quote richtet sich an die Unternehmen, die Kraftstoffe in den Markt bringen, also etwa Mineralölunternehmen. Die Beimischungsquote soll schrittweise ansteigen. Für strombasierte Power-to-Liquid-Kraftstoffe (PtL) soll eine Unterquote gelten, die ebenfalls anwächst.

Die Herausforderung bei dieser gesetzlichen Regulierung von Beimischungsquoten besteht darin, dass diese Beimischungsquoten nur an europäischen Flughäfen gelten. Denn damit einher gehen massive Wettbewerbsverzerrungen und klimapolitisch kontraproduktives »Carbon Leakage«. Warum ist das so und welche Vorkehrungen müssen deswegen getroffen werden?

Kraftstoff macht rund ein Drittel der Gesamtkosten eines Fluges aus. Eine verpflichtende Beimischungsquote von SAF, die um ein Vielfaches teurer sind als fossiles Kerosin, führt daher zwingend zu höheren Flugpreisen. Auf Flugreisen von der EU zu internationalen Flugzielen außerhalb der EU können Fluggäste zwischen zahlreichen EU-Fluggesellschaften und Nicht-EU-Fluggesellschaften wählen. Auf einer Reise beispielsweise nach Hongkong führen EU-Fluggesellschaften ihre Passagiere über ihre Drehkreuzflughäfen innerhalb der EU (z.B. Lufthansa über Frankfurt oder München). Hingegen bringen Nicht-EU-Fluggesellschaften ihre Fluggäste aus der EU über ihre heimischen Drehkreuze außerhalb der EU (z.B. Turkish Airlines über Istanbul, Emirates über Dubai etc.) nach Asien oder Afrika. Die von der EU-Gesetzgebung vorgesehene

Beimischungsquote besteht aber nur für Flüge ab Flughäfen in der EU. Drehkreuze außerhalb der EU sind nicht von der SAF-Quote betroffen. Dadurch werden Nicht-EU-Fluggesellschaften entsprechend günstigere Tickets anbieten können als ihre europäischen Wettbewerber. Damit würde Fit-for-55 zu einem Förderprogramm von Nicht-EU-Airlines und Nicht-EU-Drehkreuzen – zu Lasten der europäischen Unternehmen. Und aufgrund dieser Passagierstromverlagerungen würden auch keine CO_2-Emissionen eingespart, sondern lediglich in andere Regionen der Welt verlagert. Von diesem Carbon-Leakage-Risiko wären jährlich über 550.000 Flüge bzw. 96 % der jährlichen Reisen zwischen der EU und Asien, Afrika und Ozeanien betroffen.

Damit also das wichtige Vorhaben der EU zur Einführung von SAF-Beimischungsquoten nicht klimapolitisch kontraproduktiv wird, bedarf es konkreter Maßnahmen: Nur durch eine Förderung, die den SAF-Hochlauf systematisch ankurbelt und die Mehrkosten von SAF für die Nutzer ausgleicht, kann die Verlagerung von CO_2-Emissionen in Nicht-EU-Länder verhindert werden. Deswegen begrüßen wir, dass die EU-Gesetzgebung eine Review-Klausel vorsieht, der zufolge die Kommission verpflichtet ist, die Auswirkungen von ReFuelEU auf den Luftverkehr zu evaluieren und zu bewerten. Damit diese Review-Klausel einen echten Beitrag für mehr Klimaschutz leisten kann, ist es jedoch notwendig, dass die EU-Kommission bereits jetzt konkrete Maßnahmen erarbeitet, um die Verlagerung von Emissionen und Wettbewerbsverzerrungen zu verhindern. Nur dann können solche auch kurzfristig umgesetzt werden und wirken.

**Mit marktbasierten Instrumenten der CO_2-Bepreisung
eine temporäre Brücke bis zur
technologischen Klimaneutralität bauen**

Trotz der erheblichen Anstrengungen wird durch die hier beschriebenen technologischen Innovationen am Flugzeug und den Ersatz des fossilen Kerosins das klimaneutrale Fliegen nur über einen langen Zeitraum erreichbar sein. Auf dem Weg zur Erreichung des Zieles wird es daher weiterhin nötig sein, bis dahin mit Instrumenten der CO_2-Bepreisung eine klimapolitische Brücke zur Reduktion der Emissionen zu haben.

Eine Brücke wäre es, wenn die Fluggäste die bestehenden Angebote der Fluggesellschaften für die CO_2-Kompensierung ihres jeweiligen Fluges gegen einen Aufpreis zu nutzen z.B. indem die Fluggesellschaft dann für den spezifischen Treibstoffverbrauch des jeweiligen Passagiers bereits nachhaltigen Kraftstoff tankt. Es wäre wünschenswert, wenn diese bereits bestehenden Möglichkeiten stärker praktiziert würden, aber nur wenige Passagier tun dies. Eine viel größere Brücke besteht aber bereits: Mit der Einbeziehung des Luftverkehrs in den europäischen Emissionshandel (ETS) und der Kompensation wachstumsbedingter Emissionen im internationalen Verkehr (CORSIA) sind im Luftverkehr sehr viel umfangreichere und systematische CO_2-Begrenzungsinstrumente bereits heute realisiert.

Allerdings gilt auch hier, dass zur Vermeidung von *Carbon Leakage* diese Instrumente wettbewerbsneutral ausgestaltet sein müssen: Zubringerpassagiere im internationalen Umsteigeverkehr, die über EU-Flughäfen reisen, müssen genauso behandelt werden wie Zubringerpassagiere, die über Nicht-EU-Flughäfen reisen. Darüber hinaus sollten die

ETS-Einnahmen aus dem Flugverkehr zweckgebunden für die Dekarbonisierung des Luftverkehrs verwendet werden, etwa für den Ausgleich von Mehrkosten der nachhaltigen Kraftstoffe.

Non- CO_2-Effekte des Luftverkehrs mit einer klimaoptimierten Flugführung reduzieren

Kondensstreifen, die in unter bestimmten meteorologischen Bedingungen entstehen, stellen als größter sog. Non-CO_2-Effekt des Luftverkehrs einen bedeutenden Anteil an den klimawirksamen Emissionen des Luftverkehrs dar. Die genaue Größenordnung dieser Non-CO_2-Effekte ist schwierig zu bestimmen, da sie von verschiedenen Faktoren wie Flughöhe, Flugzeugtyp und Wetterbedingungen abhängen. Nach aktuellem Stand der Wissenschaft kann man aber davon ausgehen, dass sie größer sind als die CO_2-Effekte. Mit einer entsprechenden Flugführung, bei der Gebiete mit entsprechenden meteorologischen Bedingungen umflogen werden, lässt sich die Bildung von Kondensstreifen reduzieren.

Wesentliche wissenschaftliche Grundlagen hierzu werden derzeit in dem vom DLR durchgeführten Projekt D-KULT (Demonstrator Klima- und Umweltfreundlicher Lufttransport) erarbeitet. Ziel des Projekts ist es, Techniken und Verfahren (inkl. Flugplanungssystemen) zur Vermeidung von langlebigen Kondensstreifen/Zirren zu entwickeln und Vorschläge zu erarbeiten, wie ggf. eine internationale Regulierung für eine solche Flugführung aussehen könnte. Luftfahrtindustrie und Luftverkehrswirtschaft sind an dem Projekt maßgeblich beteiligt.

Ist die Vermeidung von Verkehr kein Instrument für den Klimaschutz?

Wie die Erfahrungen der letzten Jahre zeigen, sind Reisende gewillt, Alternativen zum Flugverkehr zu nutzen. Dies gilt vor allem für kurze Strecken, bei denen zumindest in Deutschland zunehmend Angebote der Bahn genutzt werden. Bahn und Luftverkehrsunternehmen optimieren seit Jahren das Verkehrsangebot, um mehr Reisenden ein gutes intermodales Angebot auf der Schiene zu ermöglichen. 2021 haben Luftverkehrswirtschaft und Deutsche Bahn mit einem gemeinsamen Aktionsplan diese Aktivitäten nochmals verstärkt. Und während der Luftverkehr nach der Covid-Pandemie insgesamt wieder nahe an das Niveau von 2019 herankommt, beträgt das Sitzplatzangebot der Fluggesellschaften im innerdeutschen Verkehr im Sommer 2023 nur noch etwas mehr als 50 % von 2019. Auch werden heute zahlreiche Reisen dadurch vermieden, dass Menschen seit der Pandemie vermehrt die Möglichkeit zu virtuellen Meetings nutzen. Klimaschutz durch Verkehrsvermeidung ist also durchaus ein Ansatz.

Unter Klimaschutzgesichtspunkten muss allerdings ebenso bedacht werden: Zum einen beträgt der Anteil der CO_2-Emissionen des innerdeutschen Luftverkehrs an den gesamten in Deutschland ausgestoßenen CO_2-Emissionen nur 0,3 %. Und zum anderen wissen wir längst, dass auch das Internet, also auch die virtuelle Kommunikation, einen deutlichen Klima-Footprint hat. Schon heute sind die CO_2-Emissionen des Internets mehr als die des weltweiten Luftverkehrs. Außerdem: Die Klimaeffekte des Luftverkehrs entstehen vor allem durch Flüge über lange Distanzen, denn hierbei entstehen mit Abstand die meisten Emissionen. Auf langen Strecken ist das Flugzeug aber nicht durch andere Verkehrsträger ersetzbar. Angesichts der weltweit eher zunehmenden Nachfrage nach internationaler Mobilität sehe ich deswegen nicht Beschränkungen des Luftverkehrs, sondern die hier vorgestellten Instrumente für das klimaneutrale Fliegen als wirkungsvollste Maßnahme für den Klimaschutz im Luftverkehr.

Antriebswende in der Luftfahrt

Josef Kallo

Prof. Dr.-Ing. Josef Kallo, Mitbegründer von H2FLY, versteht die Luftfahrt als ein perfekt ausgebautes System, aus welchem nun die fossilen Brennstoffe dringend herausgenommen werden müssen. Als Alternativen diskutiert er die elektrische Energie aus Batterien, synthetisches Kerosin und Wasserstoff, wobei die Wasserstoffbrennstoffzelle wahrscheinlich das Rennen machen werde. Es brauche gewaltige Investitionen für die großen Mengen an erneuerbaren Energien.

Je nach Berechnungsweise ist die Luftfahrt mit 2–4 % der weltweiten Treibhausgasemissionen (CO_2, Wasserdampf, Stickoxyde, Rußpartikel, etc.) ein kleiner Player in der Riege der Nutzer fossiler Energieträger. Die Tendenz ist jedoch stark steigend. Gut ausgebaute Flughafeninfrastruktur, eine sehr hohe technologische Reife und Zuverlässigkeit der Kerosin-Gasturbinenantriebe, die Nutzung sehr leichter, jedoch sehr fester Materialien im Flugzeugbau, komfortable und leise Flugzeuge und letztendlich der sehr einfache Buchungsprozess einer Flugreise tragen dazu bei, dass der Luftverkehr stark zunehmen wird. Der Haupttreiber dieses Wachstums ist darüber hinaus die Verfügbarkeit billiger fossiler Energieträger (Kerosin). Kaum ein Treibstoffsystem kann mehr Energieinhalt pro kg Tanksystemmasse speichern als ein konventioneller Flugzeugtank.

Zusammengefasst kann festgestellt werden, dass das Verkehrssystem Luftfahrt bereits wirtschaftlich optimiert ist. Die vorhandene Infrastruktur ist gut reguliert und simpel. Sehr hohe Sicherheitsstandards werden am Boden und in der Luft eingehalten, sodass die Luftfahrtreise sicher absolviert werden kann für einen relativ niedrigen Preis pro km.

Im Zuge der Dekarbonisierung des gesamten Verkehrs soll nun das fossile Kerosin und die daraus resultierende Verbrennung aus der optimierten Gleichung des Luftverkehrs herausgenommen werden. Im Grunde müssen damit nicht nur die neue Treibstofffrage aus erneuerbaren Energien, sondern auch alle damit zusammenhängenden technologischen, antriebstechnischen, regulatorischen und wirtschaftlichen Fragen beleuchtet werden.

Als Alternativen für das fossile Kerosin stehen aktuell die elektrische Energie aus Batterien, synthetisches Kerosin und Wasserstoff zur Debatte. Unterteilt werden muss die Nutzung dieser Treibstoffe auch noch in zwei Kategorien. Auf der einen Seite stehen die Megawatt leistenden Antriebe mit einem elektrischen Motor und auf der anderen Seite die Verbrennungskraftmaschine (Gasturbine) mit direkter Verbrennung des Treibstoffes. Für den elektrischen Motor kommen als Energiequelle die Batterie oder eine Brennstoffzelle in Frage. Für die Gasturbine steht die direkte Verbrennung von Wasserstoff oder synthetischem Kerosin zur Auswahl. Betrachten wir die unterschiedlichen Pfade.

Das einfachste System aus Batterie und Elektromotor nutzt direkt die elektrische Energie aus einer Batterie mit einer hohen Effizienz von bis zu 80 %. Betankt, oder besser gesagt aufgeladen werden müsste die Batterie im Flugzeug aus einer leistungsfähigen elektrischen Energiequelle am Boden, die in der Zeit zwischen den Flügen die gesamte Energie, die für den gesamten Flug benötigt wird, elektrisch wieder in die Bordbatterien fließen lässt. Anforderungen an das Batteriesystem sind damit sehr hohe Energiedichte und gleichzeitig sehr hohe Leistungsdichte. Die Toleranz des Arbeitstemperaturfensters muss hoch sein, sprich, die Batterie muss bei stark unterschiedlichen Temperaturen gute Leistungsabgabe nachweisen und mit Überhitzung klarkommen. Ein weiterer wichtiger Punkt ist die Toleranz des Batteriesystems gegenüber dem »thermischen Runaway«, übersetzt bedeutet das, dass auch wenn eine oder mehrere Batteriezellen zu brennen beginnen, das Gesamtsystem nicht komplett in Brand geraten darf. Müssen all diese Bedingungen gleichzeitig berücksichtigt werden, so ist mit heutiger Batterietechnologie eine Energiedichte im System von ca. 230 Wh/kg machbar. Das reicht gut für kleine Passagierflugzeuge oder elektrisch angetriebene Senkrechtstarter mit bis zu 6 oder 8 Passagieren für eine Reichweite von 100 bis 200 km.

Diese Art eines Antriebes kann einen interessanten Markt für flexiblen, schnellen und komfortablen Personen- und Warentransport initiieren. Wer hat nicht schon darüber nachgedacht, dem morgendlichen Stau zu entkommen und leise in der dritten Dimension alle Protagonisten des terrestrischen Verkehrs fliegend zu überholen. Der dadurch aktivierte Markt für Air-Taxis könnte schon mit wenigen Einheiten sehr lukrativ werden, leise wären die Antreibe allemal, ob jedoch in Deutschland die Akzeptanz der breiten Bevölkerung dafür gegeben wäre, ist abzuwarten. Um jedoch die hohe Transportkapazität, wie heute in der Luftfahrt gängig, realisieren zu können, werden Flugzeuge mit mindestens 40–80 Passagieren, besser 130 bis 200 Passagiere auf der Kurz- und Mittelstrecke (300–4.000 km) und mit 250–500 Passagieren auf der Langstrecke (4.000-12.000 km) benötigt werden.

Ein Batterieantrieb ist für diese letztgenannten Antriebsklassen heute außer Reichweite. Eine fiktive Grenze in der Energiedichte von 1.200 Wh/kg für den elektrischen Energiewandler (Batteriesystem) müsste überschritten werden, um den Einstieg in die Kurzstrecke mit bekannten Flugzeugkonzepten bis 800 km zu ermöglichen.

Als nächsten erneuerbar hergestellten Treibstoff betrachten wir Wasserstoff. Genauer gesagt, das Konzept der Wasserstoffspeicherung als mögliche Treibstoffspeicherung muss näher betrachtet werden, um die Dichte der an Bord befindlichen Energie zu steigern. Der Wasserstoff kann sowohl als gasförmiger als auch als flüssiger, kryogener Wasserstoff[77] an Bord des Flugzeugs gespeichert werden und hat als Treibstoff einen Energieinhalt von ca. 33.000 Wh/kg. Das ist dreimal so hoch wie die in einem Kilogramm Kerosin gespeicherte Energie und Größenordnungen besser als die Energie, die in Batteriesystemen gespeichert werden kann.

Die chemische Energie des Treibstoffs Wasserstoff kann in einer Brennstoffzelle an Bord direkt in elektrische Energie umgewandelt werden (elektrochemische Wandlung), um ebenfalls einen elektrischen Antriebsmotor (mit Propeller oder Turbofan) zu betreiben oder direkt in einer Gasturbine verbrannt zu werden und Antriebsenergie bereitzustellen. Ohne auf Details der zwei unterschiedlichen Technologiepfade einzugehen, lässt sich mit einem gut isolierten Flüssigwasserstofftank kombiniert in einer heute gängigen Flugzeugkonfiguration mit zylinderförmigem Passagierraum und einem Hauptflügel eine Reichweite von ca. 70 % der mit Kerosin betriebenen Flugzeuge erreichen. Übersetzt bedeutet das, dass auch Interkontinentalflüge mit bis zu 8.000 km realisiert werden können.

Arbeiten am Deutschen Zentrum für Luft- und Raumfahrt in Stuttgart zusammen mit der Universität Ulm und dem in Stuttgart ansässigen Unternehmen H2FLY haben bereits gezeigt, dass im kleinen Maßstab (4 Passagiere) wasserstoffelektrische Antriebssysteme realisiert werden können. Gegenwärtig arbeiten in Europa eine ganze Reihe von Start-Ups, Gasturbinenherstellern und Flugzeugbauern an der Speicherung von Wasserstoff im Flugzeug und seiner Nutzung für den Antrieb. Nehmen wir drei Hauptherausforderungen beispielhaft heraus (H_2-Speicherung, H_2-Nutzung in Brennstoffzelle, Direktverbrennung von Wasserstoff) und betrachten wir diese etwas näher.

Bei der Speicherung von flüssigem Wasserstoff im Flugzeug fällt das nachteilige größere Volumen des Wasserstoffspeichers im Vergleich zum klassischen fossilen Kerosintank auf. Darüber hinaus müssen die Wasserstofftanks auch etwas fester und aufwändiger gebaut werden und weisen nicht die hohe Formflexibilität der klassischen Flugzeugtanks auf.

Übersetzt bedeutet dies, dass die Hauptflügel des Flugzeuges nicht die gleiche Energiemenge aufnehmen können und der Rumpf zu Lasten der Passagieranzahl teilweise als zusätzliches Tankvolumen genutzt werden muss. Das beißt sich mit den heutigen technologisch, wirtschaftlich, aerodynamisch, steuerungstechnisch, regulatorisch optimierten (Zylinder-) Rumpfflügelflugzeugkonfigurationen. Eine Nurflügelkonfiguration wie aus der sehr effizient fliegenden militärischen Northrop B2 oder unterschiedlichen hocheffizienten »Blended Wing Body« (BWB) Konfigurationen, bei denen die sehr breite Kabine fließend in den Flügel übergeht, würden nicht nur den volumetrischen Passagierkomfort erhöhen, sondern ermöglichen auch die Fähigkeit, große Mengen an Wasserstoff zu speichern. Zugegeben, die Umstellung auf die fertigungstechnisch aufwändigere Nurflügelkonfiguration wird in den ersten

Zyklen nicht die (finanziellen) Kosten heutiger Rumpf-Flügel-Konfigurationen schlagen können. Wenn jedoch in Betracht gezogen wird, dass die erneuerbar bereitgestellte Kilowattstunde (primäre Energieeinheit für die Herstellung von Wasserstoff) die weltweite Währungseinheit der Zukunft wird, so sieht die Rechnung für das Gesamtsystem Luftfahrt von der notwendigen erneuerbaren Bereitstellung der Energie über die Treibstoffherstellung und -speicherung, der sehr effizienten Nutzung während des Fluges etwas anders als heute aus.

Jede Wattstunde (kleine Energieeinheit), die eingespart werden kann, hat auf das Gesamtsystem einen großen Einfluss. So werden beispielsweise in einer groben Betrachtung des europäischen Luftverkehrs für alle Streckenlängen von bis zu 2.000 km ca. 215 Terrawattstunden (sehr große Energiemengen) Energie im kumulierten Gesamtjahresverbrauch im Flugzeug benötigt. Um diese Energie in Form von Wasserstoff als Treibstoff pro Jahr bereitstellen zu können, inkl. den Herstellungs- und Speicherverlusten, wären Neuinvestitionen von ca. 300 Milliarden Euro für einen sehr großen Solar- und Windparkmix notwendig. (Als einfacher Vergleich: Die heutige installierte erneuerbare Kraftwerksleistung in Deutschland müsste knapp verdoppelt werden.) Wenn anhand der effizienteren Flugzeugkonfigurationen (BWB) 20–30 % des Energieeinsatzes eingespart werden könnte, wäre der finanzielle Hebel im Gesamtsystem groß.

Als kleine Fußnote sei erwähnt, dass die Investitionen für die Bereitstellung der erneuerbaren Energie und die Rückgewinnung von CO_2 aus der Luft für die Herstellung von synthetischem Kerosin für die gleiche Mission mit ca. 700 Milliarden Euro zu Buche schlagen würde. Ausgehend von dem Wasserstoffspeicher muss zusammengefasst die maximal effiziente Flugzeugkonfiguration und die maximal effiziente Bereitstellung und Speicherung eines Treibstoffes (Wasserstoff) in Betracht gezogen werden.

Die zweite Herausforderung kommt aus den Bereichen der Brennstoffzelle und des elektrischen Antriebes. Die Brennstoffzelle wandelt ähnlich wie in einer Batterie direkt chemische in elektrische Energie um. Der große Unterschied ist jedoch, solange Wasserstoff aus einem Tank und genügend Luft der elektrochemischen Reaktion hinzugefügt wird, solange wird elektrische Energie bereitgestellt. Das ermöglicht große Reichweiten. Nun ist der Betrieb einer Brennstoffzelle sehr leise im Vergleich zu einer Gasturbine, gekoppelt mit einem elektrischen Motor mit hohem Drehmoment und niedriger Umdrehungszahl kann ein Propellerantrieb um bis zu 20 Dezibel (dBa) leiser betrieben werden. Bei der Transformation weg von fossilen Energieträgern hin zum erneuerbaren, elektrischen Wasserstoffantrieb mit Brennstoffzelle wäre die Lärmproblematik in der Nähe des Flughafens Stuttgart minimiert. Die heutige Herausforderung liegt jedoch darin, dass solche Antriebe im 100-kW-Leistungsbereich bereits gut untersucht und verhältnismäßig gut verfügbar wären.

Um Transportleistung in einem Passagierflugzeug mit 40–80 Sitzen zu realisieren und um die Leistungskennwerte zu verbessern, müsste die Brennstoffzellenantriebsleistung auf 2-4 Megawatt hochskaliert werden. Die heutige Technologie steckt in dem funktionellen Nachweis dieser Hochskalierung, Komponenten sind noch nicht verfügbar, flugzeugtechnische Regularien dafür noch nicht vorhanden. Erstaunlich ist zu sehen, dass Flugzeug-OEMs sich in diesem Bereich stark engagieren. Das Rennen um die frühe

Sicherung von IP (intelectual property) ist eröffnet, die klassische Aufteilung der Aufgaben zwischen Flugzeug-OEM und Triebwerkshersteller scheint in Bewegung zu geraten. Welchen Einfluss diese Dynamik auf Fertigungskapazität und auf die Verteilung der Arbeitsplätze in dem jeweiligen Sektor haben wird, ist noch nicht abzusehen. Was aus der langjährigen Erfahrung mit der Brennstoffzellentechnologie und dem elektrischen Antrieb jedoch festzustellen ist: Nur eine weit engere partnerschaftliche Entwicklung des Antriebsherstellers mit dem Flugzeug-OEM auf Augenhöhe wird zu einem gesamtzugelassenen, qualifizierten wasserstoffelektrischen Flugzeugsystem führen. Wären darüber hinaus Visionen öfters erlaubt, so wäre sogar ein Flugzeug-OEM als Zulieferer eines Antriebsherstellers denkbar.

Die auf die Bedürfnisse des wasserstoffelektrischen Antriebes angepasste Flugzeughülle als Zulieferteil. Regulatorische, fertigungs- und zulassungstechnische Erfahrung des Flugzeug-OEMs soll das heute verhindern und die klassische Arbeitsteilung schützen. Ob diese Regeln zukünftig auch in der Luftfahrt gelten werden, wird sich zeigen. In der Automobilindustrie ist zu erkennen, dass die Hülle, die klassischen Komponenten und das viele verbaute Material nicht mehr die höchste Wertschöpfung mit sich bringen. Vertikal hochintegrierte Systeme, effiziente, erneuerbare Antriebe und Softwarelösungen werden das Rennen bestimmen. Der wasserstoffelektrische Antrieb hat dadurch mehr als nur Einsparungspotential bei den Emissionen.

Die dritte Herausforderung steht in Zusammenhang mit den Emissionen des Wasserstoffantriebs. Betrachten wir die direkte Verbrennung des Wasserstoffs in einer Gasturbine und vergleichen dies mit der wasserstoffelektrischen Umwandlung in einer Brennstoffzelle. Beide Antriebe emittieren kein CO_2 (sparen somit ca. 60–70 % des Treibhauseffektes ein) und können erneuerbar hergestellten Wasserstoff nutzen. Die Gasturbinenabgase inkl. dem Wasserdampf haben eine Temperatur von ca. 750–1.000°C und produzieren in den entsprechenden Höhenbereichen fast klassische Kondensstreifen. Die Abgase der Brennstoffzelle haben eine Temperatur von ca. 80°C, kondensieren schneller und zu größeren Schnee- und Eispartikeln in großen Höhen ab 9–10 km. Darüber hinaus fällt ein Großteil des Wassers aus der Brennstoffzelle flüssig an. Die Wissenschaft ist sich noch nicht einig darüber, welche Abgase den stärkeren klimatischen Einfluss haben. Momentan steht ein Vorteil von ca. 15 % bei der Brennstoffzelle im Raum.

Zusammengefasst kann festgestellt werden, dass die Antriebswende in der Luftfahrt noch einen weiten Weg vor sich hat, sich jedoch nicht aus der Transformation hin zu erneuerbaren Antrieben herausnehmen lassen kann. Der technologische Fortschritt bei Antrieben und Flugzeugintegration ist heute darstellbar und mittels Demonstrationen sichtbar. In Kombination mit den sehr anspruchsvollen Entwicklungsstrukturen der Luftfahrt wird es zwar noch 7–10 Jahre dauern, bis ein qualifiziertes Antriebsystem verfügbar sein wird. Eins ist jedoch sicher: Der letzte Tropfen Öl wird nicht in einem Flugzeugtriebwerk verbrannt, der letzte Tropfen Öl wird im Boden verbleiben. Wir werden für die Energie des neuen erneuerbaren Luftfahrttreibstoffs (voraussichtlich Wasserstoff) selber sorgen müssen.

Batteriezüge – die effizienteste Alternative zum Dieselzug in Deutschland

Gerhard Greiter

Für Gerhard Greiter, CEO für die Region Nordosteuropa bei Siemens Mobility, ist Pioniergeist wichtig, um den Batteriezug als nachhaltige Technologie der Zukunft etablieren zu können, wo es keine Oberleitung gibt. Der batteriehybridbetriebene Zug vom Typ Mireo Plus B beweise bereits jetzt, dass die Technik funktioniere.

Obwohl Elektroautos im Zentrum der gesellschaftlichen Debatte stehen, ist die Bahnbranche weit voraus: U- und Straßenbahnen sind bereits zu 100 % elektrisch betrieben, der Fernverkehr ebenfalls fast vollständig. Die Eisenbahn ist also schon gut unterwegs. Nachholbedarf gibt es allerdings im Schienenpersonennahverkehr, insbesondere auf nichtelektrifizierten, weniger frequentierten Bahnstrecken. So summiert sich, dass heute etwa 74 %[78] aller Zugkilometer in Deutschland elektrisch zurückgelegt werden. Auf den Randstrecken lohnt sich eine Elektrifizierung meist nicht. Deshalb braucht es neue Lösungen mit Zügen, die ihre Energie selbst mitbringen, um die Dieselfahrzeuge zu ersetzen, die bisher dort fahren. Eine Möglichkeit: der Batteriezug.

Ein Elektroauto ist doch das Gleiche wie ein Batteriezug – oder nicht? Gibt es genügend Batterien für Züge und wo kommen sie her? Ist ein Batteriezug umweltfreundlich und effizient für die Betreiber und komfortabel für die Passagiere? Jeder kennt Elektroautos, doch obwohl der Technologieansatz dem Batteriezug ähnlich ist, gibt es erhebliche Unterschiede – und viele Fragen.

Die Ausgangslage ist klar: Rund 3.000 Dieselfahrzeuge[79] sind bei der Deutschen Bahn noch im Einsatz. Dieselzüge sind umwelttechnisch nicht mehr akzeptabel und müssen nachhaltig ersetzt werden. Für einen emissionsfreien Schienenverkehr gibt es grundsätzlich drei Optionen: ein voll elektrischer Triebzug, der über eine Oberleitung mit Strom versorgt wird, und als alternative Antriebe einen Batterie- oder einen Wasserstoffzug.

Als Ersatz für Dieselfahrzeuge kommt auf oberleitungsfreien Strecken nur ein Zug mit einem elektrischen Antrieb in Frage. Die Alternative zum Batteriezug ist ein Wasserstoffzug, der aber hier nicht im Fokus stehen soll.

Zwei traditionelle Antriebsarten

Es gab bis dato zwei Arten von Antrieben im Bahnwesen: die Dieselfahrzeuge, welche den Energieträger selbst mitführen und die rein elektrischen Fahrzeuge, die die Energie über Oberleitungen beziehen.

Der Grund für die zwei unterschiedlichen Ansätze liegt vor allem in den bevorzugten Einsatzmöglichkeiten der Fahrzeuge. In einem urbanen Umfeld mit hoher Auslastung wurde im 20. Jahrhundert auf elektrische Züge gesetzt. Eine Rauchentwicklung im städtischen Umfeld, aber auch die Geruchs- und Lärmbelastung sollte vermieden werden. Gute Beispiele dafür sind Tram, S-Bahnen und U-Bahnen, aber auch der hochfrequentierte Fernverkehr.

Im Gegensatz dazu steht der ländliche Zugverkehr mit geringen Auslastungszahlen. Die Installation einer Fahrleitung für elektrische Züge war hier aufgrund des hohen zeitlichen Aufwands und höherer Kosten nicht wirtschaftlich.

Komplexe Dieselfahrzeuge

Wie sieht es heute aus? Beide Fahrzeugtypen sind in der Entwicklung ausgereift und werden in Bezug auf den Energieverbrauch laufend optimiert. Dieselfahrzeuge sind dabei verhältnismäßig komplex im Aufbau. Der ökologisch wesentliche Nachteil ist der CO_2-Ausstoß sowie die emittierten Rußpartikel. Zudem basiert Diesel auf einer endlichen Ressource. Auf der technischen Seite bestand die Herausforderung, dass Dieselmotoren ihre Leistung erst bei hohen Drehzahlen abgeben, der Zug aber aus dem Stillstand Zugkraft benötigt. Um dies zu umgehen, wurden verschiedene Ausführungen entwickelt, unter anderem die dieselelektrische Variante. Bei den dieselelektrischen Zügen nähert man sich den elektrischen Zügen an, nur dass der Strom nicht über die Fahrleitung eingespeist wird, sondern über einen mitgeführten Dieselgenerator.

Der Wirkungsgrad der Umsetzung der im Dieselkraftstoff gespeicherten Energie in Bewegungsenergie liegt allerdings nur bei 33 %, der Rest ist vor allem Wärme.[80]

Elektrozüge mit gesteigertem Wirkungsgrad

Die Elektrozüge dagegen haben einen vollständigen elektrischen Antriebsstrang und verfügen somit technisch über ein sehr konstantes Drehmoment. Dieses ist für einen Zug optimal, der Wirkungsgrad liegt bei rund 85 %.[81] Das bedeutet, dass der Großteil der zugeführten Energie für den Antrieb genutzt und nur ein kleiner Bruchteil in Form von Wärme abgesetzt wird. Der Wirkungsgrad lässt sich auf mehr als 90 % steigern, indem moderne Elektrozüge beim Bremsen die Bewegungsenergie in elektrische Energie umwandeln. Die wiederum wird über die Oberleitung ins Netz eingespeist und kann so von weiteren Zügen genutzt werden. Allein die Deutsche Bahn sparte damit 2022 insgesamt rund 1.487 Gigawattstunden Strom, den jährlichen Verbrauch von 363.000 Vier-Personen-Haushalten.[82]

Vergleich Effizienz

	Dieselzug	Elektrozug
Wirkungsgrad	33 %	85 %

Vergleich CO_2-Emissionen[83]

	Dieselzug	Elektrozug (Strommix Deutschland)	Elektrozug (Ökostrom)
CO_2- Emissionen	3,08 kg CO_2/km	1,89 kg CO_2/km	0 kg CO_2/km

Aus dem bis dato Gesagtem lassen sich folgende Erkenntnisse ableiten:

1. Elektrische Antriebe sind effizienter als Verbrennungsmotoren und lokal CO_2-neutral, d.h. im Betrieb entstehen keine CO_2-Emissionen.
2. Lokal CO_2-neutral weist darauf hin, dass die Art der eingesetzten Energie bzw. deren Entstehung in der Gesamtdarstellung berücksichtigt werden muss.

Bei den rein elektrischen Antrieben muss die CO_2-Bilanz der Produktion und Installation der Fahrleitungen, der Bahnstromversorgung und die Stromherstellung inkludiert werden. Da Fahrleitungen über viele Jahrzehnte genutzt und die Metalle einer Kreislaufwirtschaft wieder zugeführt werden, ist der kritische Punkt hier nicht die

CO$_2$-Bilanz der Herstellung, sondern die wirtschaftliche Finanzierung der Stromversorgung, sprich die Herstellungs- und Installationskosten. Sind die Mittel vorhanden und die Auslastung einer Linie gegeben, ist die effizienteste und technisch einfachste Lösung eine Strecke mit Fahrleitung und Züge mit rein elektrischem Antrieb.

In Deutschland sind aktuell 61 % der Bahnstrecken[84] elektrifiziert, ein Ausbau auf 70 % bis 2025 ist durch die Bundesregierung angedacht. Stammt der genutzte Strom aus regenerativen Energien, entfaltet die Schiene hier ihre volle Klimaschutzwirkung. Doch es fehlt eine Stromabdeckung bei rund 10.000 Kilometern Schienennetz in Deutschland. Das hat zwei Gründe: Zum einen sind die Genehmigungsverfahren im Vorfeld aufwändig und langwierig, im Schnitt dauern diese aktuell 18 Jahre. Auch bei den nötigen Baumfällarbeiten stehen Aspekte des Umweltschutzes dem Bau von Strommasten entgegen. Zum anderen ist der Aufbau einer vollständigen Oberleitungsinfrastruktur auf wenig ausgelasteten Strecken aus Kostengründen derzeit wirtschaftlich nicht sinnvoll. Eine 100-prozentige Elektrifizierung wird daher im Bahnelektrifizierungsplan des Bundes ausgeschlossen.[85]

Lösungen für nichtelektrifizierte Strecken

Welche Lösungen gibt es nun für Bahnstrecken ohne bestehende Bahnstromversorgung und Oberleitungen? Neben dem Dieselzug (Diesel Multiple Unit, kurz DMU) gibt es den Wasserstoffzug (Hydrogen Electric Multiple Unit, kurz HEMU) und den Batteriezug (Battery Electric Multiple Units, kurz BEMU), auf den ich im Folgenden näher eingehen möchte.

Der Wasserstoffzug verfügt über eine große Reichweite und eignet sich daher besonders für längere, nicht elektrifizierte Strecken, die keine Möglichkeit zur Teilelektrifizierung bieten. Zudem lässt sich durch die Produktion von Wasserstoff überschüssige Energie speichern, die z.B. über Solar im Sommer entsteht. Dann kann dieser »grüne« Wasserstoff als Basis für den Wasserstoffzug eine gute Lösung für nichtelektrifizierte Strecken sein. Polen mit seiner geringen Streckenelektrifizierung wäre dazu ein gutes Länderbeispiel. Doch zurück zur Batterie. Ein Batteriezug hat grundsätzlich einen elektrischen Antrieb. Um ihn unabhängig von der Fahrleitung zu machen, wird eine Traktionsbatterie eingesetzt. Das ergibt einen adäquaten Ersatz für den Dieselzug. Wo liegen die Unterschiede zwischen diesen beiden Technologien?

Mireo Plus B-Batteriezug mit Unterflurbatterien.

	Dieselzug	**Batteriezug**
Dauer zum Betanken/ Aufladen	15 Minuten	15 Minuten
Reichweite pro Tank- füllung/ Ladung	1.000 Kilometer	80–120 Kilometer
Beschleunigung	0,8m/s² (Standard)	> 1,0m/s²
Höchstgeschwindigkeit	140 bis 200 km/h	160 km/h
Wirkungsgrad im Betrieb	ca. 33 %	ca. 80 %
CO_2 im Betrieb	ja	nein

Hohe Beschleunigung

Die Beschleunigungsdaten sprechen eine klare Sprache. Ein Batteriezug beschleunigt mit etwa 1,0 m/s², etwa von 0 auf 100 in rund 25 Sekunden. Auch wenn diese Leistung nicht regelmäßig genutzt wird: Durch die starke Beschleunigung kann er im hochgetakteten S-Bahn-Verkehr problemlos mithalten, die nötigen engen Fahrpläne einhalten, oder im hügeligen Gelände eingesetzt werden.

Geringe Distanz

Die Einschränkungen bestehen dagegen typischerweise in der Distanz. Solange ein Batteriezug in einem Netz eingesetzt wird, welches ein Aufladen der Batterie alle ca. 80 bis 100/120 Kilometer ermöglicht, ist ein optimaler Betrieb

gewährleistet. Das Laden kann über eine bestehende Oberleitung während der Fahrt erfolgen oder am Nachladeab-
schnitt, wie bspw. einer Station, oder an der Endhaltestelle
oder alternativ auf dem Abstellbetrieb über Nacht.

Dies ermöglicht eine hohe Flexibilität und eine optimale
Wiederverwendung von bereits existierender Strominfra-
struktur. Ein typisches Beispiel dafür ist eine Streckenver-
längerung oder ein neuer Anschluss an ein existierendes
Bahnnetzwerk. Das deutsche Schienennetz gliedert sich in
elektrifizierte Hauptstrecken und meist nichtelektrifizierte
Nebenstrecken. Diese Nebenstrecken zweigen oft für 20–40
Kilometer von den Hauptstrecken ab. Aktuell müssen aus
Betriebsgründen schon auf den Hauptstrecken Dieselzüge
eingesetzt werden, die sowohl die elektrifizierte Hauptstre-
cke als auch die nichtelektrifizierte Strecke im Anschluss in
Dieseltraktion zurücklegen. Es geht auch anders. Durch den
Batteriezug ist aber eine Teilelektrifizierung ausreichend.
Eine Untersuchung der TU Dresden kommt zu dem Schluss,
dass eine Teilelektrifizierung durch sogenannte Oberlei-
tungsinseln nur maximal 13 % der Kosten einer vollständigen Elektrifizierung nach sich ziehen.[86]

Hoher Wirkungsgrad

Doch nicht nur bei den Kosten überzeugt der Batteriezug: Der
umwelttechnische Vorteil zu anderen Alternativantrieben
liegt in der Effizienz der Energienutzung im Betrieb, was fast
an den 85 %-Wirkungsgrad eines elektrischen Antriebes mit
Fahrleitung herankommt. Mit einem Gesamtwirkungsgrad
von rund 80 % ist der Batteriezug immer noch mehr als doppelt so effizient wie ein Dieselantrieb mit 33 %.[87]

Emissionen in Abhängigkeit der Stromerzeugung

Obwohl er lokal CO_2-neutral ist, hängen wie beim Elektroauto die Emissionen eines Batteriezugs vom zugeführten Strommix ab. Dieser setzte sich 2022 in Deutschland zu 44 % (Tendenz steigend!) aus erneuerbaren Energien zusammen. Solange ein Drittel des einheimischen Stroms aus Kohle produziert wird, gibt es also noch erheblichen Nachholbedarf.[88]

Wo ist nun bei den Batteriefahrzeugen der kritische Punkt? Dazu müssen wir über die Batterie sprechen.

Funktionsweise einer Batterie

Eine Traktionsbatterie, die sowohl unterflur als auch auf einem Zugdach montiert werden kann.

Batterien stellen eine erprobte, industriell einsetzbare Lösung dar. Die wichtigsten technischen Parameter sind Kapazität, Energiedichte (KWh/kg), Ladezyklen und Lebensdauer, Temperaturbereich, Sicherheit und Laderaten. Sie definieren, wie effizient und nachhaltig die Batterie im Betrieb eines Zuges eingesetzt werden kann. Durch die Nutzung einer anderen Batterietechnologie als bei den Autoherstellern sind die Batterien zwischen Auto und Zug nicht vergleichbar.

Die meisten Fahrzeughersteller verwenden Lithium-Ionen-Batterien, welche einen hohen Lade- und Entladestrom zulassen. Dies ist wichtig für gute Beschleunigungsleistungen und kurze Ladezeiten. Um eine hohe Verfügbarkeit zu gewährleisten, besteht die Batterie zumeist aus mindestens zwei Einheiten, sodass bei einem Defekt immer noch eine reduzierte Antriebsleistung zur Verfügung steht.

Die Lebensdauer einer Zugbatterie ist heutzutage sehr hoch. Man geht von einem einzigen Batterietausch über eine Zuglebensdauer von bis zu 30 Jahren aus. In Abhängigkeit von der Batterietechnologie und bei geringer Belastung sind auch längere Lebenszyklen möglich. Züge unterliegen diversen Zulassungsverfahren, die diese gerade bei der Entwicklung von neuen Technologien auf Herz und Nieren testen. Dies umfasst auch die Batterie. Auch wenn es noch keine Langzeiterfahrungen mit Batteriezügen gibt, so ermöglichen die heutigen Sicherheitsstandards bei Produktion und Betrieb einen gefahrlosen Einsatz der verbauten Batterien.

Herstellung einer Batterie

Unterschiedliche Metalle werden auf Kathodenseite für den Bau einer Batterie benötigt, darunter Mangan, Lithium, Kobalt und Nickel, hinzu kommt Grafit auf der Anodenseite. Alle diese Rohstoffe sind weltweit nur begrenzt an wenigen Standorten verfügbar. Generell ist die Verwendung von Lithium eine umwelttechnisch anspruchsvolle Aufgabe, besonders in Bezug auf den Verbrauch von Frischwasser, und bedarf klaren Auflagen zu Gewinnung und Umweltschutz. Der größte Produzent von Lithium ist momentan Australien[89], gefolgt von Chile. Die größten Vorkommnisse werden in Bolivien vermutet, diese sind dort jedoch noch nicht zugänglich. Auch bei der Veredelung der Metalle, die zum großen Teil in China erfolgt, ergeben sich vielfältige Abhängigkeiten und Beschränkungen für die Lieferketten. Eine internationale Anstrengung ist nötig, damit ein fairer Handel mit Rohstoffen wie Lithium aufgebaut werden kann, der auf entsprechenden nachhaltigen Prozessen und transparenten Lieferketten basiert. Ziel muss es sein, nur »grüne« Batterien zu produzieren und zu verwenden.

Zusätzlich gibt es noch eine weitere Quelle für die nötigen Metalle und Batterien: Recycling. Durch den erst beginnenden Aufbau von Recyclingverfahren und den in den Kinderschuhen steckenden Rohstoffkreislauf steht das Verfahren noch ganz am Anfang und muss dringend weiter erforscht und entwickelt werden. Erste Unternehmen beginnen mit unterschiedlichen Methoden, möglichst viele Rohstoffe wiederzugewinnen. Doch schon jetzt ist klar, dass rund 70 % der Metalle in Batterien recycelt werden können, einzelne Anbieter sprechen von bis zu 91 %.[90]

Auch eine Zweitnutzung wäre möglich, wenn die Batterieleistung zum Beispiel nicht mehr ausreichend für den anspruchsvollen Zugbetrieb ist. Hier muss sich allerdings erst ein Markt etablieren. Eine stationäre Verwendung der

Batterien in Kombination mit der regenerativen Energieerzeugung ist grundsätzlich möglich.

Als Hersteller von Batteriezügen hat Siemens Mobility dafür Lösungen und wird die Batterien nach der Nutzung zurücknehmen, um sie einer Weiterverwendung bzw. vollständigen stofflichen Verwertung zuzuführen. Damit werden Rohstoffkreisläufe ermöglicht und die Umwelt geschont.

Nachhaltigkeit und hohe Verfügbarkeit im Lebenszyklus

Für eine umfassende Betrachtung des Batteriezugs darf auch ein Blick auf den Lebenszyklus nicht fehlen. Batteriezüge zeichnen sich im Vergleich zu Dieselzügen durch günstigere Wartungs-, Instandhaltungs- und Energiekosten aus. Dadurch können die aktuell höheren Kosten in der Beschaffung des Rollmaterials mehr als ausgeglichen werden. Studien[91] zeigen, dass Batteriezüge je nach den betrieblichen Anforderungen schon heute über den Lebenszyklus hinweg die wirtschaftlichste Lösung darstellen können.

Im Vergleich zum Dieselmotor ist die Batterie fast wartungsfrei. Im Gegensatz zu anderen Komponenten altert sie chemisch, je nach Nutzung. Je mehr sie außerhalb der geeigneten Parameter geladen und entladen wird, desto schneller. Gemeinsam können Betreiber und Hersteller über den Lebenszyklus hinweg zu längeren Batterienutzungszeiten oder einer besseren Verfügbarkeit des Zuges beitragen. Zum einen können sie ein optimales und batterieschonendes (Ent-)Lademanagement entwickeln und damit Fehlnutzungen vermeiden. Bei einigen Fällen kann ein flottenübergreifendes Batteriemanagement sogar helfen, Energiekosten zu sparen. Zum anderen kann auf das

Know-how des Herstellers aus der Entwicklung, Fertigung und Wartung der verschiedenen Fahrzeugkomponenten zugegriffen und damit die Instandhaltung generell optimiert werden. Sollte trotz aller Vorkehrungen ein Defekt an der Batterie auftreten, arbeitet der Fabrikant die Batterie zur vollen Leistungsfähigkeit auf. Bei kleinen Flotten kann der Hersteller darüber hinaus batteriebezogene Instandhaltungsarbeiten übernehmen, sodass der Betreiber sein Personal für diese seltenen Tätigkeiten nicht aufwändig qualifizieren muss.

Schlussendlich geht es um maßgeschneiderte Instandhaltungsmodelle. Diese bringen heute das Wissen des Herstellers stärker in die Nutzungsphase ein als noch vor einigen Jahren und reichen dabei von Instandhaltungsmanagement, Instandhaltungsentwicklung, Fuhrparkmanagement, Expertenunterstützung bis zur Materialversorgung.

Zum Beispiel kann ein Hersteller wie Siemens Mobility dem Betreiber 100 % Systemverfügbarkeit ermöglichen und wesentlich zur Verlängerung der Nutzungsdauer und damit Nachhaltigkeit der Züge sowie zur Kundenzufriedenheit beitragen.

Die Entwicklung des Batteriezugs bei Siemens Mobility

Während sich die Instandhaltungsmodelle gerade erst entwickeln, startete die eigentliche Fahrzeugentwicklung schon viel früher. Ein kurzer Exkurs: Zur Standardisierung mit all seinen Vorteilen werden unsere Siemens Mobility-Züge im sogenannten Plattformmodell designt. So auch im Fall unseres innovativen und energieeffizienten Regionaltriebzugs Mireo, den es heute fast baugleich als Elektro-, Batterie- und Wasserstoffzug gibt. Als unsere Ingenieure

2017 mit der Entwicklung der hybriden Antriebe starteten war klar, dass diese neue Plattform dafür besonders geeignet ist. Denn je weniger Energie der Zug verbraucht, desto leichter können die Batterien sein. Unser Unternehmen ist schon seit 2006 in der Entwicklung von Traktionsbatteriesystemen für Mobilitätsanwendungen tätig. Wir nutzen mit der Lithium-Titanat-Oxide(LTO)-Technologie die besten Batterien in Bezug auf lange Lebensdauer, sehr kurze Ladezeiten und hohe thermische Stabilität. Aber auch andere Technologien wie Nickel Mangan Kobald (NCM) oder Lithium Einden Phosphat (LFP) können je nach Anwendung zum Einsatz kommen.

Nach ersten Entwicklungsideen im Designprogramm und Konzeptstudien wagte unser Team zusammen mit dem Partner ÖBB 2018 einen Testlauf: Sie statteten einen verfügbaren Regionaltriebzug Desiro ML mit drei Batterien aus und schickten diesen Cityjet eco-Prototypen auf einen 15-monatigen Testbetrieb in Österreich: mit großem Erfolg. Der Fahrgastbetrieb über die 325 Meter Höhendifferenz auf der Strecke verlief ohne Probleme. Der Batterieantrieb erwies sich als zuverlässig und sparte insgesamt 140 Tonnen CO_2 ein, weil er mehr als 50.000 Kilometer im reinen Batteriebetrieb fuhr. Die Erkenntnisse wurden in die Serienreife überführt. Als europaweit erster elektrohybrider Zug hat dieser im Sommer 2019 die uneingeschränkte behördliche Zulassung erhalten.

Schlussendlich ist jedes Produkt aber nur so gut wie der Erfolg, den es im Markt hat. Gerade bei einer neuen Technologie braucht es Pioniergeist, um den erstmaligen Einsatz zu unterstützen. Diesen zeigte die Landesanstalt für Schienenfahrzeuge Baden-Württemberg (SFBW) als sie 2020 bei uns zunächst 20 Züge vom Typ Mireo Plus B bestellte und später noch einmal sieben Stück nachorderte. Die zweiteiligen elektrischen Triebzüge mit jeweils 120 Sitzplätzen können dank ihres Batteriehybridantriebs auf bis zu 80 Kilometer langen Strecken ohne Oberleitung fahren und werden im regionalen Schienenverkehr im Netz Ortenau unterwegs sein. Vorgesehen ist, dass wir auch für knapp 30 Jahre für die Instandhaltung der Züge sorgen und sich so die oben erwähnte Lebenszeitverlängerung und entsprechende Kosteneffekte realisieren lassen. Die Triebzüge werden Anfang 2024 ausgeliefert.

Neben dem Auftrag für Baden-Württemberg hat Siemens Mobility für den Mireo Plus B noch weitere Aufträge erhalten: In Deutschland bestellte die Niederbarnimer Eisenbahn (NEB) eine größere Flotte Mireo Plus B-Züge, die Hessische Landesbahn erwarb die ersten Züge und auch im Mitteldeutschen S-Bahn-Netz (MSDB) werden Mireo Plus zum Einsatz kommen. Im Ausland war Midtjyske Jernbaner in Dänemark der erste Besteller dieser Technologie. Aktuell besteht im Markt ein großes Interesse an den Batteriezügen.

Maximaler Fahrgastkomfort

Im Frühjahr 2023 schließlich wurde der Mireo Plus B bei seinen Testfahrten in unserem Prüf- und Validierungscenter in Wegberg-Wildenrath auch erstmalig Kunden und Journalisten vorgestellt und erste Erfahrungen geteilt. Einen Fokus bei der Entwicklung haben wir auf den Passagierkomfort gelegt:

Der Passagier bemerkt keinen Unterschied im Zugkomfort im Vergleich zu einem herkömmlichen Elektrozug. Und auch für den Fahrdienstleister unterscheidet sich der Betrieb des Zuges nicht.

Bei kurzen Ladezeiten von ca. 15 Minuten im Schnelllademodus – und damit deutlich schneller als beim Elektroauto – sind Batterieladestopps an den Insellösungen/ Teilelektrifizierungen oder Endbahnhofhaltestellen für Reisende ohne Einschränkungen. Und für den Betreiber lassen sie sich gut in den Betriebsablauf integrieren. Eines fällt in jedem Fall auch Passagieren auf: Weder ein Dieselgeruch noch Ruß liegen in der Luft und der Zug gleitet deutlich leiser dahin.

Exkurs: Einsatzmöglichkeiten für den Wasserstoffzug

Diese Vorteile vereint auch die nächste Generation des Wasserstoffzugs. Dafür unterstützt eine leistungsstarke und sichere Lithium-Ionen-Traktionsbatterie die Brennstoffzelle beim Fahren. Statt direkt aus der Oberleitung zieht der Motor seine elektrische Antriebsenergie aus einer Brennstoffzelle, die mit Wasserstoff aus Tanks auf dem Dach gespeist wird, sowie einer zusätzlichen Batterie. Es braucht dabei allerdings eine doppelte Umwandlung der Energie: zunächst in Wasserstoff, dann in Antriebsenergie. Das Ergebnis ist ebenfalls eine lokal emissionsfreie Mobilität, wo bisher keine Elektrifizierung vorhanden ist. Und es ergibt sich auch hier eine nachhaltige Mobilitätslösung, wenn »grüner« Wasserstoff, entstanden aus erneuerbaren Energien, zum Einsatz kommt.

Letztlich braucht der Wasserstoffzug die genannte Pufferbatterie, die den Motor beim Abruf von Spitzenleistung unterstützt, zum Beispiel beim Beschleunigen oder bei größeren Steigungen. Viel wichtiger ist aber die Batterie als Speicher der Energie, die beim Bremsen frei wird und somit bei der nächsten Beschleunigung wiederverwendet werden kann. Der Wasserstoffantrieb spielt dann seine Stärken aus, wenn grüner Wasserstoff für eine Energiespeicherung ohnehin schon produziert wurde oder die nichtelektrifizierten Strecken länger sind. Im Rahmen des Gemeinschaftsprojekts H2goesRail entwickeln wir zusammen mit der DB eine neuartige Wassersstofftankstelle, da auch eine Infrastruktur zur Nutzung der Wasserstoffzüge nötig ist.

Es geht also nicht um entweder Elektrozug mit Oberleitung, Batterie oder Wasserstoff, sondern um die beste Lösung für den jeweiligen Anwendungsfall. Für alle drei Einsatzmöglichkeiten braucht es aus unserer Sicht eine entsprechende Lösung. Und für alle drei eignet sich aufgrund der erwähnten Plattformstrategie der Mireo-Regionaltriebzug, egal ob als Mireo-Elektrozug, Mireo Plus B-Batteriezug oder Mireo Plus H-Wasserstoffzug. So spart die Plattformstrategie Kosten in Anschaffung und Betrieb.

Konsequenzen für das Verkehrssystem in Deutschland

Welche Auswirkungen hat die Einführung der Batteriezüge auf das Verkehrssystem und die Versorgungsinfrastruktur in Deutschland? Zunächst einmal bedarf es einer wissenschaftlichen Begleitung der Veränderung, die bereits gestartet ist. Darüber hinaus sollte auch eine kontinuierliche Bewertung der Ausgangslage und Fahrgastzahlenentwicklung stattfinden. Diese sind aktuell sehr vielversprechend. Aus Studien ist ersichtlich, dass der Batteriezug für Deutschland eine der nachhaltigsten, umweltfreundlichsten und wirtschaftlichsten Möglichkeiten ist, Dieselzüge in der Masse zu ersetzen. Hier gilt: Es gibt nicht eine Lösung, sondern es braucht einen Lösungsmix. Die Antriebstechnologien werden sich künftig in Deutschland folgendermaßen gestalten:

- Hochfrequentierte Langstrecken und Korridore werden mit unter Oberleitung fahrenden Elektrozügen bedient.
- Hochfrequentierte Regionalstrecken ohne Oberleitung müssen über kurz oder lang elektrifiziert werden.
- Die meisten niedrigfrequentierten Regionalstrecken mit Anbindung an Großstädte (bis 100 Kilometer) können über bestehende oder wenige zu installierende Insellösungen mit Batteriezügen wirtschaftlich und nachhaltig betrieben werden.
- Wenige niedrigfrequentierte und in ihrer Kilometeranzahl lange Regionalstrecken (über 100 Kilometer) außerhalb der Ballungsgebiete, durch zum Beispiel besonders gegen Teilelektrifizierung geschützte Umgebungen, werden mit einem Wasserstoffzug bedient.
- Biokraftstoffe dagegen, wie rein pflanzliche Rest- und Abfallstoffe aus Industrie und Haushalt, sind sowohl für den Güter- als auch den Personenverkehr nur ein Zwischenschritt auf dem Weg zur Klimaneutralität. Sie ermöglichen den volkswirtschaftlich sinnvollen Weiterbetrieb von Bestandsflotten bis zu deren Lebensende, während sie kurzfristig den globalen CO_2-Ausstoß von Dieseltriebzügen senken. Allerdings wird eingerechnet, dass die Pflanzen bei ihrem Wachstum schon CO_2 kompensiert haben, das später beim Verbrennen wieder ausgestoßen wird. Außerdem emittieren sie weiterhin Stickoxide.
- Dieselzüge haben keine Zukunft. Auch wenn sich die Rohölpreise wieder stabilisiert haben, das Geschäftsmodell, einen Dieseltriebzug heute noch durch einen neuen Dieseltriebzug zu ersetzen, gibt es schlicht nicht. Der Austausch von 3.000 Dieselfahrzeugen durch al-

ternative Antriebstechnologien oder Elektrozüge wird allerdings voraussichtlich noch Jahrzehnte in Anspruch nehmen, da die vorzeitige Stilllegung von Dieselzügen vor Ablauf des Lebenszyklus wenig sinnvoll erscheint und über Biokraftstoffe überbrückt werden kann. Um einen schnelleren Umstieg von Dieselzügen zu erreichen, braucht es daher regulatorische Anreize, wie beispielsweise höhere CO_2-Preise.

Die unterschiedlichen Antriebsarten stellen jeweils andere Anforderungen an die Versorgungsinfrastruktur. Batteriezüge sind durch ihre Konzeption gerade auf den Lückenschluss für Teilelektrifizierungen angelegt und daher keine Brücken- sondern eine langfristige Technologie. Für die spezifische Situation der Bahnstrecken in Deutschland mit kleineren Elektrifizierungslücken ist der Batteriezug die bevorzugte, weil effizienteste Lösung für Strecken ohne Oberleitung.

Ausblick: Batteriezüge im Jahr 2040

Der Batteriezug ist ein unverzichtbarer Baustein für ein Gelingen der Antriebs- und Verkehrswende, denn jeder Batteriezug kann bis zu 400 Tonnen CO_2 pro Jahr einsparen, wenn er mit regenerativer Energie betrieben wird. Die Technologien rund um Batterien werden sich in den kommenden Jahren noch stark weiter entwickeln.

Was wird uns als Industrie in der Zukunft beim Thema Batteriezug besonders beschäftigen? Zusammengefasst: kompakter, weiter, effizienter, nachhaltiger. Die Batterieentwicklung für Züge ist in unserer langzyklischen Industrie noch relativ am Anfang. Mittelfristig steht eine Verlängerung der Reichweite bei gleichzeitiger Verringerung der Masse im Fokus. Nicht zuletzt entsteht diese auch durch die weitere Verbesserung der Energieeffizienz der Fahrzeuge, die wir als Hersteller seit Jahrzehnten vorantreiben. Und schlussendlich muss die Produktion von Batterien nachhaltiger gestaltet werden, egal, ob es sich dabei um eine nachhaltige Förderung von Rohstoffen oder das Recycling handelt. Weitere Zelltechnologien, ohne die Verwendung zum Beispiel von seltenen Erden, sind aktuell in der Entwicklung.

Nach heutigem Stand müssen die Batterien nach etwa 15 Jahren erneuert werden, hier gilt es für Politik und Industrie, entsprechende Rahmen zu schaffen und Prozesse für sauberes Batterierecycling zu etablieren.

Die digitale Schiene als Beitrag zum Klimaschutz

Mein Schlusswort richtet sich an die Politik: Es ist eine Antriebs- und Verkehrswende in Gang gesetzt worden, jedoch setzen sich deren Räder nur zaghaft in Bewegung. Nachhaltige Antriebstechnologien sind verfügbar und müssen nun schnellstmöglich Dieselzüge ersetzen. Zu lange wurden Investitionen in die Bahninfrastruktur – egal ob Neubau oder Erneuerung – zurückgestellt.

Am Markt gibt es diverse Technologien, um nicht nur eine Modernisierung durchzuführen, sondern einen Quantensprung in Richtung digitale Schiene in Deutschland zu schaffen. Weniger, dafür mehr intelligent vernetzte Hardware sollte zum Einsatz kommen. Das schafft finanziell Luft bei Investitionen und Wartung und gibt den nachhaltigen Antriebstechnologien die Möglichkeit, dass ihre Klimaschutzaspekte Wirkung zeigen. Schlussendlich braucht

auch der beste und umweltfreundlichste Zug eine effiziente Bahninfrastruktur, um verlässlich im Betrieb zu sein.
Erst dann nimmt auch die Antriebs- und Verkehrswende
richtig Fahrt auf.

Zugantrieb mit der Brennstoffzelle –
auf den Spuren von Jules Verne

Müslüm Yakisan

Müslüm Yakisan, Präsident der Region DACH von Alstom S.A., setzt sich für den Brennstoffzellenwasserstoffantrieb ein. Die Stromerzeugung an Bord des Zuges mittels Brennstoffzellen ist eine vielversprechende Technik für emissionsfreien Antrieb auf nichtelektrifizierten Strecken. Der weltweite Einsatz dieser Technologie hat bereits begonnen. Mit klimafreundlichem Antrieb wird die Bahn Teil einer neuen Mobilität.

Wenige Jahre vor ihrem 200-jährigen Jubiläum verlässt die Eisenbahn endgültig das fossile Zeitalter. Sie positioniert sich als Rückgrat künftiger, klimaneutraler und zugleich effizienter Mobilität. Die Ära der Dampflokomotive, die im aufkommenden Industriezeitalter der rauchenden Schlote den Siegeszug des neuartigen Rad-Schiene-Verkehrssystems bahnte, ist längst Geschichte.

Nun ist die Zeit gekommen, aus Sorge vor der Erderwärmung auch die Emissionen des Dieselantriebs von den Schienen zu verbannen. Die Zukunft gehört unzweifelhaft dem elektrischen Betrieb, der sich ökologisch wie ökonomisch längst bewährt. Für die technische Systemfrage, wie Strom in die Fahrmotoren der Triebfahrzeuge gelangt und sie antreibt, gibt es bekanntlich mehrere Antworten und entsprechende Lösungen. Zu den jüngsten, innovativen Entwicklungen zählt der Wasserstoffantrieb – die Stromerzeugung an Bord des Zuges mittels Brennstoffzellen. Als physikalisches Prinzip lange bekannt, gelingt erst jetzt der Durchbruch zur Alltagstauglichkeit im Bahnbetrieb.

»Wasser ist die Kohle der Zukunft« – Dieser Satz klingt wie eine originelle Werbebotschaft aus der Gegenwart, doch er ist eineinhalb Jahrhunderte alt und wurde von Jules Verne formuliert. In seinem 1874 erschienenen Science-Fiction-Roman »Die geheimnisvolle Insel« lässt der fantasievolle Visionär auf hohem naturwissenschaftlichen Niveau den Helden seines Buches anschaulich das Prinzip der im 19. Jahrhundert bereits bekannten Elektrolyse beschreiben. Wasser, zerlegt in seine Bestandteile Wasserstoff und Sauerstoff, werde »zur unerschöpflichen und bezüglich ihrer Intensität ganz ungeahnten Quelle der Wärme und des Lichts«.

Als die Dampfmaschine allgegenwärtig war, die vom »schwarzen Gold« befeuert wurde, hatte Jules Verne bereits die Endlichkeit fossiler Energiequellen vorausgesehen – nicht viel anders als der Club of Rome ziemlich genau 100 Jahre nach ihm mit der alarmierenden Botschaft von den »Grenzen des Wachstums«. Beide Prophetien lassen noch vollständig den Blick auf jene Erkenntnis vermissen, die uns heute die sogenannten Bodenschätze in ganz anderem Licht erscheinen lassen. Die Erderwarmung durch die Verbrennung von Kohle, Öl und Gas, die dadurch ausgelösten, verheerenden Klimaveränderungen machen es offenkundig immer dringender, neue und andere Mittel und Wege für ein lebenswertes Leben der weiter rasant wachsenden Erdbevölkerung zu finden.

Zu den entscheidenden Qualitäten der modernen Gesellschaften gehört Mobilität, insbesondere individuelle Beweglichkeit. Nach dem Jahrzehnte andauernden Siegeszug des Autos zeigen sich seine Grenzen. Mag der Klimaschutz durch den Abschied vom Verbrenner gestärkt werden, zeigt die massenhafte Motorisierung doch täglich den drohenden Verkehrsinfarkt. Es ist deshalb die Stunde einer neuen Mobilität, aufbauend auf der Eisenbahn. Sie schickt sich an, ein hochmodernes Transportmittel zu werden. Attraktiv, komfortabel, digital, zunehmend autonom – und klimaneutral.

Elektrischer Betrieb ist die derzeit einzig erkennbare, realisierbare »grüne« Antriebstechnologie ohne schädliche Emissionen für unseren Planeten. Wir von Alstom haben uns deshalb bereits im letzten Jahrzehnt gewissermaßen auf die Spuren von Jules Verne begeben. Wasserstoff mit der Stromerzeugung in der Brennstoffzelle ist zwar im Verkehrssektor über die Zeit immer wieder ein Thema für Straßenfahrzeuge.

Es gibt Entwicklungen etwa im PKW-Bereich, im öffentlichen Nahverkehr für Linienbusse und ansatzweise für den Schwerverkehr auf der Straße. Doch der entscheidende, flächendeckende Durchbruch blieb aus. Und auf der Schiene kam er bisher nicht an, obwohl nahezu zwei Dutzend Machbarkeitsstudien in etlichen europäischen Ländern die Potenziale dieser Antriebstechnologie erkannten und sie als Ergänzung zum klassischen elektrischen Betrieb unter der Oberleitung betrachten. Allein im deutschen Schienenpersonennahverkehr wird über ein Drittel der Verkehrsleistungen mit Dieseltraktion von etwa 2.000 Triebzügen erbracht, und nur rund 60 % des Streckennetzes sind mit elektrischer Infrastruktur ausgerüstet.

Seit den Klimakonferenzen von Paris und Krakau hat sich die Sachlage politisch wie gesellschaftlich geändert. Das europäische Ziel, Mobilität bis 2050 weitestgehend klimaneutral zu gestalten, macht es nunmehr notwendig, in allen Bereichen des Verkehrs, also auch im Bahnsektor, die Dekarbonisierung konsequent voranzutreiben. Auch die deutsche Politik hat sich ehrgeizige Ziele gesetzt. Die Emissionen von

Straße, Schiene und Luft sollen bis 2030 um 48 % zurückgehen. Und angestrebt wird, wie die Politik immer wieder bekräftigt, eine Verdopplung der Fahrgastzahlen bei den Bahnen. Die Energiequelle Wasserstoff hat dabei in den vergangenen Jahren geradezu stürmisch an Bedeutung und Interesse gewonnen. Die Bundesregierung hat mittlerweile eine Reihe von Förderprogrammen aufgelegt, die sich um das Nationale Innovationsprogramm Wasserstoff- und Brennstoffzellentechnologie (NIP) ranken.

Unterstützt werden die Entwicklung und wettbewerbsfähige Markteinführung innovativer Produkte im Bereich der Wasserstoff- und Brennstoffzellentechnologie – speziell für die Mobilität. Ausdrücklich sind Fahrzeugsysteme und die Infrastruktur zur Kraftstoffversorgung mit einbezogen. Das Programm macht deutlich, dass es sich um Vorhaben mit langem Atem handelt: NIP visiert ein Jahrzehnt als Entwicklungszeitraum an. Auch die Bundesländer, bekanntlich nach Regionalisierungsgesetz für den Schienennahverkehr verantwortlich, äußern vielfältig die Bereitschaft zur Einführung der neuen Bahntechnik auf Wasserstoffbasis.

In dieser Situation fiel der Entschluss, an unserem international größten Konzernstandort in Salzgitter unseren speziellen Einstieg in die klimafreundliche Verkehrswende der Eisenbahn einzuleiten. Zwei Einheiten unserer weit über Deutschland hinaus im Schienennahverkehr bewährten Dieseltriebzüge vom Typ Coradia Lint wurden für eine Ausrüstung mit der Brennstoffzellentechnologie ausgewählt. Das technische Prinzip: Durch das Zusammenführen von Wasserstoff und Sauerstoff in einer kontrollierten elektrochemischen Reaktion wird elektrische Energie erzeugt. Bei dieser Energieerzeugung wird – im Vergleich zu der Stromgewinnung etwa durch Dampfturbinen, Generatoren oder durch Verbrennung in Kraftwerken – ein deutlich höherer Wirkungsgrad erzielt. Allerdings reicht eine Brennstoffzelle nicht, um den Zug in Bewegung zu bringen. Auf den Fahrzeugdächern sind deshalb mehrere sogenannte Brennstoffzellen-Stacks miteinander zu zwei Brennstoffzellenanlagen verschaltet. Über einen Stromrichter wird der Strom dem Antrieb und den Bordsystemen bereitgestellt oder für eine spätere Verwendung in Lithium-Ionen-Traktionsbatterien gespeichert. Diese Batterien unterstützen die Brennstoffzellen bei höherem Energiebedarf etwa bei Anfahrvorgängen oder anderen Lastspitzen. Ferner nehmen diese Akkus auch die beim Bremsen zurückgewonnene Energie auf – diese sogenannte Rekuperation ist ein entscheidender Gewinn des elektrischen Antriebs, von der Straßenbahn bis zum Hochgeschwindigkeitszug.

Vereinfachte Darstellung der Funktionsweise der auf dem Coradia iLint verbauten Brennstoffzellen. (© Alstom)

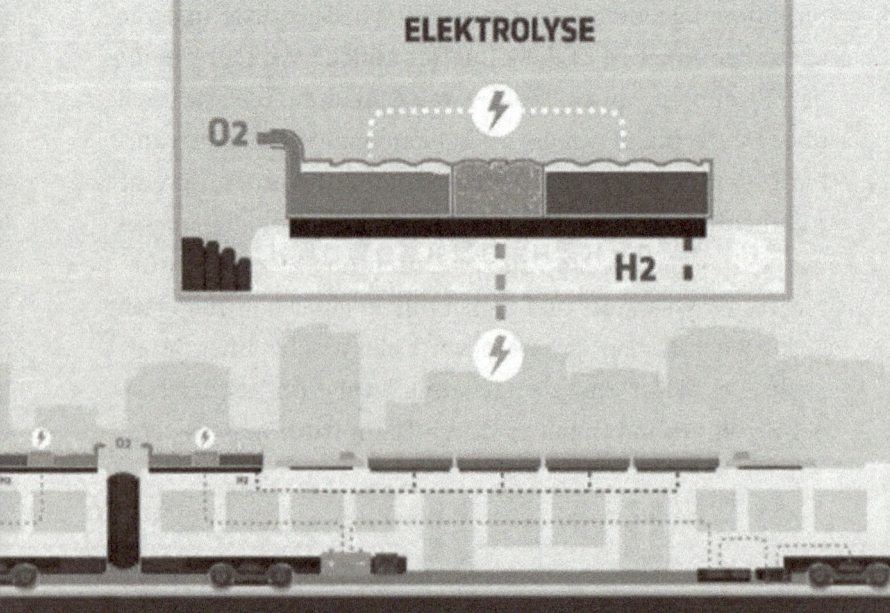

Die beiden Vorserienzüge bekamen ein »i« vor ihre Typenbezeichnung gesetzt: iLint – der intelligente leichte innovative Nahverkehrstriebzug. Die Entwicklung der beiden, bis heute im Eigentum von Alstom verbliebenen Einheiten wurde von der Bundesregierung im Nationalen Innovationsprogramm NIP sowie unmittelbar vom Land Niedersachsen gefördert. Nach umfangreichen Erprobungen und dem Abschluss der erforderlichen Zulassungsverfahren startete im September 2018 die öffentliche Bewährungsprobe der neuen Antriebstechnologie. Das Verkehrsunternehmen Eisenbahnen und Verkehrsbetriebe Elbe-Weser, kurz evb, übernahm die Züge in den fahrplanmäßigen Einsatz. Eine Weltpremiere, die tatsächlich vom ersten Tag an internationale, globale Aufmerksamkeit erfuhr – in den Medien wie in der Fachwelt.

Die beiden Prototypen, die sich rein äußerlich und für den Fahrgast nur durch ihr ungewöhnliches, auf die innovative Antriebstechnologie hinweisendes Design von den Dieseltriebzügen unterscheiden, machten den evb-Betriebsstandort Bremervörde praktisch vom ersten Tag an bis in die Gegenwart hinein zu einem Mekka der Eisenbahnfachleute aus aller Welt. Die 124 Kilometer lange Strecke von Cuxhaven über Bremerhaven und Bremervörde bis nach Buxtehude erfüllte geradezu idealtypisch die Anforderungen an eine Teststrecke mit anspruchsvollen hohen Umlaufleistungen.

Der Brennstoffzellenantrieb benötigt als Energiequelle Wasserstoff, der gasförmig in Drucktanks auf den Fahrzeugdächern der Züge gespeichert wird. Der Sauerstoff wird aus der Umgebungsluft entnommen. Als einzige Emissionen bei diesem Prozess entstehen Wasserdampf, der sich problemlos und schadstofffrei in die Umwelt verflüchtigt, und Kondenswasser. So stellt sich für diese Form des Antriebs schnell und stets die Frage, woher der Wasserstoff kommt. Für den Vorserienbetrieb wurde bei der evb am Rande des Depots in Bremervörde zunächst eine provisorische mobile Tankstelle errichtet. Als Partner wurde die Industriegaseherstellerin Linde AG gewonnen, die die Energie – in diesem Fall ein Abfallprodukt der Chemieindustrie in Stade an der Elbe – bis zum heutigen Tag für den Zugbetrieb in Bremervörde bereitstellt.

Schon im Testbetrieb stellte sich alsbald heraus, dass die Züge mit einer einzigen Wasserstofffüllung ihr tägliches Umlaufpensum mühelos bewältigen. Dank einer schnellen Betankung ergaben sich damit von Anfang an für den Betreiber evb keine betrieblichen Veränderungen

Im Rahmen einer Distanzfahrt legte der Coradia iLint ohne Nachtanken seiner Wasserstofftanks eine Strecke von 1.175 km zurück. (© Alstom/Stefan Brauße)

hinsichtlich der zeitlichen Abläufe gegenüber dem Einsatz von Dieseltriebzügen; die täglichen Fahrleistungen mit dem Wasserstoffantrieb können bei bis zu tausend Kilometern liegen. In einer spektakulären Demonstrationsfahrt quer durch Deutschland von Bremervörde bis an die österreichische Grenze legte einer der für Niedersachsen bestimmten Serienzüge 1175 Kilometer zurück – mit einer einzigen Füllung von 250 Kilogramm Wasserstoff.

Begleitet wurden die Einsätze der beiden Vorserienzüge auch von der Landesnahverkehrsgesellschaft Niedersachsen, dem Aufgabenträger des Schienennahverkehrs im Lande. Die positiven Erfahrungen führten zu einer Bestellung von 14 Coradia iLint, um das Dieselnetz der evb im Land vollständig auf die umweltfreundliche Antriebstechnologie umzustellen.

Die Auslieferung der Fahrzeuge hat im Spätsommer 2022 begonnen. Parallel dazu wurde auch die provisorische Betankung der Vorserienphase beendet. Das Partnerunternehmen Linde hat in Bremervörde eine leistungsfähige Wasserstofftankstelle errichtet, die mit einer Kapazität von rund 1.600 kg Wasserstoff pro Tag eine der größten Anlagen der Welt darstellt. Auf dem Weg zum klimaneutralen Bahnbetrieb in der ländlichen Region ist das zunächst ein erster Schritt. Die aus der Industrieproduktion kommende Energie für die Brennstoffzelle ermöglicht zwar den emissionsfreien Zugbetrieb, doch der dafür eingesetzte Wasserstoff selbst ist nicht emissionsfrei gewonnen – es ist »grauer« Wasserstoff. In Bremervörde gibt es deshalb Pläne für einen weiteren Schritt, für eine eigene »grüne« Wasserstoffproduktion auf dem Bahnbetriebsgelände. Diese soll mittels eines Elektrolyseurs aus Erneuerbaren Energien Wasserstoff für die Züge gewinnen.

Weltpremiere mit dem Coradia iLint: Im August 2022 nahm in Bremervörde das weltweit erste Netz mit Wasserstoffzügen den Passagierbetrieb auf. (© Alstom/Sabrina Adeline Nagel)

Der Einsatz innovativer Technologien bedarf eines intensiven Forschungs- und Entwicklungsaufwandes. Komponenten, ihr Zusammenspiel, Reaktionen der eingesetzten Technik, Verhaltensweisen und Auswirkungen auf das Gesamtsystem müssen minutiös und millimetergenau untersucht, wenn nicht sogar vorausgeahnt werden. Die beiden Vorserienfahrzeuge haben zusammen fast eine halbe Million Kilometer Laufleistung hinter sich. Jetzt sollten sie sich in dem befinden, was Ingenieure gern als »eingeschwungenen Zustand« beschreiben. Die Erfahrungen vieler Industrien zeigen, dass dies nur bedingt vor unliebsamen Überraschungen schützt.

Von den eingesetzten High-Tech-Materialien bis zur immer komplexeren Elektronik ist perfekte Funktion kaum kalkulierbaren Störungsrisiken ausgesetzt. Zu unserem großen Bedauern ist davon auch der Einstieg in die Serienfahr-zeugproduktion unserer iLint-Züge, betroffen – nicht zuletzt auch durch die in der Coronapandemie einsetzende Liefer-kettenproblematik und die zunehmenden Personalengpässe im Facharbeitersektor. Wir haben erkennen müssen, dass unser vielfältiges Know-how im Schienenfahrzeugbau für Technologiesprünge wie den Brennstoffzellenantrieb auch in den Werkshallen unserer Produktion weiter zu verfeinern ist, bis es routiniert beherrscht wird.

Wir sind zuversichtlich, dass wir die notwendigen Schritte dafür zwischenzeitlich getan haben. Neben den Fahrzeugen für unseren Erstkunden in Niedersachsen hat auch die Auslieferung von 27 Brennstoffzellenzügen für den Rhein-Main-Verkehrsverbund (RMV) begonnen: Auf den Regionalbahnlinien aus dem Großraum Frankfurt in die Umlandgemeinden im Taunus startet schrittweise der Abschied vom Dieselbetrieb zum Neustart mit emissions-freiem Schienenpersonennahverkehr. Partner für die Energieversorgung in diesem Projekt ist die Infraserv in Frankfurt-Höchst, die am dortigen Chemiestandort die Tankstelleninfrastruktur aufgebaut hat und nun mit Was-serstoff aus der Industrie betreibt.

Auch wenn Brennstoffzellenantriebe im Bahnverkehr bislang noch nicht mit grünem Wasserstoff gespeist wer-den, sehen wir eine spannende Zukunft für diese klima-freundliche Technologie. Diese Einschätzung teilen wir nicht nur mit den Erstkunden unseres iLint, wie das inter-nationale Interesse des Bahnsektors in Europa und Nord-amerika deutlich zeigt. Und diese Bahnzukunft wird nicht auf den eher auf Nebenbahnen fahrenden iLint beschränkt bleiben. Es wird auch größere Züge geben, in denen der Strom für den Elektroantrieb nicht aus der Oberleitung, sondern der Brennstoffzelle kommt. So hat uns die Ferrovie Nord Milano beauftragt, von unserem schnellen, klassischen Elektrotriebzug Coradia Stream eine innovative Variante mit Brennstoffzellenantrieb zu liefern. Auch der Sprung über den Atlantik ist vorbereitet. In der kanadischen Provinz Quebec wird der iLint zu Testfahrten antreten. Hier besteht die erste Gelegenheit, den Zug mit grünem Wasserstoff zu fahren. Die elektrisch betriebene Eisenbahn entdeckt neue Möglichkeiten für die klimaneutrale Zukunft.

Die Antriebswender

Christian Hochfeld und Fritz Vorholz

Christian Hochfeld und Dr. Fritz Vorholz von der Agora Ver-
kehrswende zeichnen die verschlungenen und teils kuriosen
Pfade der Entwicklung und Durchsetzung des E-Autos nach.
Zufälle, überzeugte Pioniere und kluge Strategen sorgten für
den Durchbruch und unaufhaltsamen Erfolg der E-Mobilität.
Diese kann auch wie in Afrika auf zwei Rädern daherkommen.

Es ist nicht so, dass man sofort an Afrika denkt, wenn es um
Elektroautos geht. Schließlich ist Afrika der am wenigsten
motorisierte Kontinent, schließlich sind gerade dort Elektrofahrzeuge eine Rarität wie nirgendwo sonst. Und dennoch
spricht einiges dafür, die Aufmerksamkeit gerade auf Afrika
zu lenken, weil es die Weltregion mit dem höchsten Bevöl-
kerungswachstum ist, weil nirgendwo sonst der Nachholbedarf an motorisierten Fortbewegungsmitteln größer ist
als in Afrika. Gegen Ende des Jahrhunderts könnten dort
rund vier Milliarden Menschen leben[92], viele werden nach
Wohlstand streben, wozu vermutlich auch in Zukunft ein
fahrbarer Untersatz gehören wird.

Man versuche sich vorzustellen, was es in punkto Erderwärmung bedeutet, wenn immer mehr Afrikaner das
tun, was Europäer und Nordamerikaner ihnen jahrzehnte-
lang vorexerziert haben: durch Verbrennen von Benzin
und Diesel Bewegung zu erzeugen und so von A nach B zu
gelangen. Klimaschutz, das Zwei-, das Einskommafünf-
Grad-Ziel? Das sind Vorhaben, die sich dann schnell als
illusorisch erweisen werden. In mancherlei Hinsicht ist
Afrika heute vorbildlich. Es wird viel zu Fuß gegangen und

die wenigen motorisierten Fahrzeuge werden überwiegend gemeinschaftlich genutzt. Diese der Armut geschuldeten Strukturen gilt es zu überwinden – ohne allerdings bei der Verkehrsentwicklung in die Falle zu geraten, in die sich die industrialisierten Staaten des Nordens manövriert haben. Klingt utopisch? Bei der Telekommunikation haben die afrikanischen Länder den Sprung in die Zukunft bereits geschafft: Festnetztelefonie spielt auf dem afrikanischen Kontinent fast keine Rolle, aber viele haben ein Mobiltelefon. Die Perspektiven für solches Leapfrogging (eine Entwicklungsstufe überspringen) sind auch im Verkehrssektor nicht schlecht. Afrika verfügt über sämtliche Rohstoffe, die für die Fahrzeugelektrifizierung gebraucht werden, das Potenzial für die Erzeugung erneuerbarer Elektrizität ist immens und die Bevölkerung ist jung und digitalen Technologien gegenüber aufgeschlossen. All das sind gute Voraussetzungen für eine moderne, klimaverträgliche Mobilität: für die Elektromobilität.

Tatsächlich steht mittlerweile außer Frage, dass es zumindest beim Straßentransport der batterieelektrische Antrieb ist, der die interne Verbrennungsmaschine ablösen wird. Weltweit. Zwar ist der Ruf nach Technologieoffenheit in manchen Kreisen populär und mancherorts immer noch nicht verstummt; er führt indes in die Irre.[93] Tatsächlich existiert als Alternative zu Verbrennern nur für Batteriefahrzeuge bereits heute ein globaler Massenmarkt – und die Weiterentwicklung dieses Marktes verspricht vielfältigen gesamtgesellschaftlichen Nutzen. So entsteht sowohl bei der Fahrzeugentwicklung als auch beim Aufbau der Produktionskapazitäten neues Wissen über Technologien und über Produktionsverfahren. Dieses Wissen diffundiert, beispielsweise durch Personalwechsel, in die ganze

Branche oder auch darüber hinaus; der volkswirtschaftliche Nutzen übersteigt dadurch den privatwirtschaftlichen. Auf der Nachfrageseite tragen sogenannte »early adopters« dazu bei, Informationsdefizite und Unsicherheiten, zum Beispiel Reichweitenangst, bei potenziellen Nutzern abzubauen; übrigens auch anderswo, zum Beispiel in afrikanischen Ländern.

Schließlich geht eine frühe Marktdurchdringung auch mit positiven Netzwerkeffekten einher: Mit steigender Zahl von E-Fahrzeugen im Bestand wächst das Ladeinfrastrukturnetz und es wird dichter, wovon insbesondere auch jene profitieren, die erst später zur Elektromobilität finden. Das alles verlangt geradezu nach gezielter technologiespezifischer Förderung, um Technologieoffenheit zu gewährleisten. Der Hinweis, dass die Umweltverträglichkeit der Batteriefahrzeuge maßgeblich davon abhängt, auf welche Weise der Fahrstrom erzeugt wird, ist richtig, gilt aber erst recht für die viel energieintensiveren Alternativen E-Fuels oder Wasserstoff.

Es kommt eben nicht von ungefähr, dass Elektrofahrzeuge einen Siegeszug angetreten haben. In den wichtigsten Märkten wächst ihr Absatz inzwischen deutlich schneller als der gesamte Pkw-Absatz. In Deutschland, Großbritannien, Frankreich, Italien und Spanien fanden im zweiten Quartal 2023 insgesamt fast 50 % mehr batterieelektrische Pkw (BEV) einen Käufer als ein Jahr zuvor, ebenso wie in China. In den USA kletterte die Wachstumsrate sogar auf 67 %; im Juni 2023 wurden dort erstmals mehr als 100.000 E-Pkw in einem einzigen Monat verkauft.[94] Weltweit fahren mehr als 18 Millionen Pkw rein elektrisch[95], mit einem weltweiten Marktanteil von 13 % haben die BEVs die Schwelle zum Massenmarkt erreicht, stetig werden neue Modelle angeboten.[96] 425 Milliarden Dollar wurden im Jahr 2022 für den Kauf von Elektrofahrzeugen ausgegeben, lediglich zehn Prozent davon waren Subventionen.[97] Die OECD bezeichnet Elektrofahrzeuge inzwischen als »ausgereifte technologische Lösungen.«[98]

Es ist fast unglaublich, dass es dazu gekommen ist – und vor allem: wie schnell das geschah und in wie vielen Ländern fast zeitgleich. Schließlich ereilten viele Rückschläge die Antriebswende, viele Anläufe gelangten nie über das Stadium von Prototypen hinaus. Da wären zum Beispiel die beiden Elektro-BMWs, die bei der Sommerolympiade 1972 in München prestigeträchtig als Shuttle für Offizielle eingesetzt wurden.[99] Verschwunden. Oder der E-Golf, der nach der Ölpreiskrise bei der Suche nach Alternativen zu Benzin und Diesel helfen sollte. Vergessen. In den 1990er-Jahren folgte der Elektrofahrzeuggroßversuch Rügen, bei dem einige Dutzend E-Pkw verschiedener Hersteller getestet wurden, auch die scheiterten allesamt. Bei den eingesetzten Fahrzeugen handelte es sich um lediglich umgerüstete Verbrenner, Strom wurde damals vor allem aus Kohle erzeugt und war schmutzig und obendrein erwiesen sich die Batterien entweder als zu schwer oder als zu unzuverlässig.

»History shows that electric cars have come and gone ... and they're coming again«, hieß es 2015 im Green Car Journal, ein von Autoenthusiasten gemachtes Magazin.[100] Deutschland, die Autonation, das Diesel-Paradies, wo inzwischen (2022) allerdings ebenso viele batterieelektrische Pkw wie Selbstzünder neu zugelassen werden[101], spielt dabei keine wirklich wichtige Rolle. Wer jahrelang Verkaufsrekorde mit Benzin- und Diesel-Pkw eingefahren hat, wer sich den Ruf erworben hat, die besten Fahrzeuge der

Welt zu fabrizieren, der tut sich schwer, von Bewährtem zu lassen. Er wird zum Gefangenen vergangener Erfolge, die sich beim Aufspüren von etwas ganz Neuem als Bürde erweisen. Nicht, dass der elektrische Antrieb verteufelt wurde, aber in den Vorstandsetagen der Unternehmen wie in der Politik blieb das Engagement überschaubar. Unverdächtige Beobachter wie die OECD haben das wiederholt wissen lassen. Die Dekarbonisierung des Verkehrssektors sei »nicht auf Kurs«, Deutschland habe »Aufholbedarf«, das Ziel, bis 2030 15 Millionen Elektroautosauf die Straße zu bringen sei »weit entfernt.« [102]

Womöglich hätten die Dinge sich anders entwickelt, hätte es schon vor dreißig Jahren einen »E-Auto-Papst« gegeben, einen vom Schlage eines Bernhard Grzimek, der beharrlich und mit großer öffentlicher Resonanz zwar nicht für Elektromobilität, aber für den Schutz der Serengeti warb. Anderswo gab es solche Impulsgeber. Zum Beispiel in Norwegen, wo Morten Harket durch persönliche Aufsässigkeit eine Revolution in Sachen E-Mobilität entfesselte. Als Pionier betätigte sich auch Wan Gang, der Spezialist, der mit Fachkenntnis und analytischer Weitsicht das Vertrauen der chinesischen Staatsführung erwarb; China wurde daraufhin zum Eldorado für die Antriebswende. Selbst ein Rick Wagoner in Detroit hat das Elektroauto am Ende eher vorangebracht als ausgebremst.

Dabei war Wagoner, einst Chef des damals weltgrößten Automobilherstellers General Motors (GM), an der verheerendsten Niederlage beteiligt, die den elektrischen Antrieb jemals ereilen sollte. Jedenfalls sah das zunächst so aus. Das Drama spielte in Kalifornien, wo die staatliche Luftreinhaltungskommission, das California Air Resources Board (CARB), 1990 gesetzliche Regularien dekretierte, die

Autohersteller zum Bau von Null-Emissions-Fahrzeugen verpflichteten. Es ging damals weder um Klimaschutz noch darum, Ölvorräte zu schonen. Ziel war es einzig und allein, der Luftverschmutzung Herr zu werden, den berüchtigten Los Angeles-Smog zu bekämpfen, der in manchen Gegenden die Atemluft an jedem zweiten Tag mit toxischen Ozonkonzentrationen geschwängert hatte.[103] Um das zu ändern, sah das sogenannte Zero Emission Vehicle (ZEV)-Mandat vor, dass 1998 zwei Prozent der in Kalifornien verkauften Pkw emissionsfrei unterwegs sein sollen; bis 2001 sollte der Anteil auf fünf Prozent steigen, von 2003 an auf zehn Prozent.

Dafür hatten sich die CARB-Leute ein ausgeklügeltes System einfallen lassen. Es sollte nicht der pure Zwang regieren, auch Anreize sollten das Geschehen steuern: Die Hersteller konnten sich von der Pflicht zum Verkauf emissionsfreier Fahrzeuge freikaufen – und wer sein Soll übererfüllte, konnte Gutschriften an die Konkurrenz veräußern: Der Markt sollte im Dienst des Umweltschutzes wirken. Das Regelwerk galt damals als Bestandteil einer notwendigen, umfassenden Luftreinhaltepolitik. Und es ermunterte General Motors (GM), den EV1 auf den Markt zu bringen, ein von Grund auf neu entwickeltes elektrisches Serienauto, seiner Zeit weit voraus. Das Electric Vehicle One hatte ein Chassis aus Aluminium, war mit Antiblockiersystem ausgestattet, hatte eine Klimaanlage mit Wärmepumpe und glänzte mit einem sensationellen cW-Wert von 0.195.[104] GM produzierte 1117 Exemplare davon, die nur mit Leasingverträgen erhältlich waren. Obwohl der EV1 ein Zweisitzer mit begrenztem Platzangebot und einer bescheidenen Reichweite war, erlangte er Kultstatus, unter anderen gehörten Tom Hanks und Mel Gibson zu den Fans des Fahrzeugs.

Es scheiterte am Ende grandios. Dafür gibt es wohl einige Gründe, unter anderem falsches Marketing, aber auch: das Wirken von Rick Wagoner.[105]

Tatsächlich gelang es der fossilen Lobby, die kalifornischen Regularien aufzuweichen. Wagoner stellte daraufhin die Produktion des EV1 ein. Zu geringe Nachfrage, fehlende Rentabilität, hieß es. Das Unternehmen rief alle bereits ausgelieferten Fahrzeuge zurück und zerstörte die meisten von ihnen. Eins der wenigen Exemplare, die überlebten, ist im National Museum of American History zu besichtigen. Als die Fahrzeughalter ihre Autos wieder abgeben mussten, versammelten sie sich in Hollywood zu einem Korso, zu einer Trauerprozession; die meisten hatten ihren EV1 liebgewonnen. Wagoner gilt seither als »Mörder« des Elektroautos, Niederschlag fanden die Ereignisse in einem Dokumentarfilm mit dem Titel »Who killed the Electric Car?«.

Die Pointe folgte einige Zeit später: Wagoner räumte ein, die Einstellung des EV1 sei seine »schlechteste Entscheidung« gewesen und habe dem Image von GM geschadet.[106] Und Elon Musk fühlte sich berufen, Tesla zu gründen, nachdem GM »alle Besitzer von Elektroautos zwang, sie zurückzugeben, und sie auf einem Autofriedhof in die Schrottpresse steckte«, wie er auf Twitter wissen ließ.[107] Diese Wendung lässt Wagoners Wirken rückblickend in einem etwas anderen Licht erscheinen. Er hat zwar den EV1 »getötet«, nicht aber das Elektroauto.

So werden aus Niederlagen Siege: Tesla ist inzwischen nicht nur mehr wert als General Motors, Tesla-Fahrzeuge erobern weltweit die Automärkte. In Kalifornien war das Model Y 2022 das am meisten verkaufte Fahrzeug, gefolgt von Teslas Model 3.[108] Die meisten Elektroautos, auch die meisten Teslas, gibt es jedoch in Norwegen – jedenfalls pro

Einwohner. Mehr als jeder fünfte der 2,9 Millionen norwegischen Pkw fährt laut Statistik der Norwegian Road Federation/OFV vollelektrisch[109], Stand: Mitte August 2023. Deutschland bringt es auf gerade einmal zwei Prozent.[110]

Der Spitzenplatz der Norweger kommt nicht von ungefähr, die Geschichte dahinter ist einigermaßen kurios, hat viel mit zivilem Ungehorsam zu tun – und mit Morten Harket. Der ist Leadsänger der norwegischen Popgruppe a-ha, die unter anderem den Titelsong des James Bond Films »Der Hauch des Todes« (*The Living Daylights*) lieferte. 1989 waren Harket, ein weiterer Bandkollege sowie der Mitbegründer der norwegischen Umweltorganisation Bellona, Frederic Hauge, in der Schweiz unterwegs, wo sie auf einen Bastler trafen, der einen Fiat Panda zu einem Elektromobil umgerüstet hatte. Die drei fanden Gefallen an dem Fahrzeug, kauften es und brachten es nach Oslo. Wie damals überall waren Elektroautos auch in der norwegischen Hauptstadt Exoten, sie konnten nicht einmal angemeldet werden, höchstens als Wohnmobil. Selbstverständlich gab es auch keine Ladesäulen, man behalf sich mit einem Verlängerungskabel aus dem Büro von Hauge.

Bei den Fahrten durch Oslo weigerten sich die drei, die schon damals existierende City-Maut zu zahlen, sie parkten illegal und ignorierten sämtliche Strafanzeigen. Die Behörden ließen den unbezahlten Strafzetteln Taten folgen und beschlagnahmten das Auto, um es zu versteigern. Niemand wollte das Ding haben, und so erwarben es die ursprünglichen Besitzer erneut, bis das Spiel von vorne begann – unter wachsender medialer Aufmerksamkeit. Schließlich siegten Harket & Co., das war 1996: Die norwegische Regierung befreite Elektroautos von der Mautpflicht.[111]

Dabei blieb es nicht, Elektrofahrzeuge bekamen allerlei weitere Privilegien. Sie durften auf Busspuren fahren und gebührenfrei parken. Elektrische Firmenwagen erhielten Steuerprivilegien und Fähren durften kostenlos genutzt werden. Obendrein legte die staatliche Energieagentur Enova schon frühzeitig Förderprogramme für die Ladeinfrastruktur auf – mit dem Ergebnis, dass elektrisches Fahren in dem überwiegend dünn besiedelten Land problemlos möglich wurde. Als nach und nach immer mehr und immer bessere Elektrofahrzeuge auf den Markt kamen, war Norwegen jedenfalls bestens vorbereitet – auch dank Morten Haket.

Hakets Aufsässigkeit hätte Norwegen allerdings niemals zu seiner Spitzenposition bei Elektrofahrzeugen verholfen, wäre nicht Wan Gang auf den Plan getreten, einige tausende Kilometer entfernt, in China. Als jungen Mann hatte man ihn während der Kulturrevolution in ein Dorf nahe der nordkoreanischen Grenze geschickt, wo er Traktoren reparierte und dabei half, die örtliche Stromversorgung aufzubauen. Doch das Schicksal war ihm wohl gesonnen, Wan Gang, Jahrgang 1952, gehörte zu den wenigen seiner Generation, die im Ausland studieren durften: Antriebstechnik an der TU Clausthal. Anschließend heuerte er bei Audi an – und empfing chinesische Delegationen, die sich dafür interessierten, wie sie die heruntergekommene Autoindustrie Chinas zu Leben erwecken könnten. Unter ihnen war auch Zhu Lilan, die damals Ministerin für Forschung und Technologie war. Zhu und Wan kamen gut miteinander aus, im Jahr 2000 holte sie ihn zurück nach China, wo Wan die Staatsführung von einer revolutionären Idee überzeugte – und wo er ein paar Jahre später, obwohl kein Mitglied der Kommunistischen Partei, selbst Forschungsminister wurde.[112]

Getreu der Losung, reich werden sei ruhmvoll, hatte die »sozialistische Marktwirtschaft chinesischer Prägung« in den Küstenprovinzen des Landes damals schon einigen Wohlstand gebracht. Unter den neuen Reichen in den Millionenstädten wuchs nicht nur der Wunsch nach einem eigenen Auto (was bis 1983 verboten war), sondern auch der Unmut über die katastrophale Luftverschmutzung. China verfügte zwar über eine Autoindustrie, aber die Fahrzeuge wurden in insgesamt 116 Betrieben produziert, überwiegend in kleinen Stückzahlen, deshalb ineffizient und der internationalen Konkurrenz heillos unterlegen.[113] Wan ahnte, dass sich der Rückstand nicht aufholen ließ; und ihm war klar, dass Millionen Benzin- und Dieselfahrzeuge nicht nur die Luftverschmutzung ins Unerträgliche steigern würden, sondern auch Chinas Abhängigkeit von Ölimporten. Etwas ganz Neues sollte Abhilfe schaffen: eine Antriebstechnik, deren Maßstäbe China setzt, nicht die traditionellen Hersteller in Amerika, Japan oder Europa. Deren Technologie sollte China einfach überspringen – eine Strategie, die neudeutsch »Leapfrogging« heißt.

Unvorbereitet trafen Wans Gedanken die chinesische Führung nicht.[114] Schon seit 1995 hatte sie in diversen Fünfjahresplänen die Bedeutung von New Energy Vehicles (NEV) für die Zukunft des Landes erkannt, sie hatte ein nationales Forschungsprogramm (Programm 863) ausgerufen und schließlich ein Markteinführungsprogramm gestartet: »Thousands of Vehicles, Tens of Cities.«[115] Kaufprämien, Privilegien bei der Fahrzeugzulassung und Vorteile bei der Straßenmaut sollten zum Kauf von Elektroautos ermuntern; auch beim Fahrstrom gab es Vergünstigungen.[116] Das Programm erzielte zwar nicht sofort durchschlagenden Erfolg, aber es gab Nachfolger, die China am Ende zur Nummer eins bei Elektroautos gemacht haben: In punkto Herstellung, Verkauf und Export – ein Erfolg, der maßgeblich Wan Gang zuzuschreiben ist. »Resultat einer mehr als ein Jahrzehnt andauernden Förderpolitik«, schreibt die Internationale Energieagentur.[117]

Inzwischen kommt an China, dem weltweit größten Automarkt, niemand mehr vorbei. Auch deshalb droht ins Hintertreffen zu geraten, wer bei der Elektromobilität zögert. Das gilt auch für die Profitabilität, wie aus einer Studie der Boston Consulting Group für Agora Verkehrswende hervorgeht. Es zahle sich für jeden Hersteller aus, »sein Produktportfolio schneller als seine Wettbewerber zu elektrifizieren«, heißt es da.[118]

Fast überall auf der Erde werden Entwicklung und Absatz von Elektrofahrzeugen staatlich gefördert – durch Emissionsvorschriften, durch steuerliche Anreize, durch angekündigte Verkaufsverbote für Verbrenner. Auch jenseits der »einschlägig verdächtigen« Nationen, der wichtigsten Absatzmärkte für E-Fahrzeuge in China, Europa und den USA, tut sich einiges. So müssen zum Beispiel in Indonesien Regierungsfahrzeuge seit 2022 elektrisch fahren. Japan will mit seiner Green Growth Strategy dafür sorgen, dass im Jahr 2035 sämtliche neuen Pkw elektrisch unterwegs sind. Selbst Ghana hat sich inzwischen Ziele für den Verkauf von Elektrofahrzeugen verpasst.[119]

Womit wieder Afrika in den Fokus gerät. Dort fahren zwar nicht einmal vier Prozent aller Pkw[120], aber mindestens 20 Prozent aller motorisierten Zweiräder, die weltweit registriert sind.[121] Sie werden in afrikanischen Ländern überwiegend kommerziell genutzt, als Taxi oder Lieferfahrzeug.[122] Und obwohl sie, anders als die vor allem importierten Gebraucht-Pkw, überwiegend neu gekauft werden, sind sie schon heute deutlich günstiger als die Verbrennerkonkurrenz, über einen Lebenszyklus von fünf Jahren gerechnet. Es scheint, als sei die elektrische Revolution auch auf Afrikas Straßen nicht mehr zu bremsen. Sie kommt auch dort unaufhaltsam – wenn auch nicht auf vier, sondern zunächst auf zwei Rädern.

Akzeptanz von Elektromobilität

Meike Jipp

Dass es schwer ist, sich von liebgewonnen Gewohnheiten zu trennen, versteht Prof. Dr. Meike Jipp, Bereichsvorständin »Energie und Verkehr« im Deutschen Zentrum für Luft- und Raumfahrt (DLR) sehr gut. In ihrem fiktiven Gespräch führt sie vor, wie man es schaffen kann, sich von Mobilitätsroutinen zu lösen und für Neuerungen zu öffnen – und in diesem Zusammenhang auch Nutzer:in der E-Mobilität zu werden.

In Langenbrand im Nordschwarzwald wurde am 12. Februar 1999 ein Windrad auf der höchsten Erhebung im Umkreis von ca. 20 Kilometern aufgestellt. Einfach war dieser Weg nicht: Was, wenn das Windrad zu laut sein, die Tiere stören, der Natur schaden oder Touristen abschrecken würde? Würde es nicht die Landschaft und somit den weltberühmten Schwarzwald verschandeln? Immerhin war (und ist) Langenbrand ein Luftkurort!

Ich erinnere mich gut an diese Diskussionen; das Windrad sollte nämlich hinter dem Garten meines Großvaters errichtet werden. Umso überraschter war ich, als wir auf einer Wanderung von einem Reporter zu diesem Windrad interviewt wurden und dann am 18. März 1999 einen Artikel in der Pforzheimer Zeitung mit der Schlagzeile lesen konnten: »Frischer Wind über Wipfeln: Riesiger Rotor ist in Langenbrand inzwischen eine Attraktion«. Da standen erstaunlich positive Dinge: Das Windrad stehe im Wald und könne einem gar nicht auf den Kopf fallen; man höre keinen Lärm und man sehe es nicht, wenn es neblig sei. Wie es denn wäre, wenn man es bunt anstreichen würde?

So ähnlich war das Feedback aus den Interviews! So können sich Einstellungen ändern!

Im Juni 2021 wurde das Windrad nach einem Schwelbrand innerhalb weniger Tage abgerissen. Im März 2022 gab es nach einer langwierigen Planungsphase grünes Licht für die Errichtung eines neuen – und umstrittenen – Langenbrander Windparks.

Was aber hat diese Windradgeschichte mit der Akzeptanz von Elektromobilität zu tun? Eine ganze Menge! Um Sie von dieser Aussage zu überzeugen, möchte ich Sie zum Mithören einladen. Stellen Sie sich vor, Sie sitzen in einem Café in der Nähe von Langenbrand. Sie genießen einen schönen Blick über die hügelige Landschaft des Nordschwarzwalds und nehmen die sieben Windräder wahr, die aus dem Wald herausstechen. Sie sind auch unfreiwilliger Zuhörer eines Gesprächs von zunächst zwei Frauen am Nebentisch.

Fiktives Gespräch: Vom Verbrenner zum Elektroauto

Steffi: Hallo Anja, schön, dich zu sehen! Wie geht's dir? Ich hoffe, du wartest noch nicht lange?!

Anja: Hallo Steffi, schön, dass du da bist. Keine Sorge. Ich genieße den Blick über den Schwarzwald und freue mich, hier zu sein. Wann kann ich das denn schon einmal?!

Steffi: Ja, da hast du recht. Schau mal, hier verändert sich doch etwas. Hast du das schon gesehen? Hier stehen jetzt sieben Windräder! Wie kommt das denn? Erinnerst du dich noch an die Diskussionen um das erste Windrad kurz nach unserem Abi?

Anja: Ja, natürlich, mein Großvater lebte doch in einem dieser Häuser da drüben ... Erst war das Windrad der Ruin für den Schwarzwald und dann die Attraktion.

Steffi: Du wirst lachen, aber das ist doch typisch für Akzeptanz! Ich erinnere mich an eine klassische Studie von LaPiere (1934): Er reiste mit einem chinesischen Ehepaar durch die USA, übernachtete in vielen Hotels, die eigentlich keine chinesischen Staatsbürger und Staatsbürgerinnen bei sich übernachten lassen wollten. Fast alle Hotels lehnten bei schriftlichen Anfragen die Übernachtung ab; als er aber mit dem Ehepaar vor der Tür stand, wurde er nur von sehr wenigen Hotels abgewiesen. Es ist also ganz wichtig, bei dem Thema Akzeptanz zwischen Einstellung und tatsächlichem Verhalten zu unterscheiden.

Anja: Hm, es soll besser sein, nicht nach den Einstellungen zu fragen, sondern einfach zu machen und zu hoffen, dass der Protest dann doch nicht so schlimm wird? Ich bin zwar keine Psychologin, aber ich hätte echt Bedenken!

Steffi: Lass uns ein anderes Beispiel nehmen: vollelektrische PKW. Und lass mich mal eine Umfrage mit dir machen. Inwieweit stimmst du folgender Aussage zu? »Ich finde die Nutzung von vollelektrischen Pkw gut, um den Klimaschutz voranzutreiben.« Wie reagierst du?

Anja: Finde ich natürlich super! Ich stimme voll zu. Schau dir doch mal die Bilder von den Bränden auf Rhodos, von den schwindenden Gletschern in der Schweiz, vom kaputten Wald im Harz oder von den Überschwemmungen im Ahrtal an! Das könnte auch im Schwarzwald passieren. Klar stelle ich mich voll hinter diese Aussage!

Steffi: Wie sieht es mit folgender Aussage aus? »Ich ersetze gerne meinen vorhandenen Pkw mit Verbrennungsmotor durch einen vollelektrischen PKW.« Wie reagierst du jetzt?

Anja: Moment, so einfach ist das nicht. Ich weiß gar nicht so richtig, wie das funktioniert und ob das funktioniert. Weißt du, ich fahre doch eigentlich gar nicht so viel. Da ist es doch fast egal, ob ich elektrisch oder mit einem Diesel fahre! Das rettet doch das Klima nicht!

Steffi: Siehst du? Es ist ein großer Unterschied, nach welchem Akzeptanzbereich ich frage. Bei meiner ersten Frage habe ich dich nach deiner Einstellung gefragt; du warst persönlich nicht direkt betroffen. Meine zweite Frage betraf dein Verhalten, deine persönliche Mobilitätsroutine! Menschen verändern Routinen nicht gerne. Es ist nämlich anstrengend. Spannend ist auch, wie leicht es Menschen fällt, ihr Verhalten zu erklären, wenn es nicht zur Einstellung passt. Auch du hast das gerade getan. Du hast angedeutet, dass du die Klimakrise als bedrohlich empfindest; du hast deutlich gemacht, dass du generell dafür bist, das Klima zu retten; du hast gemerkt, dass du dich mit deiner Entscheidung gegen einen vollelektrischen PKW kontraproduktiv zu deiner Einstellung verhältst. Diesen »innerlichen Zustand« bezeichnen wir als kognitive Dissonanz. Du hast ihn für dich »entspannt«, indem du mir erklärt hast, dass die wenigen Kilometer, die du unterwegs bist, den Kohl nicht fett machen.

Anja: Moment, jetzt hast du mich abgehängt. Was ist kognitive Dissonanz?

Steffi: Das ist ein innerer Spannungszustand, der entsteht, wenn Einstellung und Verhalten nicht zueinander passen: »Ich bin für Klimaschutz« vs. »Ich fahre gerne mit meinem Verbrenner und schade damit dem Klima.« Dieser Spannungszustand lässt sich reduzieren, indem Erklärungen herangezogen werden: Der CO2-Ausstoß für meine wenigen Kilometer ist gering; das spielt doch keine Rolle. Das Problem entsteht, wenn alle so denken, denn dann rettet keiner das Klima, obwohl es alle retten wollen.

Anja: Hm, das ist ja richtig anstrengend heute mit dir, Frau Psychologin! Steffi, wenn ich das richtig sehe, ist da unten gerade Nadine angekommen. Schau mal, das passt zum Thema: Sie schließt ihr Auto gerade an eine Ladesäule an!

Nadine: Hallo ihr zwei, ihr habt ja richtig rote Wangen. Was hattet ihr denn für ein Thema?

Anja: Nein, wir streiten nicht, aber wir diskutieren ein echt spannendes und wichtiges Thema: Elektromobilität. Habe ich es jetzt eigentlich richtig gesehen, dass du ein Elektroauto fährst? Das sah so aus, als hättet du dein Auto an die Ladesäule angeschlossen!?

Nadine: Ja, klar! Du glaubst nicht, wie entspannend das ist! Das Auto fährt richtig leise. Das ist gerade für unsere langen Fahrten echt angenehm. Und es fühlt sich einfach toll an, etwas für den Klimaschutz zu tun. Ihr kennt ja die Bilder aus Griechenland, die ständige Trockenheit hier im Sommer. Wir kommen mit dem Gießen unseres Gartens ja gar nicht hinterher! Seit neuestem haben wir übrigens auch eine Photovoltaikanlage auf dem Dach, sodass wir das Auto mit unserer eigenen Energie ›tanken‹ können. Funktioniert super!

Anja: Und was machst du unterwegs? Ihr fahrt doch gerne mit dem Auto nach Frankreich!

Nadine: Es ist überhaupt kein Problem, Stromtankstellen zu finden. Ich habe es vor allem zu schätzen gelernt, die Ladezeiten als Me-Time zu nutzen. In Ruhe Zeitung lesen, in Ruhe Kaffee trinken, sogar Entspannungsübungen gibt es inzwischen für diese Weile, bis die Batterie wieder voll ist – »Laden« für Mensch und Auto!

Anja: Lass mich das bitte mal verstehen. Wenn ich mich richtig erinnere, dann hattet ihr doch einen Diesel, oder? Warum habt ihr denn jetzt einen elektrischen Pkw?

Nadine: Unsere liebe Tochter hat sich geweigert, weiter in den Diesel einzusteigen. Zuerst dachten wir, ja, so ist das eben mit Teenagern. Irgendwann beruhigen sie sich. Das war aber nicht so. Durch die vielen, nicht leichten Gespräche mit ihr hat sich dann auch unser Blick verändert. Als dann der Neukauf anstand, war klar, dass es nur ein elektrischer Pkw sein kann.

Steffi: Die Daten zeigen genau dies: Die subjektive Norm beeinflusst unser Verhalten.

Anja: Siehst du, Nadine, wir erleben heute eine Psychologievorlesung. Steffi erklärt nämlich, wie das mit Akzeptanz, Einstellungen und Verhalten so ist … Was zum Teufel ist denn jetzt diese subjektive Norm?

Steffi: Sie beschreibt letztendlich den Druck, ein bestimmtes Verhalten an den Tag zu legen. Deine Tochter erwartet, dass du vollelektrisch fährst. Deine Tochter ist dir wichtig, also spürst du Druck, diese Erwartungen zu erfüllen und genau das hast du gemacht.

Steffi: Ich finde deine Idee, Nadine, die Ladezeit als Me-Time zu nutzen, interessant. Auch wenn ich euch jetzt nerve, dann erinnert mich das an die klassischen Change Management-Prozesse: Es fällt Menschen schwer, sich von liebgewonnen Routinen zu verabschieden. Wenn sie dann den Absprung geschafft haben, entdecken sie neue Routinen, mit denen es ihnen oft sogar besser geht.

Anja: Das Problem kenne ich. Ich versuche gerade, mir anzugewöhnen, am Morgen Tee zu trinken. Ich weiß, dass mir Tee besser tut und mir auch besser schmeckt. Trotzdem finde ich mich häufig mit Kaffee am Frühstückstisch wieder. Blöde Routine! Ist das ähnlich wie mit der Mobilität? Wie entstehen denn solche Routinen und wie lassen Sie sich ändern? Abgesehen von diesem sozialen Druck ...

Steffi: Weißt du, sie entstehen fast immer an Situationen, in denen sich etwas Essentielles im Leben ändert. Stell dir mal vor, du ziehst in eine neue Stadt und kennst den Weg ins Büro noch nicht. Du überlegst dir dann, welche Optionen du hast. Nehmen wir mal an, du hast ein Auto, kannst also mit dem Auto fahren. Du hast aber auch ein Fahrrad, kannst also auch mit dem Rad fahren. Und du kannst zu Fuß gehen oder den öffentlichen Personennahverkehr nutzen. Du hast also die Qual der Wahl! Jetzt musst du dir also überlegen, was dir bei der Mobilität wichtig ist. Zeit? Geld? Komfort?

Anja: Das ist leicht. Mir ist Zeit wichtig.

Steffi: Ja, dann ist klar, dass du das Auto nimmst.

Anja: Warum ist das so klar?

Steffi: Die Pendelwege sind in Deutschland durchschnittlich 16 km lang, sodass das Fahrrad und das Zufußgehen beim Faktor Zeit kaum gewinnen können. Studien zeigen zudem, dass die Fahrten zum Arbeitsort mit dem öffentlichen Verkehr durchschnittlich dreimal so lange dauern wie die Fahrten mit dem Auto. Da dir also die Zeit wichtig ist, entscheidest du dich, das Auto zu nehmen.

Anja: Moment, ich bin nicht der Durchschnitt! Wenn ich etwas weiß, dann, dass Statistiken nicht auf Einzelfälle übertragbar sind.

Steffi: Ja, ok! Jetzt gehen wir der Einfachheit halber mal davon aus, dass du ein zufällig gezogenes Beispiel bist und somit die Statistik auf dich übertragbar ist. Dann entscheidest du dich also, morgen das Auto zu nehmen. Und wenn morgen zum Beispiel das Auto kaputt ist, könntest du dich entscheiden, mit dem Fahrrad zu fahren.

Anja: Das ist übrigens deutlich gesünder. Sollte ja auch eine Rolle spielen!

Steffi: Und wenn dir morgen früh die Bilder von der Gletscherschmelze in Grönland durch den Kopf gehen, könntest du dich entscheiden, doch lieber die S-Bahn zu nehmen.

Anja: Der Gedanke gefällt mir. Da könnte ich lesen. Mein Buch ist gerade so spannend.

Steffi: Siehst du, das Auto mag Vorteile haben, aber die anderen Optionen haben auch ihre Vorteile. Wichtig ist also, offen für neue Erfahrungen zu sein, andere Optionen einfach mal ausprobieren zu wollen und lernen zu wollen, was sie denn so für Vorteile haben. Schwierig damit wird es aber, wenn die Routine erst einmal da ist. Wenn wir einmal eine Entscheidung für eine Option getroffen, sie umgesetzt und festgestellt haben, dass das alles zu unseren Erwartungen passt, dann bildet sich langsam aber sicher eine Routine.

Anja: Wenn ich also morgen früh tatsächlich mit dem Auto fahren würde und dann feststellen würde, dass ich schneller im Büro bin, als ich dachte, dann fahre ich übermorgen mit einer größeren Wahrscheinlichkeit mit dem Auto ins Büro. Richtig?

Steffi: Genau, du würdest dich freuen, wenn du erlebst, dass du schneller ankommst, als du dachtest. Oder im Psychologiesprech: Die Entscheidung für das Auto wird belohnt; und es ist übermorgen wahrscheinlicher, dass du wieder mit dem Auto fährst. Wenn du das dann ganz oft über ganz viele Jahre hinweg machst, dann entwickelst du eine Mobilitätsroutine. Du denkst nicht länger über die anderen Optionen nach, du fährst einfach mit dem Auto.

Anja: Ja, das verstehe ich, aber wir reden doch nicht drüber, vom PKW zum Beispiel auf das Fahrrad umzusteigen. Es geht darum, den Diesel oder Benziner durch einen elektrischen Antrieb zu ersetzen! Ist doch egal, mit welchem Antrieb das Auto fährt! Hauptsache Auto!

Nadine: Nein, die Routinen innerhalb des Autofahrens sind anders. Ich muss zum Laden nicht unbedingt zur Tankstelle, muss aber dran denken, am Abend das Auto an die Wallbox vor der Haustür anzuschließen oder an die Ladesäule beim Supermarkt. Ich muss auf dem Schirm haben, dass die Heizung im Auto im Winter etwas mehr Strom verbraucht und somit die maximale Reichweite sinkt. Auf den Wegen zum Büro ist das aber kein Problem. Das Autofahren mit dem vollelektrischen Antrieb ist schon anders, aber wie ich oben schon sagte: Es ist besser! Das sieht man nur irgendwie am Anfang nicht.

Steffi: Ja, das ist die Schwierigkeit. Eine Veränderung von Routinen ist zunächst anstrengend; Menschen leisten Widerstände gegen diese Veränderungen. Die Widerstände müssen überwunden werden und dann probieren Menschen ein neues Verhalten aus. Sie erleben, dass dieses neue Verhalten gut, sogar besser ist als die frühere Routine. Und dann ist es geschafft!

Nadine: Genau so war es … Unsere Tochter hat den Impuls gegeben, Michael und ich haben protestiert. Unsere Tochter hat dagegengehalten. Dann kam dazu, dass wir im Garten immer mehr Probleme mit der Trockenheit bekommen haben. Früher mussten wir deutlich weniger gießen; jetzt bezahlen wir ein Vermögen für das Bewässern des Gartens. Die Pflanzen vertrocknen sonst einfach. Das war der Punkt, an dem wir dachten, dass unsere Tochter vielleicht recht haben könnte und wir uns einfach mal drauf eingelassen haben, im Urlaub einen vollelektrischen PKW zu mieten. Wir haben schnell festgestellt: Elektrisches Fahren ist ja gar nicht so schlecht ...

Anja: Das kann ich ja verstehen, aber es hat ja nicht jeder eine Tochter, die den Impuls gibt, Widerstände zu überwinden. Ich will mir ja gar nicht vorstellen, wie viele Diskussionen ihr darüber hattet. Das muss doch auch anders gehen!

Steffi: Hm, über das Prinzip von Zuckerbrot und Peitsche oder Sticks and Carrots, wie das auf Denglisch so schön heißt. Die Impulse können auch durch geänderte Rahmenbedingungen entstehen: steigende Benzinpreise zum Beispiel.

Anja: Steigende Benzinpreise!? Das Leben ist dank der Inflation schon teuer genug! Das fände ich ja echt nicht gut!

Steffi: Treffer! Auch, wenn du dich jetzt aufregst, liebe Anja! Du spürst, dass du mit einer Fortführung deiner Routine Nachteile haben könntest. Der »Stick« wirkt also. Du reagierst mit Reaktanz, d.h. du protestierst mehr oder weniger lautstark gegen diese neue Rahmenbedingung. Wenn sie weg wäre oder nicht kommen würde, wäre ja alles gut! Wenn der Protest nichts ändert oder der Druck noch steigt, dann wirst du früher oder später den Widerstand aufgeben und dein Verhalten anpassen, also elektrisch fahren.

Anja: Ja, aber da fehlt doch noch etwas. Die Karotte bzw. das Zuckerbrot, was ist denn damit? Kostenloses Parken für Elektroautos, reduzierte Steuern, Prämien für den Kauf von Elektroautos?

Steffi: Hm, die Schwierigkeit besteht darin, dass die Menschen die Karotte auch wahrnehmen müssen. Sonst bringt sie nichts. Durch die Ausbildung der Routine verlieren die Alternativen die Aufmerksamkeit, d.h. die Karotten werden nicht gesehen und können somit kaum Wirksamkeit erreichen. Weißt du, wie hoch die Steuern für die vollelektrischen Pkw sind? Würde es dir auffallen, wenn sie deutlich niedriger wären als die Steuern für Dein Fahrzeug?

Anja: Nein, warum auch! Ich fahre ja kein Elektroauto. Ok, ich gebe zu, das ist genau der Mechanismus, der verhindert, dass diese geänderten Rahmenbedingungen wirklich stark wirken. Und die Sticks nehmen wir wahr. An der Tankstelle fällt es uns auf, wenn wir plötzlich mehr bezahlen müssen. Du, aber es kann doch nicht sein, dass wir diese Bevölkerung in den Protest treiben, um das Klima zu retten. Das gefällt mir nicht.

Steffi: Hm, ein schlaues Zusammenschalten von Sticks und Carrots könnte funktionieren. Werden beide Kategorien von Maßnahmen gleichzeitig ins Leben gerufen, dann könnte das dem Protest den Wind aus den Segeln nehmen. Überlege mal, die Benzinpreise steigen, dafür sinken die Preise für die Elektromobilität. Wichtig ist eben dann noch, dass ganz oft erzählt wird, dass die Preise für die Elektromobilität sinken, dass die Ladezeit als Me-Time genutzt werden kann, dass die Fahrer, Fahrerinnen von Elektroautos weniger gestresst sind. Es gibt also ganz viele Vorteile von Elektroautos; über diese Vorteile muss man immer wieder sprechen! Idealerweise sollten das auch Menschen tun, die von anderen als integre Persönlichkeiten oder Vorbilder wahrgenommen werden, zum Beispiel Sportidole, Schauspieler, Politiker, Polizei, Feuerwehr, etc.

Anja: Allmählich habt ihr beide mich ja soweit ... Ich denke mal drüber nach, meine Einstellung zu überdenken. Ich will ja auch im Geist flexibel bleiben. Vielleicht hilft es, einfach mal etwas Neues auszuprobieren!?

Zusammenfassung

Mobilität bewegt uns alle, im wahrsten Sinne des Wortes. Wir sind mobil, um unsere Bedürfnisse nach Nahrung oder sozialen Kontakten befriedigen zu können. Die Art und Weise aber, wie wir in den letzten Jahren größtenteils mobil waren, schadet unserem Klima und damit auch uns. Es ist daher wichtig, dass wir diese Routinen überdenken und durch klimafreundlichere Mobilitätsroutinen ersetzen.

Jetzt schulde ich Ihnen noch eine Antwort auf die Frage, was das eigentlich alles mit Windrädern zu tun hat! Eine ganze Menge, hatte ich zu Beginn geschrieben. Das Gute an der Psychologie ist, dass gewisse Verhaltensmuster situationsunabhängig sind. Routinen gibt es nämlich nicht »nur« in der Mobilität. Routinen gibt es im Sport, beim Essen und Trinken oder beim Blick aus dem Fenster. Auch der Aufbau eines Windrads verändert das Leben der Anwohnerinnen und Anwohner. Auch hier entstehen Sorgen, zum Beispiel über eine Verschandelung der Landschaft. Das reale Erleben des Windrads zeigt auch hier, dass Veränderungen gut sein können. Windräder können sogar Touristen anziehen!

Auch die Veränderung von Mobilitätsroutinen hin zur Elektromobilität kann eine sehr gute Erfahrung sein. Warum sollte man sich vor einer solchen Erfahrung verschließen? Es ist sicherlich einfacher vom Verbrennerauto auf eine E-Fahrzeug umzusteigen als von einem Auto auf ein Fahrrad oder in den Bus. Das wäre eine größere Veränderung und könnte Thema der nächsten Gesprächsrunde sein, der Sie dann vielleicht beim nächsten Cafébesuch lauschen dürfen. Die Damen würden es Ihnen bestimmt nicht verübeln. Apropos Damen: Falls Sie Steffi, Anja oder Nadine an Personen aus Ihrem Umkreis erinnern, dann seien Sie sich sicher: Ähnlichkeiten sind reiner Zufall! Im Übrigen diskutieren bestimmt auch Männer solche Themen, aber bestimmt anders.

Die Zeit drängt zur Beschleunigung.
Wir können es schaffen!

Fazit von Winfried Hermann

Die sehr unterschiedlichen Texte, die verschiedenen Perspektiven der Autor:innen haben einige gemeinsame Botschaften. Die Transformation der Mobilität und die Antriebswende kommen trotz mancher Probleme voran. Die meisten sehen im Wandel mehr Chancen als Risiken. Innovative Technologien sind verfügbar und können eine klimafreundliche Mobilität ermöglichen. Zweifel bestehen, ob wir die notwendigen Veränderungen und Umstellungen schnell genug schaffen.

Die aktuellen Ergebnisse von wissenschaftlichen Studien und Kommissionen im Jahre 2023 machen erneut deutlich: Die CO_2-Emissionen steigen global weiter an. Die Erderwärmung schreitet schneller voran, als die Wissenschaft vorhergesagt hat. Die Folgen der menschengemachten Erhitzung des Planeten sind nicht länger Prognosen von Klimaexpert:innen, sondern von uns allen beobachtbare und erfahrbare Veränderungen: sei es in Form von extrem trockenen und heißen Sommern, gigantischen Waldbränden und dramatischen Ernteausfällen; sei es als Hochwasserkatastrophe in Folge von ungewöhnlichem Starkregen oder als Eis- bzw. Gletscherschmelze an den Polen oder in den Bergen. Für die Autoren:innen und den Herausgeber sind dies kräftige Anstöße zum Handeln.

Inzwischen wissen wir ziemlich gut, wer oder was wie viel Treibhausgase verursacht. Und wir wissen, dass der Verkehrssektor in Deutschland und Europa einen großen Anteil daran hat und Reduktionsziele seit Jahren verfehlt.

Weltweit nimmt die Zahl der Fahrzeuge mit fossilem Antrieb immer noch zu. Von den rund 1,3 Mrd. Fahrzeugen sind trotz überproportionaler Wachstumsraten 2022 gerade einmal 28 Mio. elektrisch angetrieben. Die Umstellung auf klimafreundliche Elektromobile ging im letzten Jahrzehnt nur schleppend voran. Während im Energiesektor, aber auch im Industriebereich alternative, erneuerbare Energien und Energieeffizienz zur Reduktion der Treibhausgase zunehmend beitragen, steckt die Energiewende im Verkehr noch in den Anfängen.

Gleichwohl nimmt die Antriebswende mit Beginn der Zwanzigerjahre deutlich an Fahrt auf, wie die exponentiellen Wachstumsraten von neu verkauften E-Fahrzeigen weltweit belegen.

Der Umstieg auf klimafreundliche Verkehrsarten verzögert sich ... leider!

Die Verlagerung von Personen- und Güterverkehr auf umwelt- und klimafreundliche Verkehrsmittel ist trotz vielfacher regionaler und lokaler Anstrengungen insgesamt (noch) nicht gelungen. In Deutschland wie auch in den größeren EU-Staaten werden deshalb die Verbesserung und der Ausbau des Schienenverkehrs und des öffentlichen Personennahverkehrs vorangetrieben – mit größerem Engagement und mehr finanziellen Mitteln als früher! Die Sanierung und Modernisierung des Schienenverkehrs – insbesondere des Güterverkehrs – wird aufgrund jahrzehntelanger Versäumnisse in Deutschland mindestens zwei Jahrzehnte dauern. Sie wird sehr viel Personal und Kapital erfordern. Aber daran führt kein Weg vorbei.

Die Steigerung der Leistungsfähigkeit des Schienenverkehrs ist zwingend für mehr klimafreundlichen Transport. Ohne ihn wird die Verkehrs- und Transportwende kaum gelingen. Die Notwendigkeit einer Verkehrswende, die zugleich Mobilitätswende und Antriebswende ist, findet erfreulicherweise immer breitere Zustimmung. Die Umstellung der Menschen auf die Nutzung klimafreundlicher Verkehrsmittel gelingt aber nur, wenn das Angebot gut und verlässlich ist und die Tickets einfach und preiswert. Die Fortschritte, die wir in Deutschland in den letzten Jahren gemacht haben, mit engeren Takten und günstigen Tarifen (z.B. mit dem Jugendticket BW und dem Deutschlandticket), werden leider durch Personal- und Materialausfälle immer öfter konterkariert.

Die Verbesserung des Angebots in den letzten Jahren führte auch zur Überlastung der vorhandenen, begrenzten Schieneninfrastruktur mit den Folgen von extremen Verspätungen und verpassten Anschlüssen. Die Verschleißanfälligkeit der alten Anlagen führt immer öfter zu Zugausfällen. All das bremst die Bereitschaft für den notwendigen Umstieg aus. Die dringend notwendige Sanierungsoffensive der Bahn wird erstmal zu weiteren Störungen des Systems führen. Das wird Jahre dauern und ist nicht vermeidbar.

Hinzu kommt eine Siedlungsentwicklung, die zusammen mit einem autobasierten Verkehrssystem über Jahrzehnte Verkehrszwänge, Lebensmodelle und Mobilitätsmuster geschaffen und zementiert hat, die nicht leicht überwunden werden können. Die Gliederung und funktionale Trennung der Stadt und der Räume für Wohnen, Arbeiten, Bildung, Erholung und Verkehr, entsprechend dem Leitbild der Charta von Athen (Internationales Manifest 1933 in Athen), prägt große und kleine Siedlungen bis heute. Einige Wochen Coronapandemie mit weitreichendem Lockdown haben aber auch gezeigt, wir können auch anders, wenn es nicht anders geht. Radfahrern erlebte einen Boom, genauso wie die Naherholungsgebiete.

Immerhin hat sich dank Homeoffice und Digitalisierung der Arbeit der automobile Pendlerverkehr etwas reduziert, wie die automatischen Verkehrszählungen an Bundes- und Landesstraßen zeigen. Die Änderung von Bewegungsmustern und Bewegungsverhalten ohne Zwang ist ein langwieriger Prozess. Gleichwohl muss er von der Politik beständig angetrieben werden durch Veränderung der Rahmenbedingungen der Mobilität. Die Städte müssen mehr Platz schaffen für Fuß- und Radverkehr und zum Verweilen.

Die Dominanz des Autoverkehrs gilt es in den Zentren von Städten und Gemeinden schrittweise zu reduzieren. Klimafreundliche Verkehrsmittel müssen kostengünstig und komfortabel angeboten bzw. ermöglicht werden. Und sie müssen verlässlich funktionieren. Das ist die große Gemeinschaftsaufgabe von Bund, Ländern und Kommunen zusammen mit den Verkehrsunternehmen und Verbünden. Alle müssen aufhören, auf den anderen zu zeigen und von den anderen mehr zu fordern. Alle müssen mehr tun für die Mobilitätswende!

Die Antriebswende hat großes Potenzial, das es zu nutzen gilt

Angesichts dieser Probleme und hinderlicher Strukturen scheint die technische Verbesserung des Autoantriebes deutlich einfacher als die Änderung des Mobiltätssystems: statt mit Diesel oder Benzin wird mit synthetischen oder biologischen, klimaneutralen Kraftstoffen gefahren; statt des Verbrennermotors nutzt man einen Elektromotor mit erneuerbarem Strom aus Batterien; oder man treibt den Elektromotor mit Brennstoffzellen und Wasserstoff an. Die technischen Lösungen sind im Grundsatz bekannt und auch schon erprobt. Allerdings ist die Transformation vom Modell zum Massenprodukt, die Hochskalierung zur effizienten und kostengünstigen, industriellen Produktion die große Herausforderung.

Hinzu kommt der Aufbau der neuen Infrastruktur, zum Laden bzw. Tanken, was auch nicht so einfach zu schaffen ist, das belegen verschiedene Beiträge. Die Antriebswende bietet aber ein sehr großes Potenzial, ökonomisch und ökologisch, für die Verkehrswende, besonders in Deutschland und in der EU. Um die Klimaschutzziele im Verkehr zu erreichen und den Ausstieg aus dem fossilen Verbrennerauto bis 2035 zu schaffen, müssen Politik und Wirtschaft die Antriebswende noch stärker in den Fokus ihrer Strategien setzen. Die Technologien sind marktreif, das Angebot an klimafreundlichen Fahrzeugen wächst beständig.

Die Industrie hat sich aufgemacht zur Wende: die Automobilindustrie, die Bahnindustrie und die Flugwirtschaft. Darauf verweisen gleich mehrere Beiträge. Das macht Hoffnung. Die Energie- und Mineralwirtschaft sind gefordert, die nötige Infrastruktur schnell aufzubauen. Einige größere Mineralölkonzerne erwecken allerdings den Anschein, dass sie das Ende ihres Geschäftsmodells noch nicht begriffen haben. Sie sollten sich schleunigst um ein neues Geschäftsmodell bemühen: die Versorgung mit neuen, erneuerbaren Kraftstoffen und mit Wasserstoff. Die öffentliche Hand kann und muss beim Aufbau mithelfen mit Richtlinien und Gesetzen. Kommunen sollten geeignete Flächen für die öffentliche Ladeinfrastruktur bereitstellen, Bund und Länder können den Aufbau anreizen und fördern. Der Staat wird aber in einer Marktwirtschaft nicht zum Betreiber von Tankstellen und Ladestationen werden. Tesla war übrigens deshalb so erfolgreich, weil das E-Auto gleich samt der dazu passenden und funktionierenden Ladeinfrastruktur angeboten und verkauft wurde.

Man hat nicht auf die staatliche Unterstützung gepocht und gewartet wie große Teile der deutschen Autoindustrie, sondern eine Lösung entwickelt. Es ist richtig, dass sich mehrere Hersteller inzwischen zum Aufbau einer europäischen Ladeinfrastruktur zusammengetan haben.

Es gibt ein neues Verantwortungsbewusstsein bei den Unternehmen

»CO$_2$-neutral zu werden, ist angesichts des Klimawandels unsere Verpflichtung als verantwortungsbewusstes Unternehmen – und das Herzstück unserer Strategie.« ~ Ola Källenius

Die unterschiedlichen Beiträge, ob fachlich-wissenschaftlich oder aus der Perspektive eines Unternehmens geschrieben, haben einige herausstechende Gemeinsamkeiten. Das ist nicht selbstverständlich. Das wäre so noch vor zehn Jahren kaum möglich gewesen. In der öffentlichen Debatte, in Politik, Gesellschaft und Wirtschaft hat sich viel verändert, auch wenn das viele noch nicht wahrgenommen haben oder den neuen Tönen nicht trauen. Manche einst gut begründete Urteile (beispielsweise über »die Automobilindustrie«) haben eine lange Laufzeit und werden bisweilen zu Vorurteilen, die nicht mehr angemessen sind.

Alle Autor:innen, auch Hildegard Müller für den Verband der Automobilindustrie VDA, nehmen Bezug zur Klimaveränderung und betonen die Notwendigkeit von wirksamen Maßnahmen zum Klimaschutz. Alle sehen auch den Verkehrssektor in der Pflicht, einen relevanten Beitrag zum Klimaschutz zu leisten, mehr zu tun und schneller zu handeln, denn die Klimaveränderung hält nicht inne, bis wir sortiert sind, das haben alle verstanden. Zweifellos werden zwischen den Zeilen und auch explizit in den Texten unterschiedliche Betonungen gesetzt. Das ist nicht verwunderlich und den verschiedenen Aufgaben und Interessen zuzuschreiben.

Es ist beachtlich, wie deutlich sich manche leitende Manager:innen zum Klimaschutz bekennen und für ihr Unternehmen ambitionierte Ziele setzen. Stefan Hartung (CEO Bosch) beispielsweise spricht vom »Kampf gegen die große Menschheitsherausforderung Klimawandel«. Andere Manager formulieren es ähnlich. Das war nicht immer so. Viele Jahre kam zuallererst das ökonomische Interesse und dann der Klimaschutz. Die neue, jüngere Generation von Führungskräften, so scheint es, denkt in Sachen Klimaschutz und Nachhaltigkeit anders als ihre Vorgänger:innen. Sie betonen den Dreiklang der Nachhaltigkeit: ökologisch, sozial und wirtschaftlich nachhaltig.

»Transformation ist die Aufgabe unserer Generation«, schreibt Ola Källenius. Man wird sie an ihren Taten messen. Ich habe in meinen Gesprächen und Begegnungen gelernt, dass sie es ernst meinen. Wir sollten das auch ernst nehmen, denn wir brauchen sie als verlässliche und kompetente Partner der Transformation.

Die Transformation gestalten

»Wer hier mitwirkt, hat die Chance, Zukunft entscheidend zu gestalten.« ~ Holger Klein, CEO ZF

Ich bin überzeugt, dass die neuen klimafreundlichen Antriebstechnologien nicht zum wirtschaftlichen Schaden führen werden, denn weltweit ist die Verkehrswirtschaft in der Pflicht, sich umzustellen. Den ökonomischen Nachteil werden diejenigen mittel- bis langfristig haben, die darauf setzen, dass sie noch lange mit den alten klimaschädlichen Angeboten Erfolg haben werden. Das Zögern bei der Transformation zu Elektromobilität hat heute schon zu Wettbewerbsnachteilen geführt. Die chinesische Automobilindustrie hat dieses Abwarten genutzt und ist inzwischen führend und weltmarktbestimmend. Ich bin überzeugt, dass es ein Fehler der deutschen Automobilindustrie insgesamt war, dass sie trotz vorhandener technologischer Kompetenz so lange abgewartet hat. Jetzt läuft man nicht mehr wie früher vorneweg.

Der »Vorsprung durch Technik« ist aufgezehrt. Einige müssen schauen, dass sie noch hinterherkommen. Die großen Bilanzgewinne der letzten Jahre mit teuren und schweren Fahrzeugen mit herkömmlichen Motoren mag die Aktionär:innen erfreut und geblendet haben, sie könnten sich im Rückblick als fatale Innovationsschwäche erweisen. Die Quartalsberichte für die Börse sind kein guter Maßstab für die Zukunftsfähigkeit eines Unternehmens. Nicht wenige, scheinbar immerwährende erfolgreiche Ikonen der deutschen Industriegeschichte sind nach dem letzten finanziellen Hype untergegangen.

Man glaubte, die Erfolge der Vergangenheit seien auch die Erfolge in der Zukunft. Überraschenderweise sagte der frühere Chef von Daimler-Benz, Dieter Zetsche, kurz nach seinem Abgang, es sei kein Naturgesetz, dass es das Unternehmen immer gäbe. Die Transformation ist zweifellos ein schwieriger Balanceakt. Mit den ‚alten' Produkten macht man dank abgeschriebener Investitionen in Forschung, Entwicklung und Produktionsanlagen hohe Gewinne, die neuen, innovativen Fahrzeuge kosten erst mal Milliarden Euro an Investitionen für das Neue.

Mag sein, dass die bilanzbasierten Tantiemen des Managements die Orientierung am Börsenerfolg durch hohe Gewinne befördern. Eine verantwortungsbewusste Unternehmensführung und Eigentümerschaft sollte aber eine langfristige und nachhaltige Entwicklungsstrategie verfolgen. Klar ist, wer sich in einer drastisch verändernden Welt nicht verändert, wird am Ende zurückbleiben und untergehen.

Die Zukunftsfähigkeit eines Unternehmens, ja der gesamten Branche hängt von der Fähigkeit ab, die Transformation erfolgreich zu gestalten. Das wird nur gelingen, wenn die Belegschaft am Wandlungsprozess partnerschaftlich beteiligt wird, die Arbeitsplätze gesichert und die Qualifizierungsmaßnahmen rechtzeitig eingeleitet werden. Die Beschäftigten müssen erkennen, dass ihr Arbeitsplatz nicht durch Beharren auf dem Alten, sondern durch Umstellung auf das Neue gesichert werden kann. Das wird im Beitrag von Holger Klein vom Zulieferer ZF Friedrichshafen (»Mehr gestalten, weniger verwalten«) und im Gespräch mit dem IG Metall-Bevollmächtigten von Baden-Württemberg, Roman Zitzelsberger, sehr gut herausgearbeitet.

Die Betriebsräte der großen Automobilfirmen sowie die IG Metall haben frühzeitig auf die Notwendigkeit der Transformation hingewiesen. Sie haben mit Verträgen mit der Geschäftsleitung auf den Umbau der Produktion, auf Weiterbildung und Qualifizierung für die neuen Arbeiten gedrängt. Nach meiner Beobachtung in Baden-Württemberg, sind die Arbeitnehmer:innen und die sie vertretenden Gewerkschaften nicht Bremser, sondern Treiber der Entwicklung, wenn die Arbeitsplatzsicherung und die sozialen Belange geklärt sind. Beispielsweise hat die IGM Baden-Württemberg schon vor vielen Jahren durch Gutachten und in öffentlichen Veranstaltungen auf die Megatrends der Elektrifizierung und Digitalisierung hingewiesen und auf die frühzeitige Transformation der Branche gedrängt.

Der Streit um die richtige Antriebstechnologie führt an der realen Entwicklung vorbei

Zurück zur Antriebswende. Der große Streit über die richtige Antriebstechnologie ist längst pragmatisch und faktisch entschieden. Darauf verweisen mehrere Autoren. Und zwar durch die konkreten Entscheidungen von Unternehmen. Weltweit werden alle derzeit bekannten Technologien weiterentwickelt, allerdings nicht als die eine Antwort für alle Anwendungsbereiche und Regionen. Das spiegelt sich auch in den Beiträgen diese Buches wider. Es gibt die eine richtige Technologie nicht. Es gibt technisch spezifische Vor- und Nachteile, die wiederum für unterschiedliche Zwecke und Anwendungsbedingungen bedeutsam sind. Was für den einen Zweck gut ist, ist für den anderen unpassend.

Was in Europa, Asien und den USA funktioniert, klappt womöglich in Afrika nicht. Die unterschiedlichen Techniken und ihre spezifischen Anwendungsvorteile erläutern gleich mehrere fachlich-wissenschaftliche Beiträge zu Beginn des Buches (Loogen, Lahl, Schmidt). Professor Lahl wirbt dafür, neben der elektrischen Energie auch die chemische Energie zu beachten, deren Anwendung in Form von eFuels spezifische Einsatz- und Transportvorteile hat. Es macht aber keinen Sinn, angesichts der fortgeschrittenen weltweiten Entwicklung im Bereich der Automobilproduktion das Ideologem »Technologieoffenheit« vor sich herzutragen und erst mal nicht zu entscheiden, welche man zukünftig für welches Produkt nutzen wird. Das können sich politische Parteien und Wissenschaftler:innen vielleicht einige Zeit leisten, für Unternehmen wäre das fatal.

Politik muss Ziele und nicht Techniken vorgeben, das ist richtig. Wissenschaft muss offen sein und die verschiedenen Technologien erforschen und weiterentwickeln. Unternehmen können unter marktwirtschaftlichen Bedingungen nur begrenzt lange offen für verschiedene Wege sein, denn auf Dauer kann man nicht erfolgreich in verschieden Wettbewerben gleichzeitig reüssieren. Das wäre zu teuer, zu langsam und würde letztlich dazu führen, in allen Wettbewerben hinterherzulaufen. Der Beitrag von Martin Daum macht klar, dass man sich entscheiden und trotzdem für zukünftige Entwicklungen offen sein muss.

Mercedes-Benz hat schon in den 1990er-Jahren mit alternativen Antrieben experimentiert, als in Kalifornien eine gesetzliche Quote für emissionsfreie Fahrzeuge drohte. Die erste Version der A-Klasse wurde dafür konzipiert. Es gab Versuchsfahrzeuge mit Batterie- und mit Brennstoffzellen-Wasssserstoff-Antrieb. Nachdem die Gesetzgebung nicht zustande kam, hat man von den Versuchen mit klimafreundlichen Antrieben abgelassen. In der Folgezeit war das Unternehmen zwar an Innovationen interessiert, wurde sogar Anteilseigner des Start-up-Unternehmens Tesla, hat sich aber trotzdem nicht als Pionier für elektrische Antriebe etabliert.

Der Verkauf der Tesla-Aktien kurz vor deren raketenartigem Aufstieg an der Börse ist symbolisch für die konservative Haltung der damaligen Führung. Das unentschiedene Hin und Her zwischen Innovation und Tradition und zwischen verschiedenen Antrieben hat viel Zeit und vermutlich eine Menge Geld gekostet. Auch in anderen deutschen Konzernen. Weniger finanzstarke Unternehmen hätten das vermutlich nicht überlebt.

Ich selbst konnte als Minister Jahre später beide Techniken in Vorserienfahrzeugen als Dienstwagen erfahren. Sowohl das Fahrzeug mit Batterieantrieb als das mit Brennstoffzellenantrieb wurde zu meinem Bedauern nicht in Serie gebaut. Man setzte sehr lange auf effiziente Verbrenner und erst spät auf Hybridmotoren. Diese Zeiten der Unentschiedenheit scheinen Geschichte. Unter der Führung von Ola Källenius hat sich das Unternehmen klar für Klimaschutz und für eine Technik entschieden:

Mercedes produziert zukünftig E-Fahrzeuge mit eigenem Ausstiegsziel aus dem Verbrenner. Der Beschluss der EU, 2035 keine neuen Verbrennerautos mehr zuzulassen, wie auch die Klimaschutzgesetze von Bund und Land haben diese Entscheidung sicher beschleunigt. Aber auch die Erfolgsgeschichte des Batterieantriebes und die Vorgaben dazu in China haben die Entscheidung erleichtert. In seinem Beitrag hat Källenius den neuen Weg mit ökologischen und wirtschaftlichen Argumenten auch begründet.

Vorfahrt für den elektrischen PKW

Mercedes ist nicht alleine. Inzwischen haben sich alle deutschen Hersteller auf den Weg des Klimaschutzes und der Elektrifizierung gemacht. Das haben die verantwortlichen

Vorstände von Mercedes, Porsche und Audi im von der Landesregierung Baden-Württemberg initiierten Strategiedialog der Automobilwirtschaft klargemacht. Die Batterietechnik hat sich im letzten Jahrzehnt rasant entwickelt. Kosten und Reichweite sind deutlich günstiger geworden. Und es gibt dazu die Perspektive weiterer Fortschritte. Eigene Fabriken zur Produktion von Batteriezellen und zum Bau von Batterien werden europaweit aufgebaut, nicht zuletzt, um sich von Abhängigkeit von asiatischen Unternehmen und Konkurrenten zu befreien. Standardisierungsfragen sind weitgehend gelöst und die Ladeinfrastruktur wird kontinuierlich besser.

Die EU hat die Mitgliedsstaaten zum Aufbau einer flächendeckenden, wenn auch noch dünnen, Ladeinfrastruktur verpflichtet. Für Personenwagen ist der Antrieb mit Batterie die Zukunft, das bestätigt die Mehrheit der Autor:innen. Auch Michael Steiner (Porsche-Vorstand für Forschung und Entwicklung) sieht das so. Das Engagement von Porsche zusammen mit Siemens und dem chilenischen Energieunternehmen HIF zur Herstellung von eFuels in Patagonien bedeutet, wie er betont, keine Abkehr von dieser Linie. Beim Einsatz von eFuels geht es um eine kleine Nische im Motorsport und vor allem um die Bestandsflotte von (langlebigen) Verbrennerfahrzeugen.

Ich teile die Einschätzung ausdrücklich, dass wir auch eine klimafreundliche Lösung für die rund 1,5 Mrd. Verbrennerfahrzeuge brauchen, die vermutlich noch in 2035 weltweit unterwegs sein werden. Wenn wir uns nur um die Neufahrzeuge kümmern, wird der positive Effekt fürs Klima noch viele Jahre auf sich warten lassen. Liest man die Fachbeiträge zu Beginn des Buches zur Einschätzung und Bewertung der verschiedenen Technologien, findet man durch die wichtigsten Argumente den batterieelektrische PKW bestätigt: Energieeffizienz, Klimafreundlichkeit, Wartungs- und Verbrauchsvorteile. Im Unterschied etwa zu den anderen Technologien sind die notwendigen Materialien und Teile verfügbar.

Das liegt auch daran, dass sich große und kleine Zulieferer auf den Weg der Transformation gemacht haben. Noch vor wenigen Jahren wurde mehr über die drohenden Verluste von Arbeitsplätzen gesprochen und vor dem Schließen von Betriebseinheiten, ja ganzer Betriebe gewarnt. Der Wandel wurde als Gefahr gesehen. Inzwischen ist klar, dass die versäumte oder zu späte Transformation die größte Gefahr für Wirtschaft und Wohlstand ist. Die Landesagentur für Elektromobilität und Transformation (e-mobil BW) koordiniert die Unternehmen, sorgt für Austausch und Impulse durch Wissenschaft und hilft bei der Umstellung auf neue Geschäftsmodelle und Produkte. Nach unserer Einschätzung des Automotive-Clusters in Baden-Württemberg, eines der größten in Europa mit zahlreichen Weltmarktführern, haben sich nahezu alle Unternehmen, ob klein, mittel oder groß, perspektivisch auf das Auslaufen des mechanischen Motors mit fossilen Kraftstoffen eingestellt. Das gilt besonders, wenn Unternehmen ausschließlich für die Automobilbranche und für den Bedarf beim Verbrenner produzier(t)en.

Glück haben diejenigen, deren Teile bei jedem Fahrzeug gebraucht werden, sei es als Steuerungselektronik oder als Karosserieteil. Teilweise sucht man noch den neuen Platz im neuen Gefüge. Nach anfänglichem Zaudern mancher Führungskräfte und Eigentümer, hat man verstanden, dass mit der Technik der letzten 130 Jahre nicht die Zukunft gewonnen wird. Der weltweit agierende Zulieferer

ZF, der in großem Ausmaß mit der Verbrennertechnik über Jahrzehnte erfolgreich Geschäfte machte, hat in wenigen Jahren sich zum führenden Zulieferer für E-Fahrzeuge (»Vollsortimenter« für Elektromobilität, Holger Klein) entwickelt.

Die Geschichte der Verwandlung ist beeindruckend. Im Unterschied dazu verweist Stefan Hartung, der CEO von Bosch, dem weltweit größten Automobilzulieferer, in seinem Beitrag, dass der Verbrennermotor weltweit noch lange im Einsatz sein werde und deshalb weiterer Optimierungsbedarf sei. Bosch sei auf allen Märkten der Welt und nicht nur für PKW-Antriebe unterwegs. Deshalb müsste man die verschiedenen technologischen Entwicklungen im Auge behalten und verschiedene Wege in der Entwicklung verfolgen. Hartung plädiert dafür, »alle Antriebe so CO_2-neutral wie möglich und mit erneuerbaren Energien betreiben zu können«. »One fits all« funktioniere nicht – auch weil derzeit in den Regionen der Welt unterschiedliche Antriebe (z.B. Biokraftstoffe in Brasilien, Gas in Argentinien) genutzt werden und weil Politik in den Ländern bzw. Weltregionen unterschiedliche regulatorische Vorgaben macht. Das leuchtet ein.

Auch LKWs werden klimafreundlich angetrieben

Noch vor wenigen Jahren galt die gemeinsame Ansicht von Expert:innen und Unternehmen: Für LKW ist Dieselmotor der beste Antrieb, den man weiter optimieren könne. Daimler Truck beispielsweise entwickelte noch mit viel Aufwand den »Supertruck«, ein effizienzoptimiertes Dieselfahrzeug, das erheblich Sprit und CO_2 einspart. Die schönste sprachliche Version des Glaubens an den Diesel lautete: »Würde man einen 40-Tonner mit Batterien antreiben, blieben wegen des gigantischen Gewichts und der Größe der Batterien kaum Platz für die Nutzlast.« Das hat sich in gut fünf Jahren Entwicklung komplett gedreht.

Es war wieder mal der Elektrofahrzeugpionier Musk, der nicht glaubte, was alle glaubten und stattdessen bereits 2017 die Produktion eines großen elektrischen Sattelzugs (Tesla Semi Elektro-Truck) mit großer Reichweite ankündigte. Auch Musk hatte sich verschätzt. Die technischen Herausforderungen, den hohen Ansprüchen gerecht zu werden, waren erheblich schwieriger als gedacht. Die ersten Tesla Semi wurden erst 2022 verkauft. Die Serienproduktion ist jetzt für 2024 angekündigt. Mit den Batterien der PKWs sind schwere Trucks nicht zu betreiben. Um genügend Zugleistung zu bekommen, mussten neue leistungsstärkere Zellen und Hochleistungsbatterien entwickelt werden. Diese sollen mit 1.000 Volt geladen werden, was eine vollkommen andere Ladeinfrastruktur als für PKWs erfordert, vom Stecker bis zur Ladesäule. Es sind Ladeleistungen, die mit kleinen Kraftwerken vergleichbar sind.

Inzwischen haben sich alle großen europäischen Hersteller auf den Weg der Elektrifizierung gemacht: Daimler Truck, Scania, Iveco, DAF, auch Nutzfahrzeugproduzenten in Japan, China und Indien. Es zeichnet sich ab, dass die Elektrifizierung der kleineren und mittleren Nutzfahrzeuge (Kleintransporter, Spezialfahrzeuge etc.) schon bald deutlich anwachsen wird, zumal die Batterieleistung für diese Fahrzeuge und die notwendigen kürzeren Reichweiten kein Problem darstellt. Schwieriger wird die Herstellung von Batterien für 40-Tonner. Nicht alle müssen eine Reichweite von 800 und mehr Kilometern haben, denn die meisten Fahrzeuge fahren pro Tag maximal 300 bis 400

Kilometer. Für Langstreckentransporte setzen die Hersteller darüber hinaus auf einen Brennstoffzellenantrieb auf der Basis von Wasserstoff.

Iveco beispielsweise hat zusammen mit dem amerikanischen IT- Unternehmen Nicola bereits 2021 in Ulm eine Produktionsanlage aufgebaut, in der in paralleler Produktion der gleiche LKW entweder mit Batterie- oder mit Brennstoffzellenantrieb hergestellt werden kann. »Daimler Truck geht denselben Weg«, wie Martin Daum begeistert schreibt. Er verweist darauf, dass der Güterverkehr auf der Straße für mehr als die Hälfte aller Treibhausgase des Straßenverkehrs verantwortlich ist.

Die Transformation des Gütertransportes hat erst begonnen. Schon aus Klimaschutzgründen müssen wir sie beschleunigen. Hierzu bedarf es der Unterstützung durch die Politik. Die EU und die Bundesregierung müssen die Rahmenbedingungen so schaffen, dass sich der klimafreundliche Transport lohnt. Mit der CO_2-Bepreisung ist ein guter Anfang gemacht, der kontinuierlich weiterentwickelt werden muss. Die Bundesregierung kann durch Mautbefreiung bzw. Begünstigung von klimaneutralen Fahrzeugen den besten Anreiz setzen, damit Speditionen umsteigen. Die nach Emissionen gestaffelte LKW-Maut hat seit Jahren einen Modernisierungseffekt. Speditionen steigen um, wenn sich die neuen Fahrzeuge rechnen.

Die EU-Richtlinie für saubere Fahrzeuge (Clean Vehicle Directive, CVD), die eine moderat anwachsende Quote für »saubere Fahrzeuge« bei der öffentlich geförderten Beschaffung von Fahrzeugen in den kommenden Jahren verlangt, wird die Umstellung antreiben. Sowohl der Kleintransporter des kommunalen Bauhofes, das Fahrzeug der Stadtgärtnerei und der Stadtbus werden elektrisch. Auch wenn diese Quote aus Klimaschutzperspektive als zu gering erachtet werden muss, so ist ein wichtiger Schritt gemacht. Kommunale Gremien und die Bundesländer können die Quote steigern.

Insbesondere im öffentlichen Busverkehr wird die Antriebswende sichtbar werden. Was am Flughafen Stuttgart, in Amsterdam, Berlin und weiteren kleinen und großen Städten mit E-Bussen möglich ist, kann auch anderswo mit gutem Willen realisiert werden. Die E-Busse in unterschiedlichen Formaten sind auf dem Markt, deutlich günstiger als vor Jahren. Im Betrieb sind die Fahrzeuge über die Jahre deutlich günstiger als Dieselbusse. Wird der erneuerbare Strom selbst produziert, ist es noch preiswerter.

China dominiert die weltweite Automobilentwicklung

Der wirtschaftliche Aufstieg Chinas seit dem Ende der Kulturrevolution in den 1970er-Jahren und der vorsichtigen Öffnung in den 1980er-Jahren ist gewaltig. Der Weg vom Entwicklungsland, das beispielsweise noch vor 45 Jahren kaum PKWs kannte, zum modernen Industrieland ist beeindruckend.

Die Geschichte der Entwicklung, speziell der Automobilisierung, hat Felix Lee anschaulich und lebendig aufgeschrieben: »China, mein Vater und ich – Über den Aufstieg einer Supermacht und was die Familie Lee aus Wolfsburg damit zu tun hat«, (Berlin 2023). Heute dominiert dieses Land den Weltmarkt der Automobilindustrie. China ist inzwischen der weltgrößte Markt für Autos allgemein, aber auch für E-Autos. Und in China werden auch am meisten E-Autos produziert. In den letzten Jahren sind eine ganze Reihe von neuen Unternehmen wie z.B. Nio gegründet worden, die ausschließlich E-Fahrzeuge herstellen.

Schon länger existierende Firmen wie BYD, ehemaliger Batteriehersteller, SAIC oder Great Wall setzen konsequent auf neue Antriebe und sind gerade dabei, den Weltmarkt zu erobern. Chinesische Unternehmen haben strategisch gezielt berühmte europäische Marken wie Volvo oder MG aufgekauft, die dem Untergang geweiht waren. Mit deren Image, Kompetenz und dem chinesischen Know-how bei E-Technologien werden sie mit qualitativ hochwertigen Fahrzeugen auf dem Weltmarkt Erfolg haben. Zielsicher bedienen sie Fahrzeugsegmente des Massenmarktes, die die deutschen Premiumhersteller aufgegeben haben, mit preiswerten und technisch ansprechenden Fahrzeugen.

Die europäischen, vor allem die deutschen Hersteller werden das bald spüren. Sie werden sich warm anziehen müssen und eventuell darüber nachdenken, ob es klug und perspektivisch erfolgreich ist, keine preisgünstigen kleineren und mittleren Wagen zu produzieren. Über den Weg der Industrie in China und die Trends des globalen Marktes schreibt der langjährige Chinaexperte und heutige Chef der Agora-Verkehrswende Christian Hochfeld genauso wie über die Zögerlichkeit der europäischen und US-amerikanischen Automobilkonzerne in der Vergangenheit. Gleichwohl ist er wie alle übrigen Autor:innen zuversichtlich, dass die Antriebswende klappt.

Der Schienenverkehr wird voll elektrisch

Der Schienenverkehr kann von sich mit Recht behaupten, er sei im Vergleich zu anderen Verkehrsarten schon heute sehr nachhaltig und klimafreundlich. Tatsächlich ist der CO-Ausstoß mit dem Auto fast fünfmal höher pro Person und Kilometer, mit dem Flugverkehr gut siebenmal höher als im Schienenfernverkehr. Gemessen in Tonnenkilometer verursacht ein Güterzug nur ein Viertel so viel CO_2 wie der entsprechende LKW-Transport. Das ist zum einen darauf zurückzuführen, dass der Transport mit der Rad-Schiene-Technik, Stahl auf Stahl, weniger Reibungsverluste hat als der Straßenverkehr mit Gummi auf Asphalt.

Zum zweiten ist es ökonomisch wie ökologisch effizienter mehr Personen und mehr Tonnen in größeren »Gefäßen« bzw. (langen) Zügen zu transportieren. Und zum dritten ist die weitgehende Umstellung der Bahn auf elektrische Antriebe mit Strom aus der Oberleitung oder einer Stromschiene unten (U-/S-Bahn) hocheffizient. So können über 95 % der elektrischen Energie in Bewegungsenergie umgesetzt werden, während in Verbrennungsmotoren gerade mal 15–25 % der Benzin-/Dieselenergie in Bewegungsenergie umgesetzt werden. Selbst mit Kohlestrom schneidet die Bahn deutlich besser ab als die Verbrennerfahrzeuge auf der Straße. Gleichwohl ist die Umstellung des Bahnstroms auf Ökostrom, was viele Unternehmen in den letzten Jahren auch getan haben, nur konsequent. Die Bahnstrecken in Deutschland sind erst zu rund 60 % elektrifiziert, in Baden-Württemberg sind es schon 70 % und in der Schweiz sind 100 % elektrifiziert.

Unsere Expert:innen schätzen, dass es bei rund 80 % aller Strecken in Deutschland aufgrund der Nutzungsfrequenz vernünftig ist, in den elektrischen Antrieb über Oberleitungsstrom zu investieren. Das ist in Deutschland zuallererst eine Aufgabe des Bundes bzw. seines Eisenbahninfrastrukturunternehmens. Aber auch kommunale bzw. regionale Allianzen, unterstützt von den Ländern, müssen diese Elektrifizierungsoffensive mittragen. Das Ziel muss sein, dies mit mehr Engagement als in den letzten Jahren bis spätestens 2040 zu schaffen.

Für die restlichen, weniger befahrenen Strecken müssen andere Lösungen für klimafreundliche Antriebe gesucht werden. Denn auf diesen Strecken ist es in der Regel intelligenter, die Fahrzeuge mit klimaneutralen Antriebssystemen auszustatten bzw. die klimaneutrale Energie an Bord mitzuführen. Tatsächlich rentieren sich die teuren Investitionen in Oberleitungen in wenig frequentierten Strecken kurz- und mittelfristig nicht. Das Verkehrsministerium in Baden-Württemberg hat untersuchen und zugleich klären lassen, auf welchen Strecken alternative Antriebsformen und welche Technologien für welchen Streckentyp geeignet sind.

Grundsätzlich kommen batterieelektrische Antriebe ebenso infrage wie Brennstoffzellen-Wasserstoffantriebe. Beide Technologien haben ihre spezifischen Anwendungsmöglichkeiten und Vorteile, wie in den Artikeln von Gerry Greiter (Siemens Mobility) und Müslüm Yakisan (Alstom) deutlich wird. Im Direktvergleich bei einer Ausschreibung mit einem Lebenszyklusansatz auf 30 Jahre in einem Netz mit bergigen Strecken (Schwarzwald) hat das antriebsstarke Batteriefahrzeug von Siemens, das auch mit Oberleitung fahren und die Batterien dabei laden kann, gewonnen. Im grenzüberschreitenden Nahverkehr der Länder Baden-Württemberg, Rheinland-Pfalz, Saarland und der Region Grand Est, kommen in wenigen Jahren Fahrzeuge mit Brennstoffzellen-Wasserstoff-Antrieb zum Einsatz.

Im flachen Niedersachsen funktionieren Brennstoffzellenzüge nach bisherigen Erfahrungen gut. Zu beiden Technologien gibt es auch Hybride: Energie aus Batterien für einen zusätzlichen E-Motor, als Booster oder wenn der

Wasserstoff ausgeht, oder ein kleiner Brennstoffzellen-Wasserstoffmotor als Reserve, wenn die Batterieenergie zur Neige geht. Auch kleine herkömmliche Diesel-Verbrennermotoren können übergangsweise als Reserve dienen. Die regionalen und geografischen Anforderungen und die Weiterentwicklung der Fahrzeugtechnik werden über die Zukunftsfähigkeit der verschiedenen Antriebe entscheiden.

Entschieden ist, dass alle Schienenfahrzeuge in den kommenden Jahren bis spätestens 2045 in Deutschland klimaneutral werden müssen. Sollten zum Ende des Jahrzehnts genügend eFuels zu bezahlbaren Preisen auf dem Markt sein, könnten auch diese einen Beitrag zur Klimaneutralität leisten. Die Politik kann den Transformationsprozess beispielsweise mit Vorgaben bei Ausschreibungen beschleunigen, und sollte das auch tun. Die Techniken sind da. Ganz ohne öffentliche Förderung wird es nicht gehen, entweder über den zu zahlenden Kilometerpreis bei Bestellung des Nahverkehrs mit Regionalisierungsmitteln oder über Beschaffungszuschüsse.

Auch der Flugverkehr wird klimaneutral werden müssen

Lange galt in der Luftverkehrsbranche die Überzeugung, mit Batterien könne man nicht fliegen, Bio- oder eKerosin seien zu teuer und Wasserstoff zu gefährlich. Im Übrigen sei die Branche in globalem Wettbewerb, deutsche oder europäische Alleingänge würden sich verbieten. Das hat sich seit dem Pariser Klimaschutzabkommen von 2015 geändert. Spätestens seit die EU das Fit for 55 Paket geschnürt hat, hat es auch bei den Hardlinern des herkömmlichen Flugverkehrs gedämmert. Die Luftfahrtindustrie insgesamt, die Hersteller von Flugzeugen und Antriebssystemen, die Fluggesellschaften und nicht zuletzt die Flughäfen brechen auf zum nachhaltigen Fliegen.

Davon zeugt der Beitrag von Matthias von Randow, dem Geschäftsführer des Bundesverbandes der Flugwirtschaft. Flughäfen reduzieren ihren Energieverbrauch, stellen auf erneuerbare Energien und erneuerbare Mobilität um. Der Flughafen Stuttgart war weltweit einer der ersten, die eine Klimaschutzstrategie erarbeiteten: Bis 2040 soll der Airport CO_2-neutral werden, und zwar netto, also ohne Kompensation anderweitig.

In Zürich, Amsterdam und Seattle wird ebenfalls an Strategien zur Reduktion der Treibhausgase gearbeitet. In Seattle beispielsweise setzt man heute schon stark auf Biokraftstoffe, in Amsterdam auf die sogenannten fortschrittliche Biokraftstoffe. Die Flughäfen in der EU bereiten sich unterschiedlich engagiert auf das Bereitstellen von erneuerbaren Flugkraftstoffen, Sustainable Aviation Fuels, (SAF) vor, denn die EU schreibt in einer neuen Richtlinie (AFIR) eine, wenn auch geringe Beimischungsquote von zwei Prozent SAF bis 2030 vor. Weltweit wird an der Produktion von Nachhaltigen Flugkraftstoffen (SAF) gearbeitet, in den nächsten Jahren kommen zuerst Biokraftstoffe zum Einsatz, die allerdings begrenzt sind. Regionen mit viel Reststoffen aus Wald und Landwirtschaft, wie z.B. in den US-Staaten Oregon und Washington, sind hier besser aufgestellt. Aber auch in Europa, in den Niederlanden beispielsweise, geht man diesen Weg.

Für synthetische Kraftstoffe bedarf es allerdings erheblicher Investitionen in Wind- und Sonnenenergie, Elektrolyse, Transformation in Wasserstoff und zu eMethanol sowie in den Transport. Raffinerien für synthetische Kraftstoffe müssen erst noch gebaut werden, damit bis zum Ende des Jahrzehnts im Kontext zur Herstellung von eFuels auch eKerosin erzeugt werden kann. Es ist also noch ein längerer Weg zum klimaneutralen Fliegen mit eKorosin. Gleichwohl führt kein Weg daran vorbei. Für große Flugzeuge und lange Strecken gibt es aus heutiger Erkenntnis keine erfolgversprechende Alternative.

Anders sieht es bei kleineren und leichteren Fluggeräten aus. Leichthubschrauber (z.B. »Velocopter«) und Kleinflugzeuge können mit Batterien fliegen, wenn sie nur kurze Strecken fliegen oder nur kurze Zeit in der Luft sind. Professor Kallo, ein Pionier des Fliegens mit Brennstoffzellen, befeuert mit Wasserstoff, ist überzeugt und entschlossen, mit seinem H2fly-Flugzeug bis Ende dieses Jahrzehnts Kurz- und Mittelstrecken bis zu 2.000 Kilometer zu fliegen. Perspektivisch geht es um die Entwicklung von Flugzeugen für bis zu 49 Passagiere, die ab den 2030er-Jahren zum Einsatz kommen könnten. Der Bedarf und die Erwartungen an die Antriebswende in der Flugwirtschaft sind hoch, denn schließlich wird man auch in Zukunft fliegen wollen und müssen.

Die europäische Politik kann und muss über Beimischungsquoten den Hochlauf von eKerosin vorantreiben. Solche Quoten sind notwendige Voraussetzungen, damit sich die Branche umstellt und die Energie- und Mineralwirtschaft die gewaltigen Investitionen in die Produktion für synthetische Kraftstoffe tätigt und nicht zuletzt in den (Um-)Bau neuer Raffinerien investiert.

Das Akzeptanzproblem muss gelöst werden

Wer sich mit neuen Antrieben und E-Mobilität befasst, der stößt sehr schnell auf Probleme und Fragen der Akzeptanz:

in Politik, Wirtschaft, Medien und in der Gesellschaft. Es ist durchaus begrüßenswert, dass eine offene, plurale Gesellschaft nicht gleich kollektiv »Hurra« ruft, wenn neue Technologien in den Markt kommen. Eine öffentliche Information und Diskussion ist deshalb unerlässlich. Das ist nicht zuletzt der Grund für dieses Buch. Denn Techniker:innen und Entwickler:innen wie auch Unternehmen, die neue Technologien nutzen und verkaufen wollen, unterschätzen nach meiner Erfahrung diese Fragen. Weil man sich selbst und schon lange mit wachsender Begeisterung beispielsweise mit der Entwicklung des E-Autos beschäftigt, glaubt man unversehens, auch alle anderen müssten sogleich begeistert sein, wenn sie das Produkt präsentiert bekommen. Die Vorteile scheinen doch offenkundig und wer kann schon gegen ein modernes, klimafreundliches Fahrzeug sein.

In den letzten beiden Jahrzehnten wurde diese Informations- und Erklärungsarbeit für eine Antriebswende vernachlässigt. Teilweise haben führende Manager:innen des Automobilsektors selbst aus Eigennutz und vielleicht auch Angst vor der großen Veränderung der eigenen Firma die Antriebswende öffentlichkeitswirksam hinterfragt und kritisiert: »Das kostet viele Arbeitsplätze!« oder »Die Verbrennermotoren wurden über hundert Jahre hinweg entwickelt und perfektioniert, die Infrastruktur ist daran ausgerichtet, warum soll man das alles für eine noch nicht einmal richtig funktionierende E-Technik aufgeben?«

Nicht wenige warnten davor, die »mechanische Kernkompetenz der deutschen Automobilindustrie über Bord zu werfen zugunsten einer Technik, die andere, allen voran China, besser beherrschen«. Dass potenzielle Kunden:innen, die seit vielen Jahren PKWs mit Verbrennerantrieb fahren, dies gerne hören und daran festhalten, sollte nicht verwundern. Dass aufgeschlossene, umstiegsbereite KundInnen dadurch irritiert werden, ist die andere Folge: »Funktioniert das überhaupt?«; »Woher kommt der Strom?«; »Wie groß ist die Reichweite?« und »Ist das denn überhaupt ökologisch, wenn man die Rohstoffgewinnung und giftigen Abfälle bedenkt?« Diese Verunsicherung wird auch im dem fiktiven Gespräch im Beitrag von Frau Professorin Jipp zur Sprache gebracht.

Wenn man diese Frage verständlich und überzeugend beantwortet bekommt, fällt die Entscheidung für ein neues, klimafreundliches Fahrzeug leichter. Im selben Beitrag wird auch deutlich – und ich teile diese Einschätzung ausdrücklich – jede und jeder muss seine eigenen Gewohnheiten und Mobilitätsmuster angesichts der Klimakrise kritisch hinterfragen, die »kognitive Dissonanz« bearbeiten. Ohne Veränderungsbereitschaft und Neugier auf Neues wird es nicht gehen. Was nützten die schönsten neuen E-Autoangebote, wenn ein Mensch glaubt, dass die möglichst lange Nutzung des eigenen alten Diesel »nachhaltiger« sei. Verhaltensänderungen müssen nicht wehtun, wie manche gerne glauben machen, sie können neue angenehme Erfahrungen ermöglichen.

Ich beobachte in dieser großen Transformation zu neuer nachhaltiger Mobilität auch viel Beharrungsvermögen in Unternehmen wie in der Gesellschaft. Das lässt sich auch in Umfragen immer wieder erkennen. Es ist der Fluch des historischen Erfolges eines Produktes und dessen angenehmer Nutzung, dass man sich damit bequem einrichtet, während sich Neues oft anderswo entwickelt. Das ist für den einzelnen Menschen in der Regel ungefährlich, für eine moderne Wirtschaft und Industriegesellschaft, die von Innovationen lebt, ist dies im globalen Wettbewerb eine gefährliche Trägheit.

Die mangelnde Bereitschaft zur Verkehrs- und Antriebswende geht bei nicht wenigen auf die eigene Trägheit zurück, die verbal und bisweilen intellektuell überspielt wird. Gerne werden eigentlich berechtigte ökologische oder soziale Punkte (»Kinderarbeit« und »Verwüstung« bei der Rohstoffgewinnung) angeführt, die bei anderen Produkten wie Handys oder Computern ‚übersehen‘ werden. Diese kritischen Fragen gilt es positiv zu beantworten, das heißt die Bedingungen der Energie- und Rohstoffproduktion müssen von den Herstellern geändert werden. Das Lieferkettengesetz ist dabei hilfreich. Solche Bedenken können allerdings nicht als Grund angeführt werden, lieber beim Alten zu bleiben. Die Ölförderung ist übrigens weltweit weder ökologisch noch sozial akzeptabel.

Nicht zuletzt muss Schluss gemacht werden mit beliebten Ausreden, »erst die anderen« oder; »Ich würde ja gerne umsteigen, aber die Automobilindustrie bzw. die Politik liefert nicht« und »solange die Chinesen so viele Kohle- und Atomkraftwerke bauen, ist jede Bemühung von uns umsonst.« Beide Vorurteile sind nicht tragfähig, denn die Automobilindustrie liefert inzwischen weltweit neue Antriebe, wenn auch zu wenige preisgünstige Angebote. Und China ist inzwischen der weltgrößte Markt und Produktionsstandort für Elektroautos. In China werden mehr E-Autos produziert und gekauft als im Rest der Welt. Das sollte uns zu denken geben und zum Handeln motivieren.

Um die Akzeptanz zu verbessern, muss die Verkehrs- und Antriebswende in Schulen und Hochschulen Lern- und Diskussionsstoff werden. In der Fahrschulausbildung muss neben der Regelkunde auch die Mobilitäts- und Antriebskunde eine wichtige Rolle spielen. Die Ausbildungspläne müssen die Fachverbände zusammen mit dem Bundesverkehrsministerium entsprechend weiterentwickeln. In Baden-Württemberg fördern wir die Anschaffung von E-Fahrzeugen in der Fahrausbildung, weil wir überzeugt sind, wer auf einem E-Fahrzeug fahren lernt, wird leichter und selbstverständlicher »Elektronaut« (Name einer Pioniergruppe von E-Fahrzeugbegeisterten) werden.

Fassen wir zusammen:

1. Für erfolgreichen Klimaschutz ist eine Verkehrswende erforderlich, die auf nachhaltige Mobilität zielt. Diese gelingt nur als Mobilitäts- und Antriebswende.
2. Die Antriebswende hat ein großes Potenzial, das schneller gehoben werden muss. Die Techniken und Fahrzeuge sind verfügbar, für PKWs wie für Nutzfahrzeuge.
3. Die Antriebswende muss als Gemeinschaftsprojekt von Wirtschaft, Staat und Zivilgesellschaft verstanden werden, sonst klappt sie nicht. Die Verantwortung für den Wandel ist geteilt. Alle tragen Verantwortung. Jeder Bereich und jeder Mensch hat hier eine spezifische Herausforderung.
4. Die Transformation geht zu langsam, sie braucht einen Beschleunigungsschub. Alle müssen schieben. Mit aller Kraft.
5. Der Streit um die richtige Antriebstechnologie geht an der realen Entwicklung und am Bedarf vorbei. Wir brauchen alle Techniken. Wir können es uns nicht mehr leisten, Möglichkeiten liegen zu lassen. Aber nicht jede Technik ist für jede Anwendung

sinnvoll. Und jede Technik hat spezifische Vor- und Nachteile, die es zu beachten gilt.

6. Grundlage der Antriebswende sind erneuerbare Energien. Sie sind theoretisch im Übermaß vorhanden, aber derzeit praktisch nur begrenzt verfügbar. Wir sollten sie nicht verschwenden. Energieeffizienz und Sparsamkeit bleiben nötig. Genauso wichtig ist der intelligente Einsatz.

7. Ohne ausreichende Lade- und Tankinfrastruktur wird die Antriebswende scheitern. Deren rascher Ausbau ist unerlässlich.

8. Die Energiewende und die Antriebswende müssen verbunden werden. Die Konkurrenz um den erneuerbaren Strom mit der Stahl- und Chemieindustrie darf nicht zu Verzögerungen oder zum Ausweichen auf Kohle- oder Atomstrom führen. Deshalb: Die Automobilindustrie und die Elektroauto fahrenden Kund:innen müssen selbst Erzeuger erneuerbarer Energie werden.

Zu Beginn des Buches habe ich in der Einleitung geschrieben, es sollen die wichtigen Fragen zur Antriebswende gestellt und möglichst fachlich und profund beantwortet werden. Das ist – wie ich finde – sehr gut gelungen.

Ich danke allen Autor:innen für ihre interessanten Beiträge. Sie haben mich sehr motiviert, weiter für die Antriebswende Politik zu machen. Und ich hoffe sehr, dass dieses Buch viele Menschen motiviert, selbst zum Antriebswender zu werden.

Die große Transformation kann nur gelingen, wenn viele ihren Teil dazu beitragen.

Anmerkungen

[1] Von der Entropie einmal abstrahiert.

[2] Das Speichern des Stroms (der Elektronen) in Batterien gelingt im Kern durch Moleküle, die Elektronen aufnehmen und nach Bedarf zwischen den Polen transportieren. Hier besteht also begrifflich ein Übergang von physikalischer zu chemischer Energie.

[3] Dabei fällt auch eSauerstoff an.

[4] Dieser Einsatzbereich nutzt neben der chemischen Energie auch den Kohlenstoff als Grundbaustein für chemische Verbindungen. Wenn der Kohlenstoff im Kreis geführt wird (Kreislaufwirtschaft), sprechen wir von eCarbon.

[5] Genauer: treibhausgasneutral, weil neben CO_2 auch andere Treibhausgase für die Klimabilanz wichtig sein können, wie Methan, Lachgas oder FCKWs. Wir verwenden der Einfachheit halber den Begriff klimaneutral, weil dies alle Treibhausgase umfasst.

[6] Michael Bargende, Viktoria Kelich: »The role of the internal combustion engine in defossilized energy systems«, Plenary Speech, Comodia 2022, Sapporo, Japan.

[7] So die Deutsche Umwelthilfe: https://www.duh.de/file admin/user _ upload/download/ Pressemitteilungen/Energie/Wasserstoff/210 622_Mythenpapier_E-Fuel.pdf.

[8] Am 16. Juni 2023 gab es eine Einigung im EU-Trilog zum Markthochlauf von eFuels im Flugverkehr (Initiative ReFuelEU Aviation). Die EU führt eine verbindliche Quote für eFuels von 1,2 % in 2030 hin zu 35 % in 2050 ein; https://www.consilium.europa.eu/de/press/ press-releases/ 2023/ 04/25/council-and-parliament-agree-to- ecarbonise-the-aviation-sector/

[9] Die Schifffahrt in der EU muss ihre Emissionen ab 2025 um 2 %, ab 2030 um 6 %, ab 2035 um 14,5 %, ab 2040 um 31 %, ab 2045 um 62 % und ab 2050 um 80 % reduzieren. Sollte der Anteil von eFuels im Brennstoffmix im Jahr 2031 nicht über 1 % liegen, tritt automatisch ab 2034 eine verpflichtende Mindestquote von 2 % Kraft. htt- ps://www. consilium.europa.eu/de/press/press-releses/2023/ 03/ 23/ fueleumari-

time-initiative-pro-visional-agreement-to-de-carbonise-the-maritime-sector/

[10] Einigung bei der Renewable Energy Directive (RED III): Ein neues verbindliches Unterziel im gesamten Verkehrssektor umfasst eine Kombination von eFuels und fortschrittlichen Biokraftstoffen. Dieses Unterziel liegt bei 5,5 %, davon soll 1 % durch Wasserstoff und eFuels abgedeckt werden. https:// www. consilium. europa.eu/de/press/press-releases/2023/03/30/council-and-parliament-reach-pro-visional-deal-on-renewable-energy-directive/

[11] LNG = Liquified Natural Gas: verflüssigtes Erdgas.

[12] Diese Temperatur ist nahe am absoluten Nullpunkt von -273,15 °C. Dies macht deutlich, welche technischen Herausforderungen eine Infrastruktur auf Basis von flüssigem Wasserstoff stellen würde.

[13] https://www.ipcc.ch/site/assets/ uploads/2018/02/ WG1AR5_Chapter08_FINAL.pdf.

[14] Ammoniak ist allerdings nicht die einzige mögliche Verbindung mit Stickstoff, um Wasserstoff zu transportieren (Carrier).

[15] Öko-Institut 2020: Strom zu Kraftstoffen. Wo liegt die Zukunft von PtX; https://www.oeko.de/oekodoc/1826/2013-496-de.pdf.

[16] IRENA. Report Green Hydrogen Policy, https://www. irena.org/publications/2020/Nov/Green-hydrogen

[17] https://de. statista.com/statistik/daten/studie/1371965/ umfrage/wirkungsgrade-von-motoren/#:~:text=Der%20Elektromotor%20 hat %20mit%2070, zu gef % C3% BChrten %20 Energie% 20in% 20 nutzbringende %20Energie

[18] In diese Berechnung geht auch die beim BEV mögliche Rückgewinnung der Bremsenergie ein.

[19] https://www.auto-motor-und-sport.de/tech-zukunft/alternative-antrie- be/us-test-zeigt-e-autos-verlieren-bei-kaelte-enorm-an-reich-weite/

[20] https://futurefuels.blog/in-der-theorie/neue-studie-verbrenner-mit-e-fuels-und-e-auto-fast-gleichauf/

[21] Die durchschnittliche jährliche Sonneneinstrahlung in den sonnenreichen Regionen Nordafrikas liegt bei 2.500 bis 3.000 Kilo-

wattstunden (kWh) pro Quadratmeter und damit rund dreimal so hoch wie in Deutschland.

[22] https://www.efuel-alliance.eu/fileadmin/Downloads/RPT-Frontier-Uniti-LCA-26-11-2019.pdf.

[23] Agora 2018: https: //www. agora-energiewende.de/ fileadmin/ Projekte/2017/SynKost_2050/Agora_SynCost-Studie_WEB. pdf

[24] Concawe2022: https://www.concawe.eu/wp-content/uploads/ Rpt_22-17.pdf.

[25] UNITI 2023: https://www.uniti.de/fileadmin/publikationen/UI/ UNITI%20information%20-% 20international%20eFuel% 20costs. Pdf.

[26] Die Zielvorgabe für die CO_2-Emissionen für PKWs für 2035 ist Null. Es darf also kein CO_2 mehr aus dem Auspuff kommen. Diese Vorgabe ist unabhängig davon, ob das CO_2 aus einem fossilen Kraftstoff oder aus eFuels kommt. Für 2026 ist allerdings zu dieser Regelung eine Überprüfungsklausel vereinbart: https://www. consilium.europa.eu/de/ press/press-releases/2022/10/27/first-fit-for-55-proposal-agreed-the-eu-strengthens-targets-for-co2-emissions-for-new-cars-and-vans/

[27] DELEGIERTE VERORDNUNG (EU) 2023/1184 DER KOMMISSION vom 10. Februar 2023 zur Ergänzung der Richtlinie (EU) 2018/2001 des Europäischen Parlaments und des Rates durch die Festlegung einer Unionsmethode mit detaillierten Vorschriften für die Erzeugung flüssiger oder gasförmiger erneuerbarer Kraftstoffe nicht biogenen Ursprungs für den Verkehr. Amtsblatt der Europäischen Union L 157/11, 20.6.2023 https://eur-lex.europa.eu/legal-content/DE/ TXT/PDF/?uri=CELEX:32023R1184

[28] DELEGIERTE VERORDNUNG (EU) 2023/1185 DER KOMMISSION vom 10. Februar 2023 zur Ergänzung der Richtlinie (EU) 2018/2001 des Europäischen Parlaments und des Rates durch Festlegung eines Mindestschwellenwertes für die Treibhausgaseinsparungen durch wiederverwertete kohlenstoffhaltige Kraftstoffe und einer Methode zur Ermittlung der Treibhausgaseinsparungen durch flüssige oder gasförmige erneuerbare Kraftstoffe nicht biogenen Ursprungs für den Verkehr sowie durch wiederverwertete kohlenstoffhaltige Kraftstoffe. Amtsblatt der Europäischen Union L 157/20, 20.6.2023;

https://eur-lex.europa.eu/legal-content/DE/TXT/PDF/?uri= CELEX: 32023R1185

[29] https:// www. destatis. de/DE/Presse/Pressemitteilungen/ 2023/ 03/PD23 _090_ 43312.html.

[30] So fallen heute bei der Herstellung von Batterien für Mittelklasse-fahrzeuge THG-Emissionen in einer Größenordnung von über 9 t CO_2 an, wobei das BEV hier noch keinen Kilometer zurückgelegt hat. Ein Mittelklassefahrzeug mit Dieselantrieb mit den heutigen fossilen Kraftstoffen erreicht die 9 t nach 56.000 km. Aus: https:// www.efuel-alliance.eu/fileadmin/Downloads/RPT-Frontier-Uniti-LCA-26-11-2019.pdf.

[31] https://utopia.de/ratgeber/ lithium- abbau- das- solltest-du-da-rueber-wissen/

[32] https://de.wikipedia.org/wiki/Lithium#Abbau_und_Reserven

[33] An dieser Stelle sei der Hinweis erlaubt, dass ebenso wie für eFuels aus diesen Ländern auch für Lithium aus diesen Ländern gilt: Energiepartnerschaft auf Augenhöhe. Und wer an dieser Stelle skeptisch bleibt, ob dies gelingen wird, sollte diese Skepsis nicht nur für eFuels formulieren.

[34] Siehe auch: https:// www. efuel-alliance.eu/ fileadmin/Down-loads/RPT-Frontier-Uniti-LCA-26-11-2019.pdf.

[35] Kraftfahrt-Bundesamt: Fahrzeugzulassungen (FZ) – Neuzulassun-gen von Kraftfahrzeugen nach Umwelt-Merkmalen, Jahr 2022; https:// www. kba.de/ SharedDocs/ Downloads/DE/Statistik/ Fahr-zeuge/ FZ14/ fz14_2022.xlsx; jsessionid=FB5B2B5CF 0FF35C88FD 4F390A3EE4E8A.live11313?__blob=publicationFile&v=4

[36] »ICE2025+« FVV research project. Partners: RWTH Aachen, TU Braunschweig, TH Darmstadt, Uni Stuttgart.

[37] https://www .elektroauto- news.net/news/vda-bessere-rahmen-bedingungen-e-fuels-e-fahrzeug-infrastruktur; https://www. pres-sebox. de/inaktiv/uniti-bundesverband-mittelstndischer-minerall-unter-nehm- en-ev/Vor-Automobilgipfel-im-Bundeskanzleramt-UNITI-fordert-Stra- tegie-fuer-den-Hochlauf-CO2-neutraler-Krafts-toffe/ boxid/ 1141318

[38] https://hifglobal.com/de/

[39] In Anlehnung an Schwekendiek Haustechnik: eFuels; https://schwekendiek.de/heizungstechnik/efuels/

[40] AG Energiebilanzen e.V. (AGEB): Auswertungstabellen zur Energiebilanz Deutschland. Daten für die Jahre von 1990 bis 2021. Stand: September 2022 (endgültige Ergebnisse bis 2020, vorläufige Daten für 2021), hier Tabellen 6.1 und 2.1 https://ag-energie-bilanzen.de/wp-content/uploads/2021/09/awt_2021_d.pdf. Der Energiegehalt aller in Deutschland genutzten Quellen (= Primärenergieverbrauch) stammte 2021 nur zu knapp 16 % aus Erneuerbaren Quellen (1.949 PJ). 2021 betrug der Primärenergieverbrauch in Deutschland 12.413 PJ (100 %), der Endenergieverbrauch belief sich auf 8.667 PJ (70 %). 983 PJ (8 %) gelangten in den nicht-energetischen Verbrauch, der Rest sind Umwandlungs- und Verteilungsverluste. Daten siehe AGEB 2022.

[41] Fraunhofer-Institut für Energiewirtschaft und Energiesystemtechnik IEE, Kassel: PtX-Atlas. https://maps.iee.fraunhofer.de/ptx-atlas/

[42] Umwandlung Deutschlands in einen Agrarstaat

[43] https://eur-lex.europa.eu/legal-content/EN/TXT/?uri= CELEX: 52020DC0301

[44] https://www.iea.org/reports/world-energy-outlook-2022

[45] https://ec.europa.eu/info/law/better-regulation/have-your-say/initiatives/ 13597-Europaisches-Gesetz-uber-kritische-Rohstoffe_de

[46] ERM 2022: https://www.erm.com/globalassets/2022/erm-sustainability-report-2022.pdf

[47] Lisa Hamilton, Steven Feit: plastic & climate – The hidden costs of a plastic, 2019 https://greenwire.greenpeace.de/system/files/2019-05/20190515-report-plastic-and-climate-ciel.pdf

[48] PEW, SYSTEMIQ: Breaking the Plastic Wave – A comprehensive Assessment of Pathways towards stopping Ocean Pollution, 2020. https://www.systemiq.earth/breakingtheplasticwave

[49] Nur ein Beispiel: Die zitierten Modellberechnungen von Hamilton and Feit, 2019, und PEW and SYSTEMIQ, 2020, zeigen, dass ohne

eine Transformation der Rohstoffbasis der chemischen Industrie allein die Entsorgung von Kunststoffen 2050 bis zu 20 % der zu diesem Zeitpunkt verbleibenden Treibhausgasemissionen verursachen werden. Allein diese Emissionen werden uns daran hindern, die vereinbarten Klimaschutzziele einzuhalten. Daher werden nicht nur für die chemische Industrie Transformationen notwendig sein.

[50] Verbundvorhaben BEniVer (Begleitforschung Energiewende im Verkehr) (Hrsg.): Forschungsinitiative Energiewende im Verkehr: Kurzbericht zur »Roadmap für strombasierte Kraftstoffe«, Mai 2023; https:// www.energiesystem-forschung.de/lw_ resource/ datapool/systemfiles/ elements/ files/ F2D7B2342C93593E0537 E695E8623C8/current/ document/beniver-roadmap_kurzbericht_ final-1.pdf

[51] BEniVer.

[52] United Nations Framework Convention on Climate Change; Report of the Conference of the Parties on its twenty-first session, held in Paris from 30 November to 13 December 2015. Online abrufbar unter: https://unfccc.int/sites/default/files/resource/docs/ 2015/cop21/eng/10a 01.pdf? download zuletzt verwendet am 03.07.2023.

[53] United Nations Framework Convention on Climate Change; Report of the Conference of the Parties serving as the meeting of the Parties to the Paris Agreement on its third session, held in Glasgow from 31 October to 13 November 2021. Online abrufbar unter https://unfccc. int/ sites/default/files/ resource/ cma 2021 _10 _add1_adv.pdf; zu- letzt verwendet am 03.07.2023.

[54] z.B. Landesanstalt für Umwelt Baden-Württemberg; Zusammensetzung der Luft; online verfügbar unter https://www.lubw.baden-wuerttemberg.de/luft/zusammensetzung-der-luft zuletzt verwendet am 03.07.2023.

[55] Expertenkommission zum Monitoring-Prozess »Energie der Zukunft«; Löschel A., Erdmann G., Staiß F., Ziesing H.; Stellungnahme zum zweiten Fortschrittsbericht der Bundesregierung für das Berichtsjahr 2017; Berlin · Münster · Stuttgart, Mai 2019.

[56] Ähnliche Werte zeigte auch Hoffmann, L. in »Total Cost of Owner-ship of Fuel Cells in Heavy-Duty Trucks« auf der UECT 2023 von der P3 Group.

[57] Siehe auch https://www.consilium.europa.eu/de/infographics/fit-for-55-emissions-cars-and-vans/ zuletzt abgerufen am 03.07.2023.

[58] Information des Kraftfahrt-Bundesamts, abrufbar unter https:// www. kba.de/DE/Statistik/Fahrzeuge/Bestand/Fahrzeugalter/2021/ 2021_b_kurzbericht_fz_alter_pdf.pdf%3F__blob%3DpublicationFi le&v%3D2 zuletzt abgerufen am 03.07.2023.

[59] Angaben siehe Pressemeldung, online abrufbar https:// insideevs. de/ news/ 622630/designwerk-hi-cab-1000kwh-batterie/ zuletzt verwendet am 03.07.2023

[60] Vgl. z.B. https://www.charin.global/technology/mcs/

[61] Bundesministerium für Digitales und Verkehr, Mit der Elektrobahn klimaschonend in die Zukunft – Das Bahn-Elektrifizierungs-programm des Bundes, 12.03.2021. online verfügbar unter https:// bmdv. bund.de/SharedDocs/DE/Artikel/E/schiene-aktuell/elektro-bahn-klimaschonend-zukunft-bahn-elektrifizierungsprogramm. html zuletzt abgerufen am 03.07.2023.

[62] P3 Group, Breithaupt T. et. al. Reminder to join forces for decarbonization in aviation, Stuttgart/Paris.

[63] HWA Hamburg; Scholz D. Verkehrsflugzeuge am Lebensende; 10.03.2022 online verfügbar unter https://www.haw-hamburg.de/ detail/news/news/show/verkehrsflugzeuge-am-lebensende/, zuletzt abgerufen am 03.07.2023.

[64] Umweltbundesamt, Seeverkehr – Luftschadstoffe, Energieeffizienz und Klimaschutz, 13.06.2022. online verfügbar unter https:// www.umweltbundesamt.de/themen/verkehr/emissionsstandards/ seeverkehr-luftschadstoffe-energieeffizienz#luftverunreinigung-durch- seeschiffe, zuletzt abgerufen am 03.07.2023.

[65] Verkehrsinfrastruktur und Fahrzeugbestand | Umweltbundesamt.

[66] https://www.bundesregierung.de/breg-de/suche/ausbau- ladein-frastruktur- 2165204

[67] https://www.zdf.de/nachrichten/wirtschaft/china-elektro-auto-markt-europa-100.html

[68] https://www. welt.de/wirtschaft/article 242375663/ China-Alter-native-Afrika-Die-neue-Hoffnung-der-deutschen-Industrie. html

[69] https://insideevs.de/news/613030/jato-report-september2022-elektroautopreise/

[70] https://www.spiegel.de/auto/wachsender-marktanteil-importe-von-elektro-autos-aus-china-legen-stark-zu- a-e7a506c9-a2f4-428d-89dc- f09eebe18881

[71] https://www.spiegel.de/auto/wachsender-marktanteil-importe-von-elektro-autos-aus-china-legen-stark-zu-a-e7a506c9-a2f4-428d-89dc-f09eebe18881

[72] https://www.destatis.de/DE/Presse/Pressemitteilungen/2023/03/PD23_N021_46_51.html.

[73] https:// www. auto-motor-und-sp ort.de/verkehr/ euneuzulas-sung-en-dezember -2022-gesamtjahr/

[74] https://www.faz.net/aktuell/technik-motor/schlusslicht-der-woche-elektrisch-im-nirgendwo-18902862.html?GEPC=s3

[75] https://www.bmwk.de/Redaktion/DE/Textsammlungen/ Bran-chen- fokus/Industrie/branchenfokus-automobilindustrie.html#:~: text= Die % 20 Zahl%20der %20 direkt%20Besch% C3%A4ftigten, 2021%20 rund % 20411%20 Milliarden%20Euro

[76] https://www.zdf.de/nachrichten/ wirtschaft/ china-elektro-auto-markt-europa- 100.html

[77] Wenn Wasserstoff kyrogen ist, kann er bis auf -90 Grad gekühlt werden.

[78] Bundesministerium für Digitales und Verkehr: https:// bmdv.bund. de/SharedDocs/DE/Artikel/E/schiene-aktuell/elektrobahn-klima-schonend-zukunft-bahn-elektrifizierungsprogramm.html, 12.03.2021, [besucht am 7.6.2023].

[79] Spiegel online: https://www.spiegel.de/wirtschaft/unternehmen/deutsche -bahn-diesel-bis-2040-durch-biokraftstoffe-ersetzen-a-e6c5 8981-945b-4191-a109-0e67fda7ee20, 06.02.2022, [besucht am 7.6.2023].

[80] Dr. Wolfgang Klebsch, Patrick Heininger, Jonas Martin: Alternativen zu Dieseltriebzügen im SPNV Einschätzung der systemischen Potenziale. Frankfurt am Main: VDE Verband der Elektrotechnik Elektronik Informationstechnik e. V, 24. Mai 2019 (Überarbeitung Juli 2019).

[81] Dr. Wolfgang Klebsch, Patrick Heininger, Jonas Martin: Alternativen zu Dieseltriebzügen im SPNV Einschätzung der systemischen Potenziale. Frankfurt am Main: VDE Verband der Elektrotechnik Elektronik Informationstechnik e. V, 24. Mai 2019 (Überarbeitung Juli 2019).

[82] Deutsche Bahn: ttps://nachhaltigkeit.deutschebahn.com/de/mass- nahmen/bremsenergie, [besucht am 7.6.2023]

[83] TransportTechnologie-Consult Karlsruhe GmbH (TTK): Strategie für lokal-emissionsfreie Fahrzeuge auf nicht elektrifizierten Strecke. Karlsruhe: Dezember 2022.

[84] Bundesministerium für Digitales und Verkehr: https://bmdv.bund. de/SharedDocs/DE/Artikel/E/schiene- aktuell/ elektrobahn-klima schonend- zukunft-bahn-elektrifizierungsprogramm.html, 12.03.2021, [besucht am 7.6.2023].

[85] Bundesministerium für Digitales und Verkehr: https://bmdv.bund. de/SharedDocs/DE/Artikel/E/schiene-aktuell/ elektrobahn-klima schonend-zukunft-bahn-elektrifizierungsprogramm.html, 12.03.2021, [besucht am 7.6.2023].

[86] PTV AG, TU Berlin, TU Dresden: Rahmenbedingungen und Kosten einer Komplettelektrifizierung des deutschen Schienennetzes inklusive Kostenoptimierte weitergehende Elektrifizierung des Schienennetzes unter Einsatz von Elektrifizierungsinseln und hybriden Antrieben, Dezember 2020.

[87] Dr. Wolfgang Klebsch, Patrick Heininger, Jonas Martin: Alternativen zu Dieseltriebzügen im SPNV. Einschätzung der systemischen Potenziale. Frankfurt am Main: VDE Verband der Elektrotechnik Elektronik Informationstechnik e. V, 24. Mai 2019 (Überarbeitung Juli 2019).

[88] Destatis: https://www.destatis.de/DE/Themen/Branchen-Unternehmen/Energie/Erzeugung/_inhalt.html [besucht am 7.6.2023].

[89] Redaktionsnetzwerk Deutschland: https://www.rnd.de/e-mobility/ e-auto-rohstoffe-der-elektroautos-fuer-batterien-und-ihre-ursprungs- orte-G6F42U3WZVB6BKJTYCC3BJKHQI.html, 19.01.2022, [besucht am 7.6.2023].

[90] Duesenfeld: https://www.duesenfeld.com/lizenzierung.html, [besucht am 7.6.2023].

[91] Dr. Wolfgang Klebsch, Nina Guckes, Patrick Heininger: Bewertung klimaneutraler Alternativen zu Dieseltriebzüge. Wirtschaftlichkeitsbetrachtungen am Praxis-Beispiel ›Netz Düren‹. Frankfurt am Main: VDE Verband der Elektrotechnik Elektronik Informationstechnik e. V, Juni 2020. Für weitere Informationen: siemens.com/mobility.

[92] https: //population.un.org/wpp/Graphs/Probabilistic/POP/TOT/ 903

[93] Zum Folgenden: https://www.agora-verkehrswende.de/blog/ echte- technologieoffenheit-wagen/

[94] PwC, Electric Vehicle Sales Review Q2 2023, S. 15.

[95] https://www.iea.org/data-and-statistics/charts/global-electric-car-stock-2010-2022

[96] PwC, Electric Vehicle Sales review Q2 2023, S. 7.

[97] https:// www.iea.org/reports/global-ev-outlook-2023/prospects-for-electric-vehicle-deployment, S. 9.

[98] OECD-Wirtschaftsberichte Deutschland, Mai 2023, S. 150.

[99] https://de.finance.yahoo.com/news/general-motors-inspirierte-elon-musk-061700447.html? guce_ referrer= aHR0cHM6Ly93d3cuZ29vZ2x ILm- RlLw&guce_referrer_sig=AQAAAM223aQ7ZFYpOu9VAknPhX3cr A8tBAjGUOWU8sngMXbL-nOmH jV8_ UYTSx3hRiuVW7nglWE7GG1g XciM__BwohmtJWqpIMDtcRT0pjW07iY7E82U7u9aviR17H5uJfuJA IRD6WFqbGHb_dF4wORFmjZyiBCNlaRl85dUSvhGEJOO

[100] https://greencarjournal.com/electric-cars/plugging-evolution-electric-car/

[101] https://www.kba.de/DE/Statistik/Fahrzeuge/Neuzulassungen/ Jahresbilanz_Neuzulassungen/2022/2022_n_ jahresbilanz_ generische. html? nn=3547466&fromStatistic =3547466&yearFilter= 2022& fromStatistic= 3547466&yearFilter=2022

[102] OECD Umweltprüfberichte Deutschland 2023, S. 76 ff.

[103] https:// escholarship.org/ content/qt9pd8m8gs/ qt9pd8m8gs_ noSplash_ 6aad112bf59ee0a695d7344956234ff4.pdf?t=l4h4ui

[104] https:// insideevs.de/news/586129/gm-ev1-1996-elektroauto-historie/

[105] https://www.grin.com/document/282066

[106] https://www.motortrend.com/features/rick-wagoner-general-motors/

[107] https://www.businessinsider.de/wirtschaft/elon-musk-gibt-geheime-geschichte-ueber-tesla-auf-twitter-preis-2017-6/

[108] https://electrek.co/2023/02/08/tesla-record-performance-california-helps-push-ev-market-share/

[109] Persönliche Mitteilung per mail von Mikkel Friis/OFV vom 22.08.2023.

[110] https:// www.kba.de/ DE/ Statistik/ Fahrzeuge/ Bestand/ Umwelt/umwelt_node.html

[111] https://t3n.de/news/norwegen-band-a-ha-elektroauto-boom-1350212/

[112] https://www.thestar.com/business/technology/wan-gang-is-the-world-s-leading-electric-car-visionary-not-elon-musk/article_461 bee17-cbcf-5634-8ce1-65895d8400a7.html

[113] http://www.iwim.uni-bremen.de/files/dateien/1655_c015.pdf

[114] https://www.degruyter.com/document/doi/10.1515/978383945 1656-011/html?lang=de

[115] https://link.springer.com/article/10.1007/s11027-012-9358-6

[116] https://theicct.org/wp-content/uploads/2021/06/China_city_ NEV_assessment_20181018.pdf

[117] IEA, Global EV Outlook 2023, S. 16.

[118] https://www.agora-verkehrswende.de/fileadmin/Projekte/2023/ BCG-Gewinne-Hersteller/93_BCG-Gewinne-Hersteller.pdf

[119] IEA, Global EV Outlook 2023, S. 76.

[120] https://www.oica.net/wp-content/uploads/PC-World-vehicles-in-use-2020.pdf

[121] https://www.sciencedirect.com/science/article/pii/S2773153723000427

[122] https:// www.mckinsey.com/ industries/automotive-and-assembly/our-insights/power-to-move-accelerating-the-electric-transport-transition-in-sub-saharan-africa